KULTURGESCHICHTE IN EINZELDARSTELLUNGEN

Das Römisch-Germanische Museum Köln

Hugo Borger

Das Römisch-Germanische Museum Köln

Aufnahmen Helga Schmidt-Glassner

Verlag Georg D. W. Callwey München

ISBN 3 7667 0384 6

Herstellung: Heide Hohendahl, München
Schutzumschlagentwurf: Baur + Belli Design, München, unter
Verwendung einer Aufnahme von Helga Schmidt-Glassner, Stuttgart (s. Abb. 65)
Satz: Fertigsatz GmbH, München
Montage und Druck: Kastner & Callwey, München
Lithos: Brend'amour, Simhart & Co., München
Bindung: Conzella, Urban Meister, München
Printed in Germany

Inhalt

Textteil

Bildteil

Anstelle einer Museumsgeschichte

Das am 3. März 1974 eröffnete Römisch-Germanische Museum der Stadt Köln ist das jüngste archäologische Museum Europas. Sein Darstellungsgegenstand ist die römische Epoche der Stadt Köln. Stufe um Stufe sind Teile dieser römischen Provinzhauptstadt an das Tageslicht getreten, und Stufe um Stufe hat sich ein immer wieder anderes Bewußtsein von der römischen Stadtsiedlung und den Menschen, die darin gelebt haben, eingestellt. Den momentanen Kenntnisstand zeigt das Museum, das versucht, das römische Köln sinnenhaft in seinen Denkmälern, Sachgütern und Kunstwerken für den Menschen des 20. Jahrhunderts erfahrbar zu machen.

Mit dem oppidum Ubiorum, wie das aus der Anonymität einer agrarisch strukturierten Siedlungskammer hervorgegangene Köln von 38 vor Chr. bis 50 nach Chr. hieß, wurde auf Anordnung des Kaisers Augustus eine Ara (Altar) verbunden. An diesem Friedensaltar wurde der Kult für die Göttin Roma und den Kaiser begangen. Mit den Römern verbündete Germanen aus fürstlichem Geschlecht taten hier Priesterdienst. Die friedliche Vereinigung bis dahin feindlicher Welten war im Gottesdienst manifest. Die Stadtsiedlung war damit nicht nur als Zentrum für eine Provinz ausgewiesen, sondern als ein vom Menschen geschaffener, den Göttern geweihter, den Dämonen, die im noch unwegsamen umgebenden Naturland darum hausten, entrissener Bezirk vorgestellt.

Am Anfang der Stadt Köln steht mit der Weihe des Altares das Heiligtum des Friedens. Klarer kann der eigentliche Sinn des Geschichtsbewußtseins, das die Menschen damals beseelte, nicht kenntlich gemacht werden. Dieser Gedanke sollte das Stadtwesen nie mehr völlig verlassen.

Es ist auch überliefert, daß in einem Tempel des Mars Ultor, der vermutlich an der Stelle des heutigen Gürzenich lag, das Schwert Caesars aufbewahrt wurde. Keine Quelle verrät, wie und warum es nach Köln gelangte. Doch läßt sich vermuten: Schon Agrippa legte es hier nieder, Caesars Absichten ausführend, die durch Augustus in die Fortschreibung gewendet worden waren. Mit dieser dinglichen Hinterlassenschaft des göttlichen Caesar wurde ausgedrückt, daß man Diesseits und Jenseits als einen Kosmos begriff. Die Kolonie war damit geadelt, ihr geschichtlicher Anfang in die Zeit vor ihre Gründung zurückgeführt. Sie besaß einen kostbaren Schatz, der mehr zählte als alle Güter der Welt und der Schutz verhieß.

Der Stolz, über Agrippa mit Caesar und Augustus verbunden zu sein, ist den Bürgern der Stadt nie wieder völlig abhanden gekommen. Diese Kenntnis begründete das kölnische Selbstbewußtsein. Man wußte aber auch beinahe immer, daß um die Wende der Zeiten Köln entstanden sei, nämlich in dem Augenblick, wo die Jungfrau Maria den Gottessohn Christus gebar. Die spätere Vorstellung hat daraus Maria zur besonderen Schwester Kölns werden lassen. Die Kette: Ara – Caesars Schwert und Gottesmutter Maria wachsen aus der römischen Stadt Köln als Vermächtnis in die mittelalterliche. Das heilige Köln ist im antiken Köln begründet.

In der nachrömischen Zeit ging Köln zwar nicht unter, zeitweise war es sogar Residenz fränkischer Teilkönige, aber es geriet doch an den Rand des politischen Geschehens. Nicht einmal alle kirchlichen Gründungen aus der spätrömischen Epoche überdauerten. An den meisten Stellen läßt sich der Abbruch der Kulte nachweisen oder deren Unterbrechung. Nur die Bischofskirche scheint Bestand gehabt zu haben. Erst in der karolingischen Zeit, als durch Karl d. Gr. dem Lande der Franken das Land der Sachsen zugebracht worden war, gewann Köln als kirchliches Zentrum auch wieder politische Macht. Von seiner Randlage endlich erlöst, wurde jetzt gewissermaßen der Traum von Augustus und Agrippa wahr: Die Kölner Kirche, die mit der Staatsmacht damals identisch zu sehen ist, wurde zur Mutter aller Kirchen für das riesige Metropolitangebiet, zur Nachfolgerin der Ara Ubiorum.

In diesem Augenblick schien es offensichtlich geboten, geschichtliche Tradition aus dem nur Vermuteten mit Beweis zu versehen. Die fränkische Domkirche wurde durch einen mächtigen Kathedralenneubau ersetzt. Mit diesem Bau kam zum ersten Mal neben dem spätantiken Bau von St. Gereon eine Architektur ersten Ranges nach Köln. So wurde der neue Anspruch, der politisch begründet war, weithin aufragend in die Sichtbarkeit gehoben, und zwar in einer Architektur, die an römischen Vorbildern geschult war, nicht anders als die Pfalz Karls d. Gr. in Aachen.

Und es begann die Suche nach der verlorenen Identität: Man richtete die Plätze, die die Erinnerung mit den Anfängen des Christentums mehr oder weniger vage verband, wieder her. So gewannen die Stiftskirchen St. Ursula, St. Gereon und St. Severin gewichtige Bedeutung. Spätestens im 10. und 11. Jahrhundert nach Chr. begannen mehr oder weniger planmäßige Ausgrabungen mit dem Ziel, den eigentlichen verehrungswürdigen Schatz der römischen Vergangenheit an das Licht zu heben: die Leiber der Heiligen. Die im Boden verborgenen Unterpfänder des Heils sollten sichtbar gemacht werden. Das Ergebnis dieser Unternehmungen ist in beeindruckender Weise noch heute in der Goldenen Kammer von St. Ursula in der Bauform des 17. und 18. Jahrhunderts faßbar. Diese hier sichtbar gemachte Fülle des Heils ist in diesem Sinne auch eines der ältesten archäologischen Museen nordwärts der Alpen, jedenfalls das erste auf Kölner Boden. Damit ist zugleich eine der wesentlichen Wurzeln des Museums von heute offengelegt, auch wenn dieses ganz anderen Maximen folgt.

Ähnlich waren die mittelalterlichen Kirchen

Kölns, mehr als man früher gesehen hat, den Bauten des römischen Köln verpflichtet. Diese dienten nun den Baumeistern als Musterbücher. Der einschiffige Gründungsbau von St. Pantaleon, der auf den Kölner Erzbischof Bruno († 965) zurückgeht, belegt nur zu deutlich die Anknüpfung an den Typus der aula regia wie die Formen der Memorialbauten sowohl in den Dreikonchenchören von St. Marien im Kapitol (1065), Groß St. Martin (1151 – 1172) und St. Aposteln (um 1200) wie in dem frühgotischen Zentralbau von St. Gereon (1219–1227) fortgeschrieben wurden.

Als Francesco Petrarca (1304–1374) die Stadt Köln besuchte, rühmt er zwar deren glänzende römische Vergangenheit, weiß aber Zeugnisse für sie nicht anzugeben. Den führenden Geschlechtern in Köln genügte es, in Trajanus ihren sicheren Ahnherrn zu wissen. Erst am Anfang des 16. Jahrhunderts trat ein grundsätzlicher Wandel ein. Vermutungen genügten erneut nicht mehr. Die römische Vergangenheit wurde konkret wiederentdeckt. Man begann die römischen Altertümer zu sammeln. Den Anfang macht für Köln der Dompropst Graf Hermann von Neuenahr (1492–1530). Der Nürnberger Willibald Pirkheimer (1470–1530), der Freund des Albrecht Dürer, notierte und kopierte in Köln römische Inschriften.

Es ist kein Zufall, daß seit den Jahren um 1500 das Interesse an den römischen Sachgütern auch in Köln lebhaft wurde. Im Zeitalter des Humanismus setzte man sich nun intensiv mit dem lateinischen Schrifttum auseinander. Große Sammlungen lateinischer Schriftsteller entstanden. Die Schriften wurden – erleichtert durch den eben aufgekommenen Buchdruck – auch herausgegeben. Eine strenge Quellenkritik wurde entwickelt. Wenn auch Köln keineswegs als Zentrum des Humanismus bezeichnet werden kann: Wenigstens bei einigen führenden Köpfen machten sich aber hier die Zeittendenzen bemerkbar. Gesucht wurde nach den Sachgütern, um kritisches Wissen zu schöpfen. Natürlich blieb diese »Bewegung« auf einzelne beschränkt, wie alle geistigen Strömungen damals ausschließlich auf den kleinen Kreis der Oberschicht eingeengt blieben. So sind denn unter den engagierten Sammlern des 16. Jahrhunderts in Köln auch nur Leute von Stand, wie die Bürgermeister Arnold von Siegen, Johann Hardenrath sowie, um nur diese zu nennen, Constantin und Johann von Lyskirchen. Die größte Sammlung besaß Johannes Helmann († 1579), Ratsherr und Bürgermeister in Köln, der hierzu Einzelbeschreibungen mit Abbildungen in Druck zu geben beabsichtigte. Sein früher Tod hinderte ihn daran, eines der frühesten Katalogwerke dieser Art erscheinen zu lassen. In diesen Zusammenhang gehörte außerdem der Kölner Professor und Rechtsgelehrte Stephan Broelmann, der nach dem Stande des zeitgenössischen Wissens seine erste kritische Abhandlung über das römische Köln schrieb, die leider auch ungedruckt blieb.

Zielte Broelmanns Abhandlung noch ganz auf den damals kleinen Kreis der Wissenden, so hatte die erste sogenannte »echte Veröffentlichung« von Kölner Altertümern doch schon einen größeren Interessentenkreis im Auge. Gemeint ist der große Stadtplan, den Arnoldus Mercator, der Sohn des großen Kartographen Gerhardus Mercator (1512–1594), im Jahre 1570 von Köln anfertigte. Auf den Randleisten sind die damals bekannten Steindenkmäler, teils aus der Sammlung Helmanns, mit Genauigkeit verzeichnet und so im Rahmen dessen, was man wußte, der Wissensstand vom römischen Köln bekanntgegeben. Man kann diesen Plan durchaus die erste Ausstellung römischer Denkmäler nennen. Leider sind die meisten auf ihm vorgeführten Stücke nicht mehr vorhanden. Aber es wird dokumentiert, wie nun an die Stelle einer bloß sagenhaften Überlieferung von der römischen Wurzel der Stadt die direkte durch die Sprache der Denkmäler selbst gekommen ist.

In der Folge wurde immer wieder versucht, Sammlungen zusammenzubringen. Unter ihnen hatte diejenige des Kölner Ratsherrn Gottfried Balthasar von Hartzheim, die Ignaz von Roderique 1732 katalogisierte, einige Bedeutung. Auch der als Sammler bekannte Baron Adolph von Hüpsch (1729–1805) konnte eine beträchtliche Anzahl römischer Altertümer aus Köln zusammentragen, die nach seinem Tode leider überwiegend von Köln nach Darmstadt gingen. Waren die Sammlungen seit dem 16. Jahrhundert immer ganz eindeutig an die Passion und die Vorlieben der sammelnden Personen gebunden, so führte das 19. Jahrhundert hier einen grundlegenden Wandel herbei.

In Köln ist die Seele aller Bestrebungen der letzte Rektor der alten Kölner Universität und Kanonikus Professor Ferdinand Franz Wallraf (1748 bis 1824) gewesen. So wie ihm als Verdienst angerechnet werden muß, daß er die mittelalterlichen Kunstwerke, die infolge der Französischen Revolution in den Kirchen heimatlos zu werden begannen, vor dem Untergang rettete, indem er sie sammelte, nahm er sich auch der römischen Altertümer an, die er unter gleichen großen persönlichen Opfern für Köln sicherte. Nach seinem Tode ging seine Sammlung in den Besitz der Stadt Köln über. Mit der Eröffnung des Wallraf-Richartz-Museums am 1. Juli 1861 – der Kölner Bürger Johann Heinrich Richartz hatte für den Museumsbau das notwendige Geld gestiftet – beginnt die engere Geschichte des Römisch-Germanischen Museums der Stadt Köln. Damals wurden nämlich die Bestände aus der römischen Zeit Kölns zum ersten Mal gezeigt und durch einen sorgfältig gearbeiteten Katalog von H. Düntzer (1813–1901) für die weitere Öffentlichkeit aufgeschlossen.

Vermutlich hätte es das Römisch-Germanische Museum in ganz anderer Form schon am Anfang des 19. Jahrhunderts gegeben, wenn die preußische Regierung den Anregungen Goethes und Schinkels gefolgt wäre. In mehreren Gutachten war von ihnen der preußischen Regierung vorgeschlagen worden, in Köln das zentrale Provinzialmuseum für die Rheinlande einzurichten. Es wurde dann im Jahre 1820 nach Bonn gelegt, für alle in Köln die Sache Betreibenden völlig überraschend. Während im übrigen Rheinland die Reihe der archäologischen Entdeckungen seit 1800 in rascher Folge einsetzte, geschah in Köln mehr oder weniger nichts. Selbst als der schnelle Ausbau der Stadt Erdbewegungen von bisher nicht bekanntem Ausmaß in Gang setzte, blieb in Köln noch jede systematische archäologische Bemühung aus. Sicher hatte die Entdeckung der Reste des römischen Nordtores 1836 eine gewisse zündende Wirkung, zumal schon Wallraf, auf älterem Wissen fußend und seine eigene Vorstellung mit disziplinierter Phantasie ausbreitend, eine Skizze der römischen Stadt hatte drukken lassen. Der Bau des Nordtores wurde aber nicht, wie man dies anderenorts wohl getan hätte, damals gerettet und wiederhergestellt – immerhin handelt es sich um das älteste steinerne Stadttor Deutschlands –, sondern um der völligen »Domfreilegung« willen restlos abgebrochen. Selbst die mittleren Bogensteine mit dem Stadtnamen CCAA hielt man nicht eigentlich für museumswert, weshalb man das ganze am Lichhof in einer Mauer einsetzte und mit schöner Gelassenheit verwittern ließ. Auch der 1880 an der Luxemburger Straße gehobene mächtige Giebel eines Grabtempels fand nur Gnade für die Außenwand einer Nebenseite des Wallraf-Richartz-Museums.

Da Systematik fehlte, fehlte auch die analysierende Phantasie und die Vorstellungskraft, daß sich die Vielgestaltigkeit im Aussehen der römischen Stadt gerade in ihren steinernen Zeugnissen spiegele. Selbst der gut erhaltene Römerturm an der Zeughausstraße mußte sich unter den obwaltenden Gesichtspunkten die Einpassung in eine an mittelalterlichen Bauvorstellungen geschulte Anschauung gefallen lassen und erhielt einen Zinnenkranz wie eine mittelalterliche Stadtbastion.

Nur eines hatte im Köln des 19. Jahrhunderts seine reiche Blüte: die privaten Sammlungen. Anknüpfend an die Bestrebungen seit dem 16. Jahrhundert, interessierten sich viele wohlhabende Bürger für die schöne Seite der – wie man sich damals ausdrückte – »Alterthümer der Vaterländischen Geschichte«. Unter den vielen Sammlungen, die entstanden, hatte jedoch die des Konsuls C. A. Nießen, die glücklicherweise in den Besitz der römischen Abteilung des Wallraf-Richartz-Museums überging und noch heute einen erkennbaren Schwerpunkt in dem Gesamtbild der Sammlungen ausmacht, als einzige wirklichen Rang.

Gegenüber den älteren Sammlungen des 16. bis 18. Jahrhunderts zeichnen sich die des 19. Jahrhunderts – ebenso wie viele kleinere des 20. Jahrhunderts – in Köln dadurch aus, daß nun »Zeugnisse des Alltags« gesammelt werden: Gefäße, Kleinbronzen, Schmuck und vor allem natürlich auch römische Gläser. Sammler wie Nießen haben sich allerdings nicht auf Kölnisches beschränkt, sondern danach getrachtet, ihre Bestände in jeder Hinsicht auch über Köln hinaus auszudehnen.

Eine Eigenart dieser Sammlungen drückt sich heute noch im Bestand des Museums aus. Man sammelte in Köln das »Kunstgewerbe«. So kommt es, daß in den Beständen des Kölner Museums echte Alltagszeugnisse heute leider fehlen. Da gibt es Gläser, bronzene Geräte, jedoch kaum einen Nagel, nicht Hammer, Beil, Schaufel oder dergleichen Dinge. Kölner Sammler und später auch die Facharchäologen haben sie, wenn schon nicht übersehen, der Aufbewahrung nicht für wert gefunden.

Sehr eigentümlich berührt es heute, daß man im 19. Jahrhundert noch kaum Interesse an der römischen Stadtgestalt hatte. Siedlungsgeschichtliche Gesichtspunkte, wie sie heute im Vordergrund archäologischer Forschung stehen, interessierten weniger. Bei der nationalstaatlichen Einstellung der Zeit schienen aber militärgeschichtliche Fragen erwägenswert. In dieser Beziehung hatte Köln kaum Aufregendes zu bieten, auch wenn hier zeitweise einmal zwei Legionen ihre Winterquartiere bezogen hatten, wie Tacitus für das 1. Jahrhundert nach Chr. berichtet. Aber bezeichnend ist schon, daß die ersten wirklich sorgfältigen Ausgrabungen, die das Rheinische Provinzialmuseum Bonn, wie das Rheinische Landesmuseum Bonn damals noch hieß, unter Hans Lehner in den Jahren 1908 im Kölner Stadtgebiet durchführte, eben militärischen Fragen galten. Untersucht wurde das Areal an der Alteburg, wo die römische Rheinflotte als Stromschutzpolizei und für militärische Transporte in einem eigenen Lager stationiert war (s. S. 14).

Der rapide Ausbau der Stadt am Ende des vergangenen Jahrhunderts brachte Zeugnisse der römischen Vergangenheit Kölns in bis dahin unbekanntem Ausmaße zutage. Nüchterne Berichte in kurzen wissenschaftlichen Mitteilungen, meist in den Bonner Jahrbüchern, machen das deutlich. Dabei blieb aber fast alles dem Zufall überlassen, denn es gab weder eine Stelle noch ein Amt, von dem aus die Baustellen im Hinblick auf die Geschichtsfunde regelmäßig beobachtet worden wären. Damals haben zwei Männer, die beiden städtischen Bauinspektoren Rudolf Schultze und Karl Steuernagel – heute würde man sie Beigeordnete nennen –, in Notizen und Zeichnungen jede Einzelheit festgehalten und darauf fußend im Jahre 1895 eine erste wirklich auf stichhaltige Beobachtungen fußende zusammenfassende Darstellung des römischen Köln geschrieben, die auch heute noch für Fachleute unentbehrlich ist.

Auf diesem soliden Fundament baute 1906 Josef Klinkenberg sein Buch »Das römische Köln«, in der Reihe der »Kunstdenkmäler des Rheinlandes« auf. Seine Darlegungen sind bis heute fast unübertroffen und immer noch schlechthin unentbehrlich. Weitere wichtige Kenntnisse erschloß Johannes Klinkenberg, den sein Vater Josef in die Welt des Altertums einführte.

Ununterbrochene fachgerechte Betreuung erfuhren die im Keller und Erdgeschoß des Wallraf-Richartz-Museums untergebrachten römischen Sammlungen in unserem Jahrhundert zunächst durch den ersten planmäßigen Leiter der römischen Abteilung des Wallraf-Richartz-Museums, J. Poppelreuther. Eine ganz entschiedene Belebung dieser Sammlung bewirkte dann F. Fremersdorf, der im Jahre 1922 Poppelreuther ablöste. Er wurde 1946 der erste Direktor des Römisch-Germanischen Museums.

F. Fremersdorf hat entschieden dazu beigetragen, die archäologische Forschungsarbeit in Köln zu systematisieren. Bereits am Beginn seiner Tätigkeit ernannte ihn das preußische Kultusministerium zum »Staatlichen Vertrauensmann für kulturgeschichtliche Bodenaltertümer«. Dabei ging das Ministerium in richtiger Einschätzung der Lage davon aus, daß das Bonner Landesmuseum, dem diese »Staatsaufsicht« nach dem preußischen Ausgrabungsgesetz von 1914 und den Ausführungsbestimmungen zu diesem Gesetz von 1921 für die gesamte damalige Rheinprovinz – und damit auch für das Gebiet der Stadt Köln – übertragen war, überfordert sein würde, auch in Köln die notwendige archäologische Bodendenkmalpflege, wie das Gesetz sie vorschrieb, wahrzunehmen. Seit dieser Zeit ist mit dem Römisch-Germanischen Museum ein eigenes Denkmalamt verbunden.

Jenes preußische Ausgrabungsgesetz, das zusammen mit seinen Ausführungsbestimmungen noch heute für das Land Nordrhein-Westfalen gilt, regelt nicht nur, daß jeder archäologische Fund sofort gemeldet werden muß, sondern erhebt die archäologische Bodendenkmalpflege, zu der auch das Ausgraben gehört, in den Rang einer staatlichen Hoheitsaufgabe. Dabei wird berücksichtigt, daß die archäologischen Befunde und Funde Bodenurkunden sind, auf deren Kenntnis, Bewahrung, Erforschung und Besitz die Allgemeinheit ein Recht hat. Von vielen wird immer noch nicht eingesehen, daß damit die archäologische Bodendenkmalpflege eine der wenigen kulturellen Aufgaben ist, die keine Kannleistung der öffentlichen Hand darstellt, sondern eine durch Gesetz geregelte Pflichtaufgabe. So ist jede nicht durchgeführte Ausgrabung eine Verletzung des Gesetzes. Um das Gesetz einzuhalten, ist daher die archäologische Feldarbeit wie die Veröffentlichung der Befunde eine zwingende Vorschrift für die Träger der Institute, mit denen die archäologische Bodendenkmalpflege verbunden ist. Die archäologische Forschung wie die Fundbeobachtung an allen Baustellen im Stadtgebiet von Köln ist aber auch das Feld, auf dem das Museum seine Denkmäler erwirbt.

In den Jahren, in denen F. Fremersdorf die archäologische Arbeit in Köln leitete, wurde sie vom Ein-Mann-Betrieb auf ein Team umgestellt. Nach einem langfristigen Konzept wurden sowohl planmäßige Ausgrabungen betrieben wie auch für eine strenge Überwachung der Baustellen gesorgt. In jene Zeit fallen die großen Ausgrabungen des bandkeramischen Dorfes von Köln-Lindenthal und die des römischen Gutshofes von Köln-Müngersdorf. Gleiche Aufmerksamkeit beanspruchen die planmäßigen Ausgrabungen, die Fremersdorf unter St. Severin und St. Georg durchführte. Über die römische Epoche hinaus erweiterte er die Unternehmungen des Museums bis in die Zeiten der Urgeschichte und der nachrömischen Epoche. Während der Jahre des nationalsozialistischen Regimes hat F. Fremersdorf die Kölner Archäologie von allen Zeittendenzen freigehalten und freier Forschung den Lebensraum gesichert.

Mitten in den Wirren des Krieges wurde die schönste Entdeckung gemacht: Im Jahre 1941 fand man das Dionysos-Mosaik an der Südseite des Kölner Domes, über dessen Fundort das neue Römisch-Germanische Museum errichtet ist.

Zu dem Konzept von F. Fremersdorf gehörte es auch, die Sammlungsbestände nicht nur durch Ausgrabungen, sondern auch durch gezielte Ankäufe auszubauen. Dabei griff er über den kölnischen Rahmen hinaus. Mit dem Erwerb der Sammlungen des Konsuls C. A. Nießen, der Schmucksammlung des Barons J. von Diergardt und der Lampensammlung des Hofrates Wollmann erhielt das Museum Akzente, die ihm neue Glanzpunkte zubrachten. Unter F. Fremersdorf entstand aber vor allem die reiche Sammlung römischer Gläser, die heute als die größte der Welt gilt.

Von 1959 bis 1971 leitete O. Doppelfeld das Museum. Gleich nach dem Kriege, als es die Hilfe von Maschinen noch nicht gab und das wenige Essen kaum Arbeitskraft stiften konnte, hat er durch seine großen Ausgrabungen unter dem Kölner Dom das Buch der Kölner Geschichte erweitert. Römische Bauten, Tempel, Kirchen und der karolingische Dom wurden entdeckt. Der Ruhm Kölns erhielt neuen Glanz und das Wissen von der Kölner Vergangenheit eine bis dahin so nicht gekannte Stütze. Doppelfeld gelang auch die Auffindung des römischen Stadthalterpalastes unter dem Rathaus. Zuletzt konnte er an der Südseite des Domes zusammen mit seinen Mitarbeitern mehrere Stadtquartiere der römischen Stadt vor den Augen der Bürger ausgraben.

O. Doppelfeld hat den Neubau des Museums noch geplant. Mit der wichtigen Ausstellung »Römer am Rhein«, die er konzipierte, wurde im Jahre 1967 die Kunsthalle eröffnet. Durch diese Ausstellung und durch die Planung des Museums hat er uns Jüngeren Grundlagen zukommen lassen, die wir auch für unsere in mancher Hinsicht neuen Vorstellungen vom Museum ohne jeden Zwang haben nutzen können.

Alle Anschaffungen zur Erweiterung der Sammlungen stellt jedoch das Poblicius-Pfeilergrabdenkmal vom Chlodwigplatz in den Schatten. In der Rekonstruktion von I. Precht ist es eines der Hauptdenkmäler des Museums geworden.

Zur Geschichte des römischen Köln

Köln ist eine der ältesten Städte Deutschlands. Hier siedelte im Jahre 38 vor Chr. der römische Feldherr Marcus Vipsanius Agrippa, Freund und Schwiegersohn des Kaisers Augustus, die bis dahin rechtsrheinisch beheimateten germanischen Ubier an.

Das ihnen zugewiesene Stammesgebiet hatten vorher die Eburonen bewohnt, die Caesar im Jahre 53 vor Chr. ausgerottet hatte.

Die ubische civitas war weiträumig bemessen. Sie reichte im Süden bis zum Vinxtbach bei Brohl, im Norden bis Gelduba (Krefeld-Gellep) und im Westen bis an Aquae Granni (Aachen). Wahrscheinlich gehörte auch auf der rechten Rheinseite Gebiet dazu.

Der Vorort dieser civitas Ubiorum war das Oppidum Ubiorum, angelegt an der Stelle des heutigen Köln. Das Gebiet bot sich durch seine naturräumliche Beschaffenheit als Siedlungsplatz an. Die Niederterrasse besaß hier seit alters her eine größere hochwasserfreie Fläche dicht am Rhein. Eine natürliche Insel lud zur Anlage eines Rheinhafens ein.

Die Gründung dieses Oppidum Ubiorum ist als eine Maßnahme zu sehen, die mit der von Augustus (27 vor Chr.–14 nach Chr.) betriebenen imperialen Politik in direktem Zusammenhang stand.

Man muß sich erinnern: Caesar hatte als Frucht seiner Gallienfeldzüge (58–50 vor Chr.) dem römischen Reichsverband mit Gallien ein großes und reiches Gebiet hinzufügen können. Schon ihn hatten militärische Aktionen bis in das Rheingebiet geführt. Germanischen Stämmen sollte die Macht Roms demonstrativ vor Augen geführt werden. Die Bitten der Ubier, damals noch rechtsrheinisch seßhaft, ihnen als den Freunden Roms Hilfe zu leisten, wurden von Caesar klug genutzt. Er überschritt im Jahre 55 vor Chr. auf einer Brücke, die vermutlich irgendwo im Neuwieder Becken geschlagen wurde, den Rhein. Auf den Augenblick zeigte sich Wirkung. Sie war jedoch nicht von langer Dauer. Schon im Jahre 53 vor Chr. schien eine erneute Rheinüberquerung geboten. Sie erfolgte im gleichen Gebiet. Aber auch diese Maßnahme war nur eine kurzfristige Expedition. Allerdings wurde nach ihrem Abschluß nur ein kleiner Teil der Brücke niedergelegt. Auf dem verbleibenden größeren Stück wurde – mitten im Strom – ein viergeschossiger Wehrturm errichtet. An der linksrheinischen Uferseite entstand ein Lager, in dem 12 Kohorten stationiert wurden. Obschon Caesar selbst den Rhein für eine natürliche Völkerscheide hielt und wohl auch den Strom als Ostgrenze des Reiches besonders geeignet fand, war mit diesem »Brückenkastell« der römische Zugriff auf den unteren Rhein eingeleitet. Sichtbar wurde zugleich die Absicht, auch das Land auf der rechten Rheinseite für das Römische Reich zu gewinnen. Hier sollte Augustus folgerichtig anknüpfen, die Absichten Caesars mit Eigenständigkeit fortschreibend.

Caesar war durch seinen frühen Tod daran gehindert gewesen, Gallien so zu ordnen und zu befreien, wie er sich das gewünscht haben muß. Augustus, zunächst mit der Ordnung des Reiches im Ganzen in Atem gehalten, ordnete Gallien zwischen 16 und 13 vor Chr. Er trennte die narbonensische, an das Mittelmeer grenzende Provinz von Gallien ab und gliederte die verbleibenden Landschaften in drei Provinzen, in die tres Galliae: Aquitania – provincia Lugdunensis – provincia Belgica. Der gemeinsame Landtag tagte in Lugdunum (Lyon), in welcher Stadt denn auch im Jahre 12 vor Chr. die Ara, ein Altar für Roma und Augustus, geweiht wurde.

In die gut geordneten gallischen Provinzen brachten einfallende Germanen immer wieder Unruhe. Hier mag der Ansatz für die Absichten des Augustus liegen, das Reich nicht nur bis zum Rhein auszudehnen, sondern auch das rechtsrheinische, von den aufsässigen Germanen bewohnte Gebiet hinzu zu gewinnen.

Im Rahmen dieser Überlegungen wurde dem Oppidum Ubiorum die Funktion der Hauptstadt einer gesamtgermanischen Provinz zuerkannt. Dies allein erklärt, warum hier, wie in Lugdunum (Lyon), wohl noch vor Christi Geburt eine Ara eingerichtet wurde. Die junge Stadtsiedlung gewann damit sofort eine über den Siedlungsplatz hinauszielende Bedeutung.

Es wurde nicht, wie in Gallien, abgewartet bis das Land erobert war, sondern die Hauptstadt bestimmt und mit der Errichtung des Friedensaltars ausgezeichnet. Auf diese Art war eine politische Absichtserklärung öffentlich und unübersehbar abgegeben.

Die Errichtung des Friedensaltares bezeichnete das Ziel. Es zu erreichen waren Feldzüge unvermeidlich.

Agrippa begann mit der Grenzsicherung. Er zog 38 vor Chr. die Ubier auf das linksrheinische Gebiet, wo sie einen Teil des alten Eburonenlandes erhielten. Mit der Ansiedlung der Ubier wurde offensichtlich unterbesiedeltes Gebiet wieder unter den Pflug genommen. Zugleich aber war mit den erprobten Freunden Roms, denn als solche galten die Ubier, dieses Gebiet auch zu sichern. Sicherung des Landes und seine siedlungsmäßige Erschließung sicherzustellen war ein Grundprinzip römischer Politik. Hier lag eine der Stärken des römischen Verhaltens überhaupt.

Die Eroberung des rechtsrheinischen Germanien fiel in die Zeit von 12 vor Chr. bis 16 nach Chr. Mit den Offensivmaßnahmen waren kaiserliche Prinzen betraut: Drusus, Tiberius und Germanicus.

Von Mainz an standen alsbald die Truppen nordwärts entlang am Rhein. Auch in Köln waren nun Apud Aram (beim Altar) zwei Legionen stationiert, benachbart den Standlagern von Bonna

(Bonn), Novaesium (Neuss) und Vetera nördlich von Xanten. Indessen war der Widerstand der Germanen viel stärker als erwartet. Es kam zwar zur Anlage auch rechtsrheinischer Militärlager. Bis nahe an Paderborn drang die Truppe, Lager errichtend. Aber die Geschichte ist bekannt: der aus kaiserlicher Familie stammende Feldherr Varus unterlag dem Cheruskerfürsten Arminius. Die Schlacht im Teutoburger Wald war mehr als eine vernichtende Niederlage. Sie erschütterte für einen Moment das Römische Reich.

Alsbald nach dem Tode des Augustus (14 nach Chr.) gab Tiberius (14–37 nach Chr.) den Plan der germanischen Eroberung auf. Germanicus wurde im Jahre 16 nach Chr. aus Germanien abberufen.

Das Römische Reich nahm den Rhein am Niederrhein als Grenze. Eine Verteidigungslinie am Strom entlang wurde eingerichtet und ausgebaut. Es entstand der Niedergermanische Limes. Das Oppidum Ubiorum erhielt den Sitz des Armeeoberkommandos. Auch die zivile Verwaltung für den unteren Heeresbereich wurde hier installiert. Das sicherte dem Ort eine gewisse Bedeutung, aber Hauptstadt einer gesamtgermanischen Provinz sollte die Ansiedlung nicht mehr werden.

In den folgenden Jahrzehnten entwickelte sich dann das, was man heute das »Römische Rheinland« nennt: über die gesamte Dauer der römischen Epoche ein Grenzland am Rande der damals bekannten Welt.

Der Friede in diesem Grenzland war noch einmal zwischen 69 und 70 nach Chr. in Gefahr. In Ausnutzung von Thronwirren hatten sich die Bataver erhoben. Auch die Ubier und das Oppidum Ubiorum waren in diesen Aufstand verwickelt. Die Ubier aber hielten zu den Römern. Tacitus vermerkt das ausdrücklich: »... wie denn in diesem ganzen Kriege ihre Treue gegen uns größer war als ihr Glück.« Die Revolte wurde von einem Feldherren des Vespasian (69–79 nach Chr.) niedergeschlagen. Von diesem Augenblick an herrschte im »Römischen Rheinland« für beinahe 200 Jahre Frieden.

Waren die linksrheinischen germanischen Provinzen nach 16 nach Chr. noch gewissermaßen »Rumpfprovinzen«, wurden sie unter Domitian (81–96 nach Chr.) zwischen 82 und 90 nach Chr. zu »Vollprovinzen« eingerichtet. Erst von dieser Zeit an kann man von der Provincia Germania superior (Obergermanien) mit der Hauptstadt Mogontiacum (Mainz) und der Provincia Germania inferior (Niedergermanien) mit der Hauptstadt Colonia Claudia Ara Agrippinensium (Köln) sprechen.

Diese Provinzen wurden von einem Statthalter höchsten Ranges verwaltet, der vorher Konsul gewesen sein mußte. Die Verwaltung der Finanzen, der Zölle und Steuern oblag besonderen kaiserlichen Verwaltungsbeamten, die aus dem Ritterstande stammten.

Im Jahre 50 nach Chr. war das Oppidum Ubiorum zur Kolonie italischen Rechts (Colonia iuris Italici; Tacitus Annalen 12,27) erhoben worden. Sie hatte den Namen Colonia Claudia Ara Agrippinensium, abgekürzt CCAA, erhalten.

Dieser Name sagt aus, daß Kaiser Claudius (41 bis 54 nach Chr.) das Oppidum Ubiorum mit seiner Ara auf Veranlassung der hier am 6. November 15 nach Chr. geborenen Kaiserin Agrippina, seiner Frau, zur Stadt erhoben habe.

Die neue Stadt wurde lange weiter einfach Ara genannt, ihre Einwohner bezeichneten sich fortan als Agrippinenser. In der nachrömischen Zeit blieb von dem vollen Stadtnamen nur Colonia übrig, woraus Köln wurde.

Seit dem Bataveraufstand der Jahre 69/70 nach Chr. sagen die schriftlichen Quellen nichts mehr über das römische Köln. Man weiß zwar, daß in oder bei Köln Trajan (98–117 nach Chr.) die Nachricht vom Tode Nervas (96–98 nach Chr.) erreichte und auch, daß wohl Hadrian (117–138 nach Chr.) der Überbringer dieser Nachricht war. Sonst fehlt aber jedes Wort. Dies kann nur bedeuten, daß fast alles normal verlief und auch, daß die Stadt an den Segnungen der römischen Welt teilnahm. Die Grenzen waren sicher, der Handel blühte und auch am Rande der damaligen Welt entwickelte sich eine gewisse Kultur, wie die dinglichen Hinterlassenschaften verraten. Die Colonia hatte eine glückliche Friedenszeit und lieferte mithin keinen Stoff für die Geschichtsschreiber, die auch damals schon gerne immer nur das Außergewöhnliche und Aufregende notierten.

In dem Augenblick, wo der Frieden bedroht war, setzten denn auch die schriftlichen Nachrichten wieder ein. Im 3. Jahrhundert war allerorten das römische Reich Bedrohungen ausgesetzt. Ein allgemeiner Niedergang hatte begonnen. Aufstände flammten auf. Vor diesem Hintergrund wird seit der Mitte des 3. Jahrhunderts auch die Colonia Agrippina genannt.

An den Grenzen des Reiches machten sich die alten Feinde bemerkbar. Während es im Süden des heutigen Deutschland die vereinigten Stämme der »Alemannen« waren, sorgten in Niedergermanien andere vereinigte Stämme, die sich »Franken« nannten, für Unruhe. Es kommt zu Einfällen. Die Sicherheit ist bedroht. Die Alemannen dringen bis nach Italien vor. Die Franken verwüsten Gallien und vermögen bis Spanien vorzustoßen, einige sollen sogar mit Hilfe gekaperter Schiffe bis Afrika gelangt sein. Mit dieser Bedrohung waren schwere innere Unruhen verbunden.

Die Provinz Niedergermanien wurde von den Franken erschüttert. Die allgemeinen Wirren benutzte der Heerführer Postumus (259–268 nach Chr.) in Gallien zur Gründung eines Sonderkaisertums, dessen Hauptstadt die Colonia Agrippina wurde. Vorübergehend wurde Köln also Kaiserresidenz eines gallischen Reiches. Nach dem Tode des Postumus vermochten dessen Nachfolger Victorinus, der in Köln ermordet wurde, und Tetricus noch eine Zeitlang die Herrschaft zu behaupten. Indessen gelang Aurelian (270–275 nach Chr.) die Wiederherstellung von Friede und Ordnung im gesamten Römischen Reich.

Jedoch war die Ruhe nur kurz. Im Jahre 276 nach Chr. traf einer der schlimmsten Frankeneinfälle das Niederrheingebiet. Es kam zu umfassenden Zerstörungen. Die Franken wurden nicht mehr vollständig zurückgedrängt. Auch in der Provinz Niedergermanien wurden fränkische Siedler ansässig.

Unter Diokletian (284–305) und Maximian (286–305) mit ihren beiden Mitregenten gelang erneut eine politische und militärische Festigung. Allerdings änderte sich der Lebensstil dabei gründlich. Es kam zur Ausbildung eines Staatssozialismus. Die absolutistisch geprägten Regime führten zu verbreiteter Intoleranz.

In diesem letzten Abschnitt der römischen Epoche des Rheingebietes vermochte Konstantin der Große (306–337) die Macht des Römischen Reiches auch im Rheingebiet noch einmal zur Geltung zu bringen. Die alten Befestigungen wurden am gesamten Rheinlimes instand gesetzt. Der Niedergermanische Limes wurde ausgebaut. Es entstand gegenüber der Colonia Agrippinensis das Kastell Divitia (Deutz), mit der Stadt um 310 durch eine Steinbrücke verbunden. Aber auch diese Maßnahmen vermochten neue Germaneneinfälle nicht zu verhindern. Im Jahre 355 kam es zu einer Belagerung Kölns. Die Stadt wurde vorübergehend genommen und geplündert. Julian (360–363) hat als Kronprinz zwischen 356 und 360 in Niedergermanien schwere Kämpfe mit den Germanen zu bestehen gehabt. Obschon ihm die Sicherung der Rheinzone gelang, sogar wieder größere Baumaßnahmen in Köln durchgeführt werden konnten, rissen aber die Frankeneinfälle auch in der zweiten Hälfte des 4. Jahrhunderts nicht mehr völlig ab. Doch selbst als Eugenius im Jahre 393 die römischen Truppen vom Niederrhein abzog, dauerte es noch bis 450–455, daß Köln endgültig in die Hand der Franken fiel.

Salvianus von Massilia berichtet schon kurz vor 450 in seiner De Gubernatione Dei (6.39) – Von der Weltherrschaft Gottes: »Schauspielvorführungen gibt es jetzt keine mehr, auch da nicht, wo sie vorher üblich waren. Man spielt nicht in der Stadt Mainz – sie ist verwüstet und zerstört; man spielt nicht in Köln – es ist voll von Feinden; man spielt nicht in der wunderschönen Stadt Trier – sie liegt viermal zerstört am Boden; man spielt schließlich nicht mehr in den meisten Städten Galliens und Spaniens ... man kann nicht mehr vor lauter Armseligkeit und Elend dieser Zeit.«

Noch in der Spätzeit der römischen Epoche wurde die Verwaltung der Provinzen einer Neuordnung unterzogen. Die niedergermanische Provinz war jetzt als Provincia Germania Secunda der Dioecesis Galliarum zugewiesen, die ihrerseits selbst wieder Teil der Praefectura Galliarum war. Mit dieser Ordnung wurde eine straffe Trennung von Zivil- und Militärverwaltung verbunden.

Unter Konstantin dem Großen gewann das Christentum die Gleichberechtigung mit den anderen Religionen. Die karge schriftliche Überlieferung nennt 313/314 den ersten Kölner Bischof Maternus, weiß 343/346 von einem zweiten Bischof Euphates und berichtet um 400 von einem Bischof namens Severin.

Die christliche Lehre wurde die Klammer zwischen römischer Epoche und Mittelalter, die christliche Kirche zur Ordnungsmacht der folgenden Jahrhunderte. In dem Bündnis von Thron und Altar lebte die römische Welt fort.

Zur Baugeschichte des römischen Köln (Fig. 1)

Alle bisherigen Versuche, das Siedlungsgebiet des Oppidum Ubiorum innerhalb des Kölner Stadtgebietes zu umgrenzen, vermögen nicht zu überzeugen. Mit mehr oder weniger gleicher Berechtigung stehen verschiedene durch archäologische Befunde und Funde abgestützte Thesen nebeneinander.

Für die Lokalisierung muß man von einer Notiz bei Tacitus (Annalen 12,27) ausgehen, wo es heißt: »Agrippina aber wollte ihre Macht auch den Untertanen vor Augen führen und setzte durch, daß in der Hauptstadt der Ubier, in der sie geboren war, eine Veteranenkolonie gegründet wurde, dieselbe erhielt nach ihr ihren Namen. Zufällig hatte ihr Großvater Agrippa die Unterwerfung dieses Stammes, als er den Rhein überquerte, entgegengenommen.«

Daraus kann nur geschlossen werden, daß die Kolonie an der Stelle des Oppidum Ubiorum entstand. Nun haben aber Apud Aram Ubiorum – beim Altar der Ubier –, wie ebenfalls Tacitus berichtet, im Jahre 14 nach Chr. die Legionen I und XX überwintert. Schon vorher waren sie hier einmal stationiert gewesen. Man nimmt an, daß im Jahre 9 nach Chr. Apud Aram Ubiorum ein Zweilegionenlager errichtet worden ist, das bis kurz vor 50 nach Chr. bestanden haben soll.

Schwierigkeiten für die Lokalisierung von Oppidum und Lager liegen schon allein in der Tatsache, daß bis zur Stunde der Standort der Ara nicht bekannt ist. Mithin kann aus der schriftlichen Überlieferung nicht entschieden werden, wo Oppidum und Lager sich befunden haben.

Wenn auch manches dafür spricht, die Militärlager im Siedlungsgebiet des Oppidum Ubiorum anzunehmen, können die bisher nachgewiesenen Reste mit anderen Argumenten als Dokumente für die Existenz des Oppidum auf der Fläche der Colonia gewertet werden, wie es die Tacitusstelle nahelegt.

Mit anderen Worten: Man wird die Entscheidung in dieser wichtigen Frage vorerst offen lassen müssen und hoffen, daß neue Untersuchungen und die Aufarbeitung älterer Fundkomplexe für diesen Zusammenhang neue Quellenmaterialien bereitstellen. Dasselbe gilt von der Ara. Man überzieht die Phantasie kaum, wenn man annimmt, daß sie nach dem Vorbild des Altares in Lugdunum (Lyon) ausgebildet war. Danach mag die Ara ein großer Altarblock gewesen sein. Möglicherweise waren ihm weitere Tempel benachbart. Wahrscheinlich bildete die Ara sogar den Mittelpunkt eines Heiligen Bezirks.

Der römische Hafen und die römische Rheininsel (Fig. 1 und 2)

Schon zum Oppidum Ubiorum gehörte ein Rheinhafen.

Bereits vor ihrer Übersiedlung nach Köln wußten die Ubier mit Schiffen gut umzugehen. Seinerzeit hatten sie Caesar ihre Schiffe für dessen Rheinübergang angeboten. Caesar lehnte, wie er selbst in seinem Bellum Gallicum berichtet, diese Hilfe aber ab und schlug – um die Macht und Fähigkeit seiner Truppe zu demonstrieren – eine Brücke über den Rhein. Man wird aber voraussetzen können, daß die günstige Lage des Oppidum Ubiorum direkt am Strom den Ubiern die Möglichkeit auch zur Benutzung ihrer Schiffe bot. In die Frühzeit der Siedlung werden mithin auch Anlage und Ausbau des Hafens zu setzen sein.

Das Oppidum Ubiorum lag hochwasserfrei. Durch den steilen Bruch der Niederterrasse zum Rhein – noch heute ist diese naturräumliche Gegebenheit klar an der Ostseite des Römisch-Germanischen Museums zu sehen (Abb. 1) – lag hier ferner ein zu nutzendes Uferareal. Überdies erstreckte sich vor der Ostseite eine länglich bemessene Rheininsel, die durch einen Altrheinarm vom Urufer abgehoben war. Dies begünstigte die Anlage eines Hafens.

Die Ausdehnung dieser Hafeninsel ist noch nicht hinreichend bekannt, ebensowenig die Beschaffenheit des Hafenbeckens. Neueste Ausgrabungen an der Nordseite, im Westen und an der Südseite von Groß St. Martin, sowie unter Groß St. Martin (Abb. 6) haben endlich erste und größere zusammenhängende Teile der Hafeninsel bekannt gemacht. Bei den bevorstehenden Ausgrabungen, die bei dem Neubau des Wallraf-Richartz-Museums und Museum Ludwig, das zwischen dem Römisch-Germanischem Museum (Abb. 1) und dem Rhein errichtet wird, erforderlich sind, werden weitere große Flächen untersucht werden können.

Schon jetzt haben die neuen Ausgrabungen die Bedeutung der Hafeninsel für das römische Köln offen gelegt. Bereits im 1. Jahrhundert standen hier mächtige Bauten. Seit dem 2. Jahrhundert scheinen große Lagerspeicher (horrea) die Flächen bedeckt zu haben. Erst in den unruhigen Jahrzehnten nach der Mitte des 3. Jahrhunderts scheint man die Gebäude entweder aufgegeben oder aber entschieden reduziert zu haben. Damals entstanden neue Lagerhäuser im östlichen Teil der Stadt, also im Schutz der Mauer.

Wenn auch über das römische Hafenbecken bisher nur wenig bekannt ist, kann doch schon mit Sicherheit gesagt werden, daß es bereits in der ersten Hälfte des 1. Jahrhunderts vorhanden war. Den Beweis dafür liefert das sogenannte »Ubier-Monument«, ein mächtiger quadratischer Steinturm, dessen Fundamente und untere zwölf Mauerwerkschichten im Jahre 1965 an der Südostecke der römischen Stadtmauer gefunden und ausgegraben wurden.

Dieser Turm ist älter als die 50 nach Chr. begonnene Stadtmauer. Er dürfte als »Leuchtturm« an der Südseite des Hafenbeckens gedient haben.

Fig. 1 Köln, Plan der CCAA mit Eintragung der Höhenschichten (nach G. Precht und H. Köhler) 1 Hafenanlage an der Südost-Ecke, 2 Nordtor der CCAA, 3 Turm an der Nordwest-Ecke, 4 Kapitolstempel, 5 Tempel des Mercurius Augustus, 6 Praetorium mit Aula Regia (?), 7 Forum, 8 Amphitheater (?), 9 Thermen (?), 10 Hafenmarkt, 11 Baptisterium

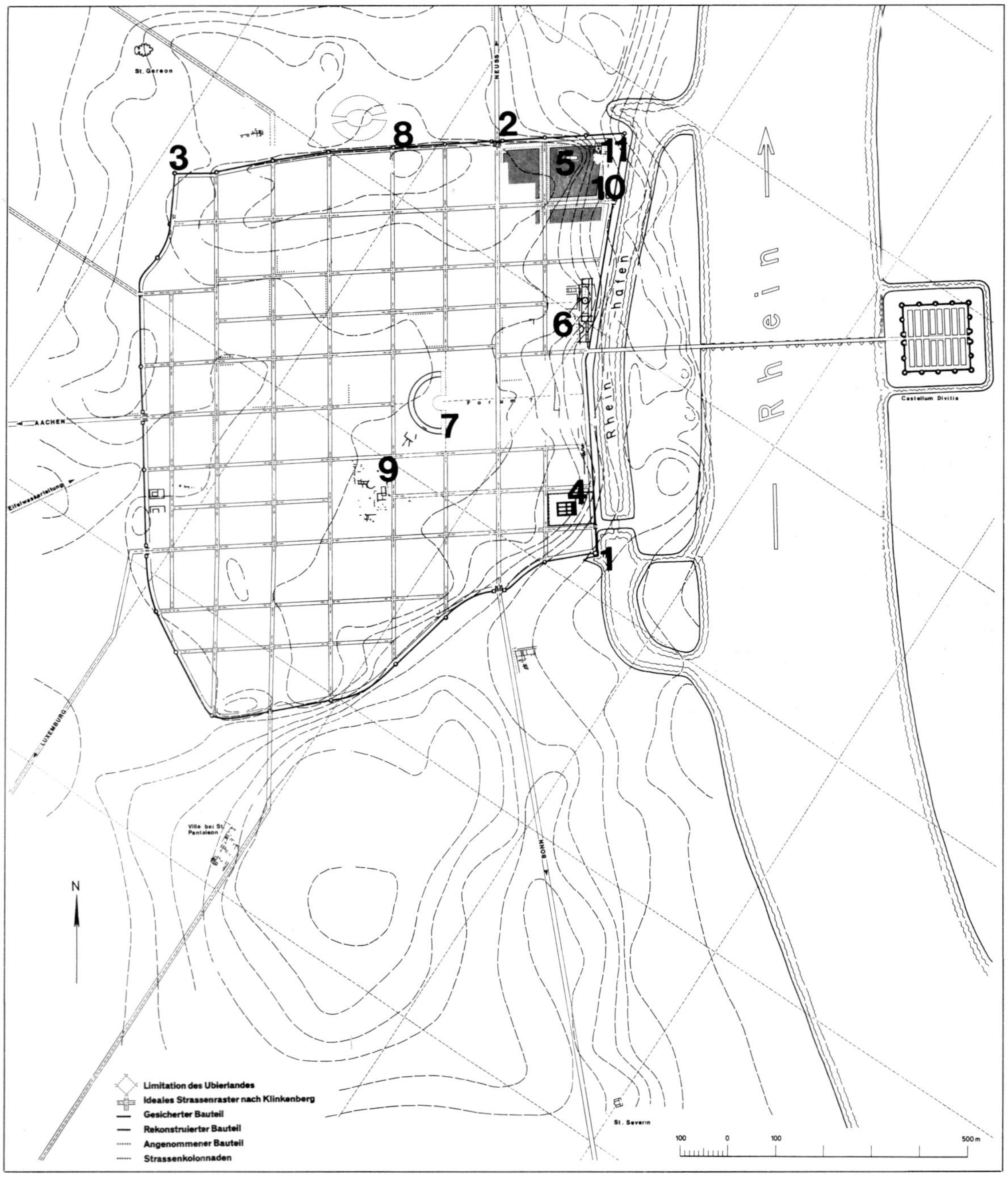

Eine Fundamentplatte, die man im Norden der Siedlung im vergangenen Jahrhundert gefunden hat, dürfte die nördliche Entsprechung gewesen sein. Dies deutet darauf hin, daß der Hafen für das Oppidum Ubiorum eine besondere Bedeutung hatte. Nicht nur Sicherung des Rheins wurde hier ausgeübt, sondern auch Handel mit Gewinn betrieben. Dies dürfte erklären, warum die Ausstattung solcher Häuser, die sich dem Oppidum Ubiorum mit Sicherheit zuschreiben lassen (Abb. 66, 67) einen gediegenen Wohlstand der Einwohner bezeugen.

Das Flottenlager auf der Alteburg (Köln-Bayenthal)

Das Gebiet des Oppidum Ubiorum – die civitas, wie das der Colonia später zugehörige Gebiet hieß – reichte weit über das Stadtareal hinaus. Dieses Umland war unabdingbar notwendig für die Lebensfähigkeit der Stadt. Es war weitgehend agrarisch erschlossen. Zivile und militärische Landbereiche waren streng voneinander getrennt. Erst die Siedlungsarchäologie, die nicht mehr nur die Einzelsache untersucht, sondern ihre Aufmerksamkeit auf ganze Siedlungskammern lenkt, hat dafür die Augen geöffnet.

Ein solches militärisches Gebiet im direkten Vorfeld des Oppidum Ubiorum und später der Colonia war das Militärlager auf der Alteburg, das das Standlager der römischen Rheinflotte, der Classis Germanica pia fidelis, war. Das annähernd drei Kilometer südlich der römischen Stadtmauer gelegene Lager hat mit Sicherheit unter Claudius (41–54 nach Chr.) bestanden und blieb bis zum Ende des 3. Jahrhunderts besetzt.

Trotz mehrfacher Ausgrabungen in dem Areal der Lager (1887, 1899, 1908 und 1927) sind nur wenige Grundtatsachen bekannt. Das ist um so bedauerlicher, als möglicherweise durch großflächige Untersuchungen – die heute, da das Gebiet fast völlig überbaut ist, nicht mehr möglich sind – nicht nur die Zusammenhänge genauer hätten geklärt werden können, sondern möglicherweise auch Anhaltspunkte zur frühen Besiedlung und militärischen Belegung des Kölner Raumes zu gewinnen gewesen wären. Wenn nämlich auch alles dagegen zu sprechen scheint, daß hier das Kölner Zweilegionenlager angesiedelt war, völlig auszuschließen ist dies doch nicht.

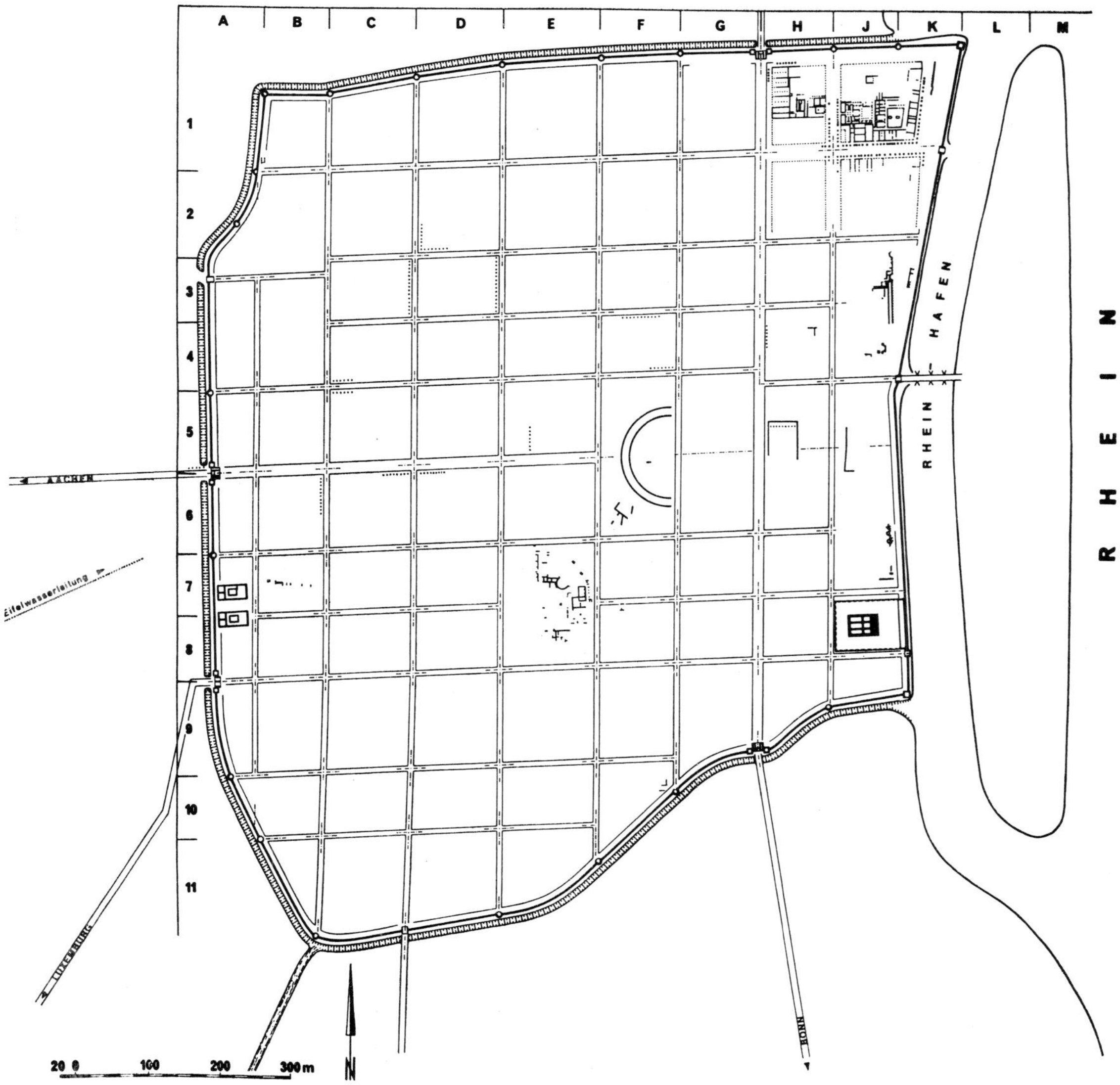

Fig. 2 Köln, Plan der CCAA, 1.–3. Jahrhundert (nach H. Hellenkemper)

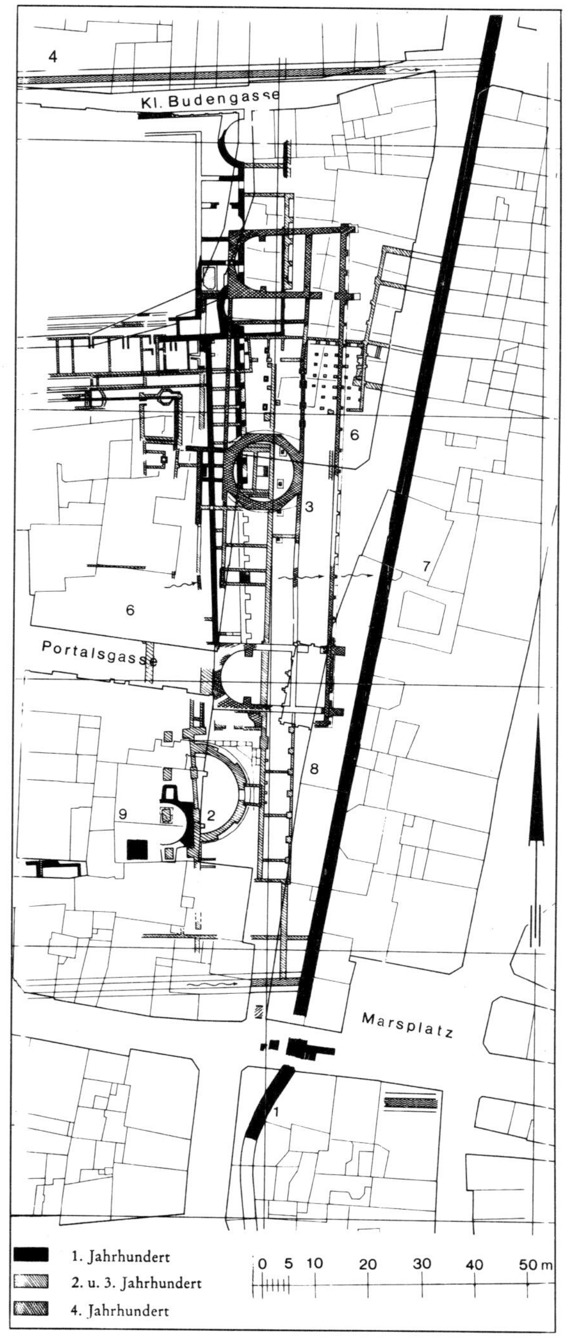

Fig. 3 Befundplan Praetorium (nach G. Precht) 1 Römische Stadtmauer, 2 Regia, 2. Hälfte 2. Jahrhundert, 3 Spätrömischer Komplex des Praetoriums, 4 Römischer Abwassersammler, 6 Spanischer Bau, 7 Gotischer Rathausturm, 8 Hansasaal mit Renaissancelaube, 9 Ehemalige Rathauskapelle

Auch das Lagerareal, das etwa 18 m hoch über dem Lager aufragte, lag hochwasserfrei. Die Umwehrung scheint fünfeckig gewesen zu sein. Die Vieleckigkeit ist dabei für frühe Lagerbauten typisch. Zunächst bestand die Befestigung aus einem Spitzgraben und einer Holz-Erde-Mauer. Die Soldaten wohnten in Holzhäusern. Nach dem Bataveraufstand in den Jahren 69/70 nach Chr. errichtete man steinerne Kasernen.

Am Rhein selbst legte man, wie zwei tief gegründete, parallel zum Strom verlaufende steinerne Mauern zeigen, einen kleinen Rheinhafen an. Hier werden die Schiffe der Rheinflotte ihren Lagerplatz gehabt haben.

Aus dem Lagerbereich stammen einige der schönsten Stücke des Römisch-Germanischen Museums: die Göttin Hygieia (Abb. 65, Abb. 97), das Bruchstück der Panzerstatue eines Mars (Abb. 37, 82, 83), sowie eine wohlerhaltene Theatermaske (Abb. 237).

Unbekannt ist bis heute die Zivilsiedlung, die zu diesem Lager gehörte. Sie muß auf jeden Fall bestanden haben. Wahrscheinlich lag auch sie stromseitig. Nur ein ganz glücklicher Zufall könnte von ihr noch Reste beibringen. Das ist bedauerlich, denn in ihr werden nicht nur Händler und Handwerker gewohnt haben, die die Truppe versorgten. Vielmehr ist anzunehmen, daß nahebei wohl auch kleine Werften bestanden, in denen die Schiffe repariert und neue Boote gebaut werden konnten.

Die Colonia Claudia Ara Agrippinensium (Fig. 2)

Mit der im Jahre 50 nach Chr. erfolgten Erhebung des Oppidum Ubiorum zur Kolonie italischen Rechts war der endgültige Ausbau der Provinzstadt verbunden. Die dafür notwendigen Maßnahmen müssen unmittelbar nach 50 nach Chr. in Gang gekommen sein.

Ziemlich unmittelbar nach der Erhebung zur Kolonie wurde mit dem Bau einer steinernen Stadtmauer begonnen. Sie ersetzte eine Holz-Erde-Mauer. Diese Mauer besaß eine Länge von 3911,80 Metern und umschloß ein Gebiet von 98 Hektar. Die Mauer war vermutlich 7,80 Meter hoch. Sie besaß 9 Tore und 22 Türme.

Auf dem feldseitigen Haupttorbogen des Nordtores hatte man den Namen der Stadt in der üblichen Abkürzung CCAA eingemeißelt (Abb. 59). Es ist möglich, daß die Haupttorbogen der Nord- und Südtore in gleicher oder ähnlicher Weise den Stadtnamen trugen.

An der Ostseite besaß die Mauer nur an den Ecken Türme. Hier konnte auf die Turmserie verzichtet werden, weil das Wasser des Hafens diese Front schützte. Wegen des Hafens dürfte die ostseitige Mauer auch gegen die Mitte hin zurückspringen.

Der Bau dieser Stadtmauer war ein Unternehmen von beträchtlichem Umfang. Ohne das Vorhandensein einer die ganze Provinz umfassenden Infrastruktur wäre ein solches Vorhaben in so kurzer Zeit nicht durchführbar gewesen, denn spätestens 70 nach Chr. war diese Befestigung fertig. Dahinter stehen die römische Truppe und die mit ihr ins Land gekommenen Hilfskräfte.

Alsbald war das Land von Straßen durchzogen, die solide Straßenkörper aufwiesen. Sie verbanden Köln nicht nur mit den nahen Militärlagern, mit den Zivilsiedlungen, Städten und Dörfern, sondern auch mit den kleinen und größeren Orten in der Ferne sowie mit den Produktionszentren. Das Land im näheren und weiteren Umkreis war agrarisch erschlossen. Die Gutshöfe waren als leistungsfähige Farmbetriebe organisiert. Auf ihnen wurde die Grundnahrung erwirtschaftet. Darüber hinaus wurde das Land auf seine Bodenschätze hin erforscht. Wo es sich lohnte, wurden Steinbrüche, Eisengewinnungsbetriebe, Kalkfabriken usw. angelegt. Eine arbeitsteilige Gesellschaft wurde ausgebildet und die Grundlage auch für den Handel geschaffen.

Es kann heute als sicher gelten, daß die Straßenführung in der römischen Stadt schon zur Zeit des Oppidum Ubiorum in den wesentlichen Grundzügen festgelegt war. Durch das mehr oder weniger regelmäßige Raster der Straßen wurden die Stadtquartiere bestimmt. Sie bestanden während der gesamten römischen Epoche.

Zwei Hauptstraßen lassen sich ausmachen. Die eine ist der von Norden nach Süden verlaufende Cardo Maximus, die heutige Hohe Straße. Sie ist

Fig. 4 Praetorium, 4. Jahrhundert nach Chr. (nach G. Precht)

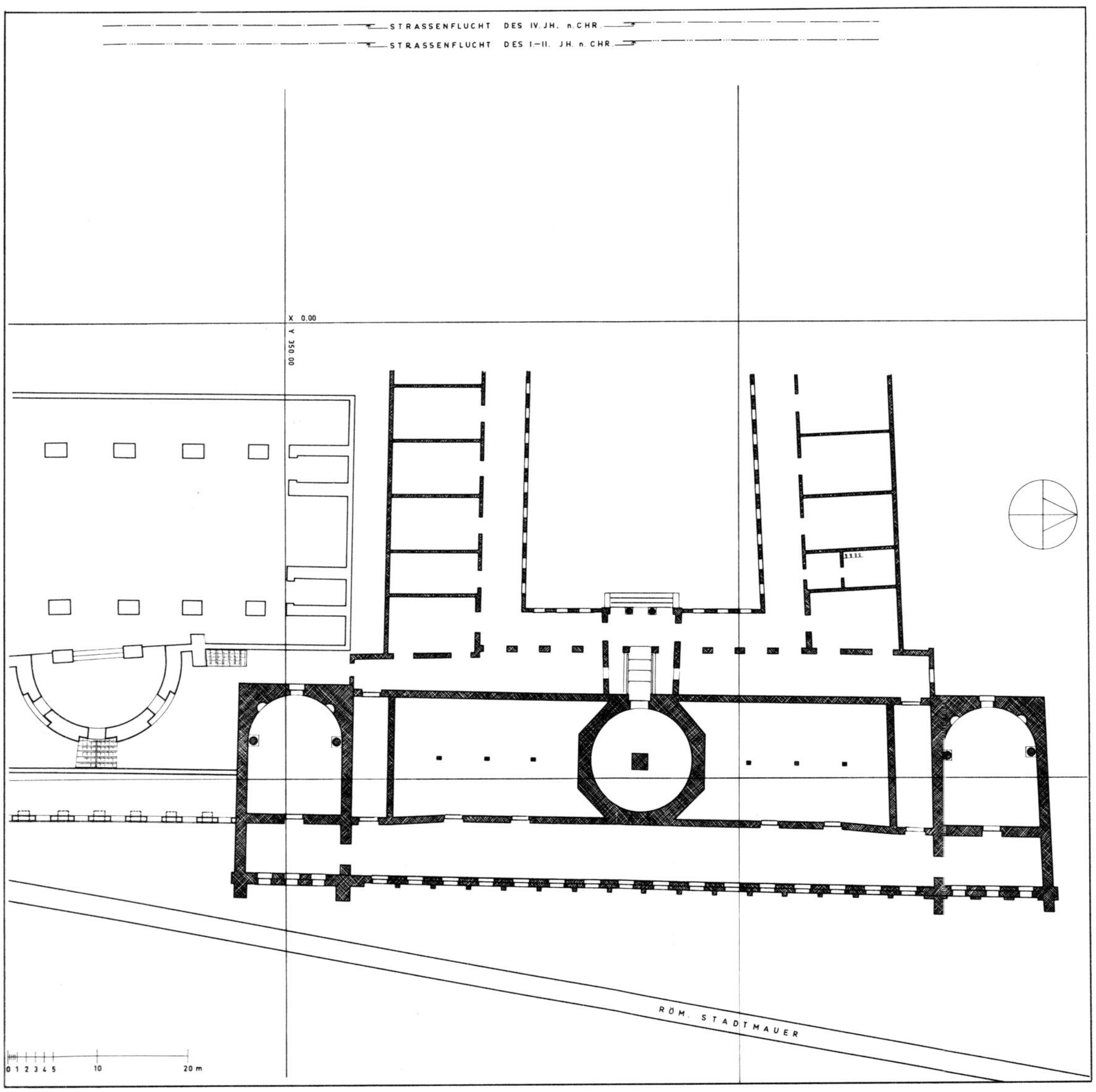

Fig. 5 Praetorium mit basilikaler (?) Halle (nach G. Precht)

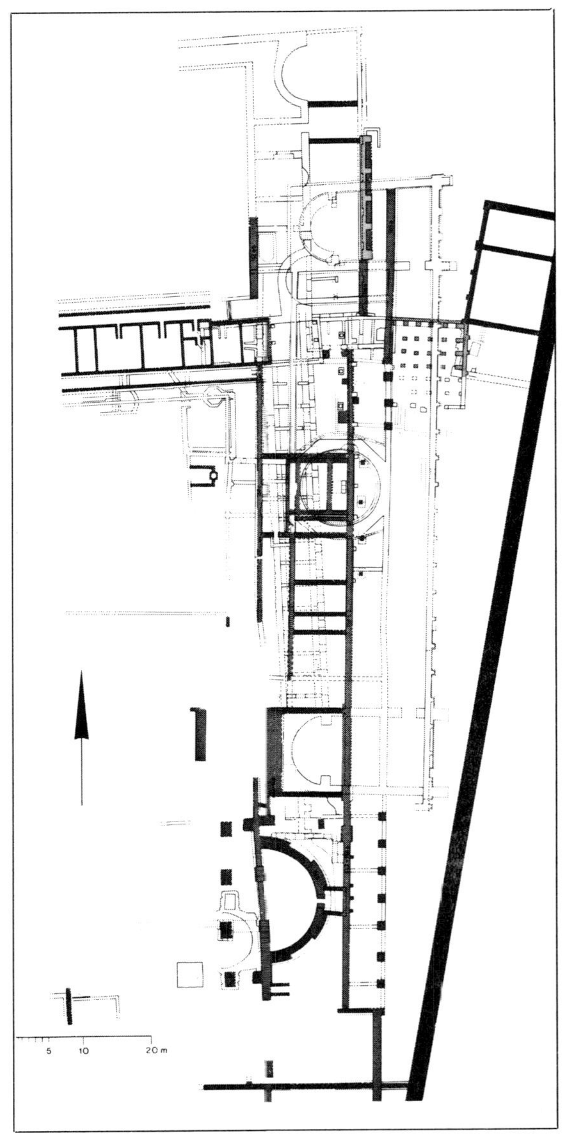

ein Teil der römischen Limesstraße. Sie begann als Stadtstraße am römischen Nordtor und lief bis zum Südtor durch. Die zweite Hauptstraße war der Decumanus Maximus, der in der heutigen Schildergasse fortlebt. Westwärts der Schildergasse verlief sie an der Nordseite des heutigen Neumarktes. Sie erstreckte sich bis zum Westtor. Der Decumanus lief gegen das Forum, stand also nicht, wie man früher angenommen hat, mit dem Cardo Maximus in direkter Verbindung.

Die Straßen scheinen durchgängig von Kolonnaden begleitet gewesen zu sein. Von wann an dies der Fall war, bedarf noch der Überprüfung.

Neuerdings gibt es Anhaltspunkte dafür, daß die Pflasterung der Straßen, soweit eine solche überhaupt vorhanden war, erst dem 4. Jahrhundert zugeschrieben werden kann. Vorher waren die Oberflächen der Straßen durchgängig aus festgestampftem Kies gebildet.

Mit den Straßen waren Kanäle verbunden. Diese wurden auf Hauptkanäle zugeführt, die das Wasser aus der Stadt weg in den Rhein leiteten. Teile der großen Sammelkanäle sind bis heute an einigen Stellen in der Stadt erhalten.

Durch Ausgrabungen ist das Gebiet zwischen Cardo Maximus (Hohe Straße) und östlicher Stadtmauer einigermaßen zufriedenstellend erkundet. Von Norden nach Süden sind verschiedene Bauzonen voneinander abzugrenzen.

Unter dem Kölner Dom wurde ein kleiner Podiumstempel nachgewiesen, der schon im 1. Jahrhundert nach Chr. errichtet wurde und bis zum Anfang des 5. Jahrhunderts bestand. Er wird mit einer bereits im vergangenen Jahrhundert in der Nähe des Domes gefundenen Bauinschrift verbunden (Abb. 257, 258) und von daher dem Mercurius Augustus zugeschrieben. Dieser Tempel scheint inmitten eines Wohngebietes gelegen zu haben, denn westlich und südlich des Domes wurden mehrere Quartiere mit Wohnhäusern ausgegraben. Auch diese bestanden bereits im 1. Jahrhundert. Sie wurden mehrfach umgebaut. Eine umfassende Neugestaltung aller Quartiere scheint im 3. Jahrhundert erfolgt zu sein. Damals erhielt auch das Atrium-Haus mit dem Dionysosmosaik (Abb. 14, 15, 16, 17) seine endgültige Gestalt.

Über eine größere Strecke fehlen im Anschluß nach Süden bis heute alle archäologischen Befunde. Deshalb bleibt offen, welche Art von Häusern hier gestanden hat. Kultbauten sind ebenso denkbar wie solche, die der Verwaltung dienten, aber auch Wohnbauten sind nicht auszuschließen.

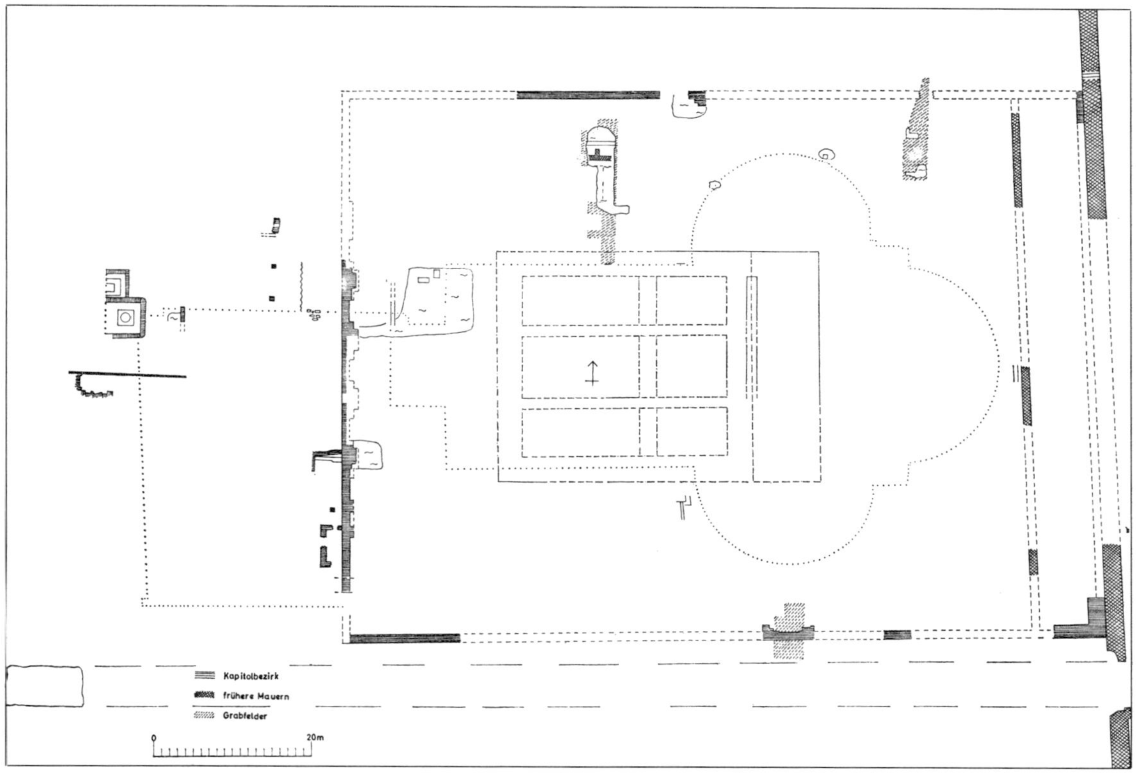

Fig. 6 Befundplan vom Kapitolsbezirk (nach W. Binsfeld, H. Kühnemann und G. Strunk)

Durch Ausgrabungen ist das Praetorium, der Statthalterpalast, näher bekannt. Teile seiner Fundamente wurden unter dem Rathausneubau erhalten (Fig. 3). Mehrere Bauabschnitte lassen sich voneinander abheben. Die ersten Bauspuren aus der ersten Hälfte des 1. Jahrhunderts nach Chr. werden neuerdings der Principia des Zweilegionenlagers zugeschrieben, was aber noch strittig ist. Nach der Mitte des 1. Jahrhunderts wird in dem dann neugebauten Komplex der Oberkommandierende der Rheinarmee seinen Amtssitz gehabt haben. Rheinseitig war mit den Verwaltungsgebäuden ein Bazar verbunden. In einem Teil des 180 × 180 Metern messenden Gesamtkomplexes wurde im 4. Jahrhundert ein palastähnlicher Neubau errichtet (Fig. 4).

Nach Süden und Westen schloß sich an das Praetorium eine Basilika an. Einem ursprünglich bescheidenen Bau folgte im 4. Jahrhundert eine Anlage von beträchtlichem Ausmaß (Fig. 5). Vielleicht ist auf sie eine Bauinschrift des Arbogast zu beziehen (Abb. 257, 258), die man früher für den Neubau des Kapitoltempels glaubte in Anspruch nehmen zu können.

Weiter nach Süden, an der Westseite der Kirche Groß St. Alban und unter dem Gürzenich, sind seit längerem Mauern bekannt (Fig. 2). Sie werden für den Tempel des Mars Ultor, dessen Existenz schriftlich überliefert ist, in Anspruch genommen. In diesem Tempel soll das Schwert Caesars aufbewahrt worden sein.

Wieder weiter südlich sind im vergangenen Jahrhundert mächtige Mauern gefunden worden. Neue Ausgrabungen (1975) haben klären können, daß es sich um Stützmauern handelt, die zusammen mit einer Erhöhung des Areals am Bruch der Niederterrasse zum Rhein aufgebracht wurden. Von den Gebäuden, die in diesem Gebiet bestanden haben, sind keine Spuren erhalten geblieben.

Im südöstlichen Teil erhob sich der Tempel der kapitolinischen Trias. Tempelpodest und Cella-Einteilung sind ebenso klar wie die den Bezirk umziehende Temenos-Mauer unter und zu Seiten der Kirche St. Maria im Kapitol festgestellt (Fig. 6).

Man kann also sagen, daß zum Rhein hin zwischen dem Cardo Maximus (Hohe Straße) und der östlichen Stadtmauer eine Reihe repräsentativer Gebäude gestanden hat.

Leider ist über die weitere Bebauung der Kolonie,

von der Einteilung in Insulae abgesehen, nur sehr wenig bekannt. Jüngst gelang es den Forumsplatz zu bestimmen und mit guten Argumenten auch die Reste eines Exedrabaues für diesen zentralen Bereich der Stadt in Anspruch zu nehmen (Fig. 2). Mächtige Baureste, die südöstlich dieses Exedrabaues festgestellt wurden, werden einer Thermenanlage zugeschrieben (Fig. 2). Als einzige Baureste innerhalb der gesamten römischen Stadt sind sie nicht in das allgemeine Schema der Quadrateinteilung einzuordnen. Man ist daher geneigt, die ersten Bauten in diesem Gebiet einer Zeit zuzuweisen, in der die Quartiereinteilung noch nicht festgelegt war. Eine spätere Thermenanlage hätte dann die Richtung der »Gründungsbauten« beibehalten. Endgültig wird dies aber erst zu entscheiden sein, wenn der Grabungsbericht dieses wichtigen Komplexes vorgelegt ist.

Im übrigen wird die Mehrzahl der Insulae im Westen des Cardo Maximus (Hohe Straße) mit Wohnhäusern besetzt gewesen sein. Ausgrabungen im Westen der Kunsthalle und auf dem Neumarkt (1974), lieferten Anhaltspunkte dafür, daß hier schon in der ersten Hälfte des 1. Jahrhunderts Wohnhäuser gestanden haben. Die Spuren belegen einfache Fachwerkbauten, wie auch die Reste, die den folgenden Jahrhunderten zugeschrieben werden müssen, durchweg keinen besonderen Aufwand, außer, daß nun steinerne Bauten aufgeführt waren, erkennen lassen. In solchen Häusern werden vielfach Handwerker und Händler gewohnt haben, jedoch fehlen fast alle Anhaltspunkte, die gesicherte Aussagen zuließen. Sehr viel anders allerdings als in der zweiten Kolonie in der Provinz Niedergermanien, der um 100 nach Chr. von Trajan (98–117 nach Chr.) gegründeten Colonia Ulpia Traiana nördlich von Xanten, wo solche Wohnbauten zusammenhängend ausgegraben wurden, wird auch das »Stadtbild« im römischen Köln nicht ausgesehen haben. Eine Rekonstruktion solcher Handwerkerquartiere aus der Colonia Ulpia Traiana (Fig. 7) lehrt, daß das Erscheinungsbild solcher Kolonien von einer gewissen Biederkeit geprägt war. Mehrgeschossige Bauten, wie sie außer in Rom auch in Ostia, der Hafenstadt Roms, nachgewiesen sind, wird man für das römische Köln kaum annehmen sollen.

Auch im westlichen Teil der Stadt haben Tempel gestanden. Reste eines größeren Heiligen Bezirks sind in der Nähe von St. Aposteln nachgewiesen (Fig. 2).

Zu jeder römischen Stadt gehörten Werkstätten. In Köln fanden Töpfer-, Terrakotten- und Glaswerkstätten die besondere Aufmerksamkeit der archäologischen Forschung. Daneben muß eine große Anzahl weiterer Einrichtungen bestanden haben. Viele Handwerksbetriebe, die in mehr oder weniger großer Zahl vorhanden gewesen sein müssen, sind im archäologischen Befund nur schwer oder gar nicht nachzuweisen; z. B. Bäckereien und Fleischereien. Bisher wurde wenigstens ein Gerbereibetrieb bekannt, aber Eisen verarbeitende Werkstätten fehlen wie solche von Steinmetzen noch völlig.

Im 1. Jahrhundert kommen einzelne Töpfereien noch innerhalb des Stadtgebietes vor. Später scheinen solche Handwerker nur mehr außerhalb der Stadt ihre Werkstätten betrieben zu haben. Bekannt ist die Konzentration von Töpfereien

Fig. 7 Das römische Köln und die Gräberfelder (nach A. Schlombs)

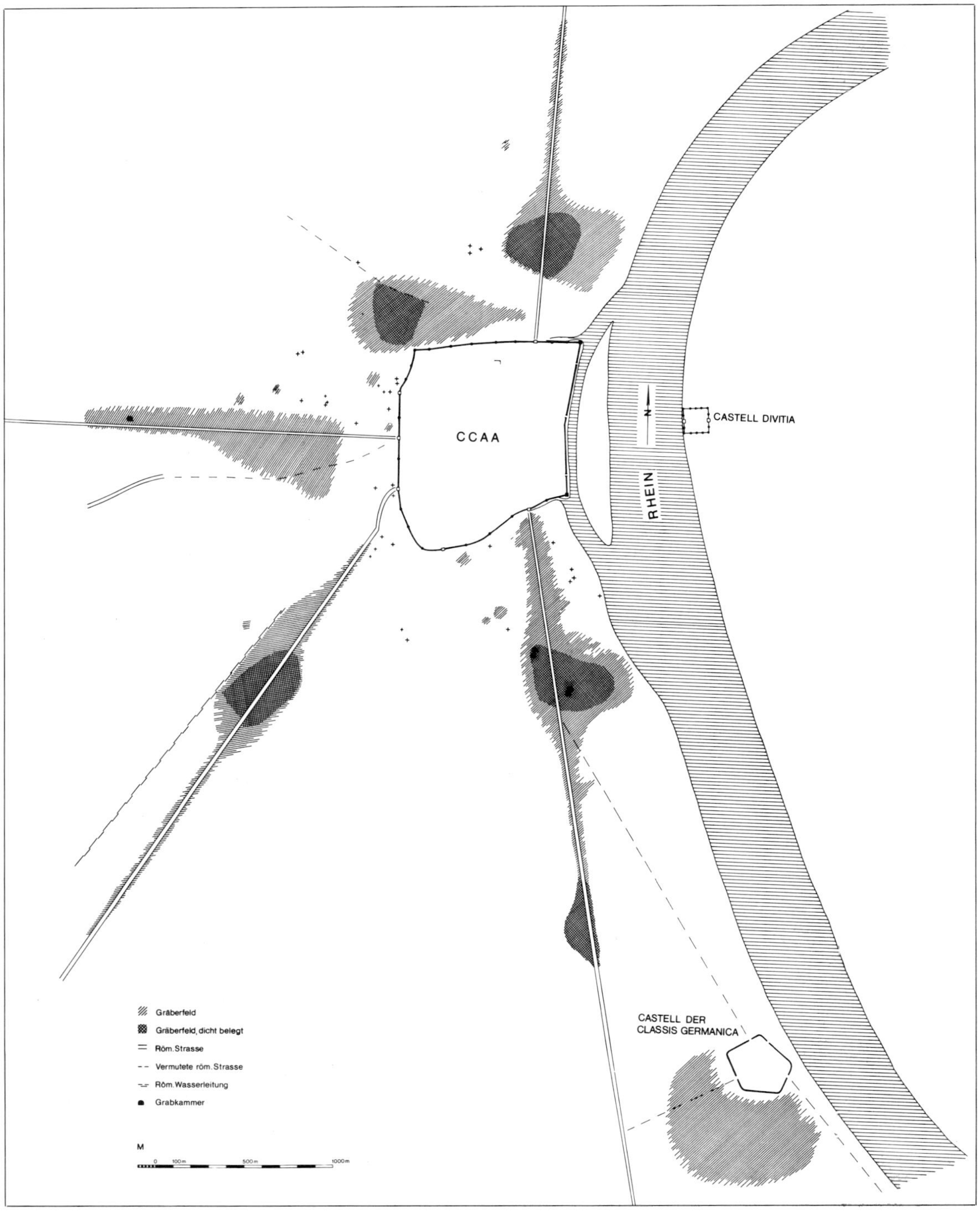

im Gebiet um den heutigen Rudolfplatz. Glaswerkstätten scheinen sich im Norden der Stadt vom heutigen Bahnhofsvorplatz bis zum Eigelstein erstreckt zu haben (Fig. 2). Irgendwo müssen auch Ziegeleien größeren Ausmaßes angesiedelt gewesen sein. Man kennt sie bis heute nicht, wie überhaupt in diesem Punkt sehr viel ungewußt bleibt. Vielleicht verhilft die Aufarbeitung älterer Fundkomplexe auch für diesen wichtigen Bereich der römischen Stadt zu gesichertem Wissen.

Mit Werkstätten ist möglicherweise auch eine Siedlungsballung im Süden vor der Stadt in Verbindung zu bringen. Im Gebiet um St. Georg scheint eine ausgesprochene Vorstadt, ein suburbium, bestanden zu haben (Fig. 2). Beim heutigen Kenntnisstand wäre es übertrieben, von einem ganzen »Handwerkergürtel« um das römische Köln sprechen zu wollen, wie dies bisweilen geschieht. Manches deutet vielmehr darauf hin, daß die Werkstattbetriebe in der Nähe der Ausfallstraßen konzentriert waren.

Jede Stadt bedarf der Versorgung mit Lebensmitteln. Wenn die Berechnungen stimmen, daß Köln in römischer Zeit eine Bevölkerung von 25 000 bis 30 000 Einwohnern hatte, wird verständlich, daß das Umland der Stadt intensiv durch landwirtschaftliche Betriebe aufgeschlossen gewesen sein muß.

Die Colonia Claudia Ara Agrippinensium war, wie jede römische Ansiedlung oder Stadt, allseitig von Gräberfeldern umgeben. Diese Gräberfelder zogen sich nicht nur an den Ausfallstraßen entlang, sondern waren weit in das Hinterland hineingestaffelt (Fig. 7).

Bis heute fehlt eine umfassende Gesamtdarstellung der römischen Gräberfelder von Köln. Das ist bedauerlich, denn in den Funden von Gräberfeldern liegt ein »Material« bereit, das nicht nur Aufschlüsse zur Kultur-, Geistes- und Religionsgeschichte verheißt, sondern dem auch Aussagen für die Soziostruktur der römischen Stadtbevölkerung entnommen werden könnten. Bei den Ausgrabungen von Gräberfeldern werden, anders als bei den Siedlungsgrabungen, in großem Umfang mehr oder weniger unversehrte Sachgüter geborgen, die auf die ihnen innewohnenden Informationswerte befragt werden können und müssen.

Die Mehrzahl der erhaltenen römischen Steindenkmäler und fast alle Kleinfunde des Römisch-Germanischen Museums stammen aus Gräberfeldern.

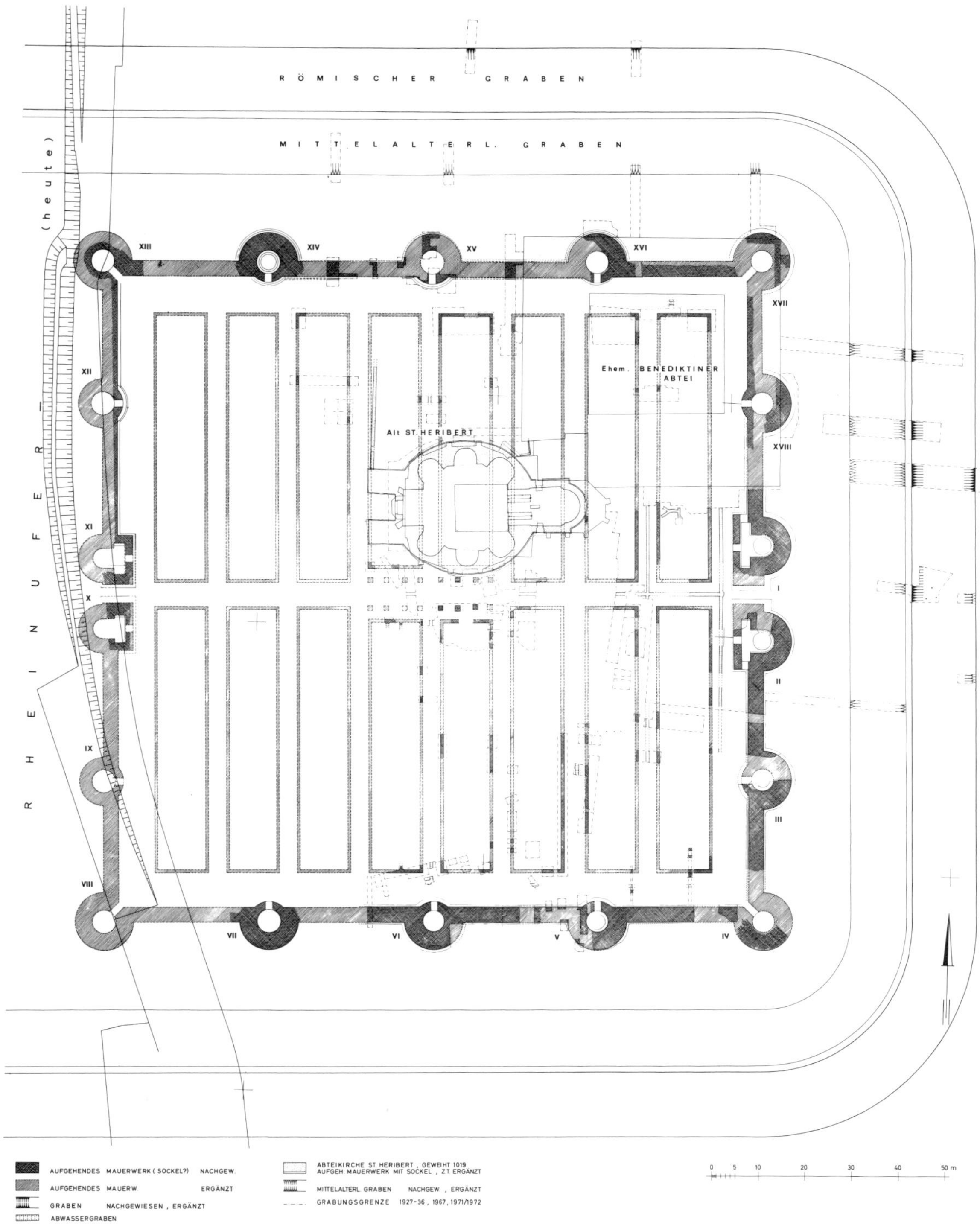

Fig. 8 Plan des Kastells Divitia-Deutz (nach G. Precht)

Das Kastell Divitia (Deutz) (Fig. 8)

Im 4. Jahrhundert ließ Konstantin der Große (306–337 nach Chr.) auf dem rechtsrheinischen Ufer gegenüber der Colonia das Kastell Divitia errichten. Bisher gibt es im archäologischen Befund keine Anhaltspunkte für eine ältere Gründung dieses Lagers. Man wird deshalb anzunehmen haben, daß die Festung als Folge der Frankeneinfälle entstanden ist.

Das Lagerquadrat war von einer mächtigen Mauer mit 14 Rundtürmen umschlossen. Zwei Tore mit jeweils höher aufragenden Rundtürmen boten den Zugang von der Stadt- und Landseite. Das Innere war mit 16 längsgestreckten Kasernenbauten ausgestellt. Um die Anlage zog sich dreiseitig ein breiter Graben. An der Westseite schützte der Rhein selbst das Kastell (Fig. 2, 9). Mit der Stadt war das Kastell durch eine steinerne Rheinbrücke (Fig. 2) verbunden. Sie wurde zusammen mit dem Lager gebaut. Wann diese Brücke zerstört wurde, ist nicht bekannt. Noch im 10. Jahrhundert standen von ihr Reste, die damals niedergelegt wurden, offensichtlich um Steine für Neubauten zu gewinnen.

Faßt man hier zusammen, so ergibt sich: aus der kargen schriftlichen Überlieferung wie aus dem archäologischen Befund ist wenigstens der Umriß des römischen Köln zu erschließen.

Inmitten eines intensiv erschlossenen Landes war die Kolonie eine Verwaltungs- und Handelsstadt, auf die hin die Provinz Niedergermanien organisiert war.

Diese Stadt am Rande der damaligen Welt hatte teil an den Segnungen der Zivilisation und Kultur des Gesamtreiches. Entsprechend lebten die Menschen und hatten über den engeren Umraum hinaus Verbindung auch mit der weiteren Welt.

Alle Voraussetzungen für eine Weiterexistenz der Stadt waren am Ende der römischen Epoche gegeben. Als diese jedoch in den Wirren des 5. Jahrhunderts von den Franken eingenommen wurde, mag zwar noch eine gewisse Zeit lang das städtische Leben seinen Fortgang genommen haben.

Indessen brach jedoch mit dem Wegzug der bestimmenden Kräfte nicht allein die Verwaltung über den engeren Umraum hinaus mehr oder weniger zusammen. Indem an die Stelle einer zentralverwalteten Welt eine nach kleinräumlichen Gewichten orientierte trat, setzte eine Siedlungsschrumpfung ein und die Stadtstruktur verlor für einen längeren Zeitraum ihr bestimmendes Gewicht. Daran ändert auch nichts, daß zeitweise in Köln fränkische Teilkönige residierten.

Das Römisch-Germanische Museum

Gründung und Bau des Museumsgebäudes

Zusammen mit dem Museum Ludwig ist das Römisch-Germanische Museum das jüngste der acht stadtkölnischen Museen.
Erst am 20. Oktober 1946 wurde es als eigene Einrichtung gegründet. Bis dahin hatten die Kunstwerke und Sachgüter des römischen Köln eine Abteilung des Wallraf-Richartz-Museums, der Mutter der Kölner Museen, gebildet.
Die Gründung eines eigenen Kölner archäologischen Museums erfolgte an dem Tag, an dem das im Jahre 1941 beim Bau eines Luftschutzbunkers an der Domsüdseite zutage getretene Dionysos-Mosaik der Öffentlichkeit zugänglich gemacht wurde. Sofort zog dieser inzwischen weltberühmt gewordene römische Schmuckfußboden des 3. Jahrhunderts nach Chr. (Abb. 14, 15, 16, 17) Scharen von Besuchern an. Für die Kölner und alle Freunde der römischen Vergangenheit wurde er zum Synonym für Kölns römische Vergangenheit.
Weitere Teile der Museumsschätze, denen seit dem Jahre 1939 in Kisten verpackt eine Odyssee von Ort zu Ort und nach dem Kriege noch in Köln von Platz zu Platz widerfuhr, wurden seit 1953 in der »Römischen Schatzkammer« innerhalb des Kölnischen Stadtmuseums gezeigt. Immerhin wurde durch das Sichtbarsein dieser Einzelstücke der Wunsch nach einer umfassenden Darbietung des Materials wach. Zum Verlangen steigerte sich diese Absicht, als im Jahre 1953 beim Wiederaufbau des Rathauses in der Baugrube die mächtigen Fundamente des Praetoriums, des Statthalterpalastes, zutage traten. Mit einem Mal war das römische Köln buchstäblich aktuell. Die Fundamente des Palastes wurden mit Hilfe einer kühnen Stahl-Beton-Konstruktion überbaut. Die römische Vergangenheit war Gegenwart im Köln des 20. Jahrhunderts geworden.

Fig. 9 Kölner Dom vor 1842

Im Jahre 1962 beschlossen Rat und Verwaltung der Stadt Köln im Rahmen der Neuordnung der Dom-Umgebung auch einen bundesoffenen Wettbewerb für den Bau eines Römisch-Germanischen Museums auszuschreiben. Als Standort wurde der Platz bestimmt, an dem das Dionysos-Mosaik lag. Damit wurde für das Museum ein hervorragender Standort gewählt: unmittelbar an der Südseite des Kölner Domchores.
An dem Wettbewerb beteiligten sich 57 deutsche Architekten. Den 1. Preis erhielt Prof. Dipl.-Ing. Heinz Röcke aus Braunschweig. Bei der Zubemessung des Preises gab das Preisgericht städtebaulichen Gesichtspunkten den Vorrang, wobei natürlich die museumsspezifischen Belange nicht außer acht blieben.
Die Arbeiten wurden in drei Bauabschnitten durchgeführt, wobei zunächst die neue Bauhütte für den Kölner Dom, danach das Studiengebäude (Abb. 2, 6) und zuletzt seit 1970 das eigentliche Museumsgebäude (Abb. 1, 9) aufgeführt wurden. Planung und Bauleitung lagen in den Händen von Prof. Dipl.-Ing. Heinz Röcke und Dipl.-Ing. Klaus Renner aus Braunschweig. Von Seiten der Stadt Köln war der Leiter der Hochbauabteilung Dipl.-Ing. Franz Lammersen verantwortlich, für den technischen Ausbau der Leiter der Installationsabteilung Dipl.-Ing. Eduard Merkle. Die Inneneinrichtung wurde nach den detaillierten Konzepten der Museumsleute in Zusammenarbeit mit den Architekten realisiert. Für die komplizierte Beleuchtung des Museumsgebäudes stand als Beleuchtungsingenieur Hans Theo von Malotki aus Köln zur Verfügung.

Mit dem Bau des Museums wurde im Jahre 1967 begonnen. Am 3. März 1974 wurde das Römisch-Germanische Museum eröffnet.

Das Museum und die Domplätze

Durch die Freilegung des Kölner Domes, die seit 1854 systematisch erfolgte und zum Ziel hatte, die Kölner Kathedrale als ein »Denkmal für die Einheit der deutschen Nation« allseitig freizulegen, wurde die bedeutende mittelalterliche Kirche, deren Ausbau seit 1842 planmäßig betrieben wurde, aus den gewachsenen architektonischen Bindungen gerissen (Fig. 9).

Die Neigung des 19. Jahrhunderts, mit den »Denkmälern der Geschichte« die Errungenschaften des technischen Zeitalters zu verbinden, führte zur Anlage des Kölner Hauptbahnhofes unmittelbar an der Nordseite des Domes wie auch zum Bau einer auf den Ostchor direkt gerichteten Rheinbrücke.

Was zunächst noch als Einbindung der Vergangenheit in die Gegenwart verstanden und gefeiert wurde, wurde bald beklagt. Der wie auf einem Teller präsentierte Kölner Dom wurde zudem immer mehr vom Verkehr umbrandet. Seit 1930, zu welchem Zeitpunkt erste grundlegende Planungen zur Behebung des nun immer klarer eingesehenen Schadens vorgelegt wurden, verstummte die Diskussion nicht mehr. Die völlige Zerstörung der Stadt und auch der unmittelbaren Domumgebung im Zweiten Weltkrieg eröffnete schließlich die Möglichkeit, diese »Jahrhundertaufgabe« einer Sanierung des Domquartiers in Angriff zu nehmen.

Vier unterschiedlich große Domplätze sind entstanden. Über eine phantasievoll gegliederte Treppenanlage steigt man vom tief gelegenen Bahnhofsvorplatz auf den »Domhügel« und erreicht so den nördlichen Platz, unter dem der Verkehr in U-Bahn und Kraftfahrzeugstraße hinweggeführt sind. Auf diese Art ist der Dom seiner Verinselung enthoben. Durch das Kunstmittel des »schwebenden Platzes« hat die Kathedrale an dieser neuralgischen Seite eine Standfläche, die Nordfassade einen Wirkungsraum.

Von diesem nördlichen Platz aus, der Trankgasse, kann man entweder auf die Deutzer Eisenbahnbrücke gehen oder vorbei an dem Petrusbrunnen den Domherrenfriedhof, der als Ruhezone mit Grünflächen und Baumbestand an der Ostchorseite sich ausbreitet, erreichen bzw. auf den westlichen Platz vor der Westfassade gelangen. Die Übergangszone nach Westen ist schmal gehalten und gegen die Bauten an der Trankgasse durch über Betonpfeilern schwebende sechseckige Betondächer abgeschirmt.

Der westliche Platz wächst aus den Domportalen heraus und neigt sich so zur Straße Unter Fettenhennen hin, daß fließend Anschluß an das tiefer gelegene Straßenniveau gewonnen wird. Auf diese Art ist die aufgipfelnde Westfront der Kathedrale überzeugend in den Stadtraum eingefangen. Die Kathedrale ist ihrer Aufsockelung enthoben. Während die alte stufenreiche Treppenanlage sich als Barriere auswirkte, ist der Zugang gewissermaßen ins Zwangsläufige gewendet und wie selbstverständlich gemacht.

Der Platz ermöglicht bei kirchlichen Feiern Prozessionenentfaltung, bei besonderen Gelegenheiten auch Empfang besonderer Personen und Gruppen, und erlaubt zugleich deren Einbettung in die allgemeine Flanierbewegung der Bevölkerung auf diesem großen Platz.

Für den Alltag ist dieser Westplatz aber ebenso wie der nördliche ein »Durchgangsplatz« zu Wallrafplatz, Wallraf-Richartz- und Ludwig-Museum, wie vor allem zur Hohe Straße, der Haupteinkaufsstraße der Stadt. Um einer nur fließenden Menschenbewegung entgegenzuwirken ist in der Nordwestecke des Westplatzes eine geräumig bemessene Ruhezone eingebracht. Inmitten derer fand, nur wenig vom alten Standort entfernt, die eine erhaltene Seitenpforte des römischen Nordtores Aufstellung.

An seiner Ostseite ist im Süden der westliche Domplatz gegen den größten der Domplätze, den Dom-Süd- oder, genauer, den Roncalliplatz offen.

Der Dom-Südplatz, über einer geräumigen, vom Rheinufer und von der Trankgasse her erreichbaren Tiefgarage gelegen, bringt die Kathedrale buchstäblich in die Stadt.

Inzwischen ist der Platz nicht nur am Fronleichnamstag, wo dieser der im Köln des 13. Jahrhunderts begründeten Gottestracht wirkkräftige Entfaltung bietet, zu einem von Menschen belebten Platz geworden, vielmehr hat ihn die Bevölkerung überhaupt für sich erobert, wie sich vornehmlich bei Veranstaltungen von Theateraufführungen und Konzerten auf diesem Platz bekundet (Abb. 9).

Noch fehlt dem Dom-Südplatz, der in sich die Kraft hat, das Immense der im Jahre 1880 endlich vollendeten Kathedrale aus dem 13./14. Jahrhundert ins Menschliche zu verwandeln, und der neben der getürmten Architektur, die ihn prägt, von einem inzwischen nicht mehr als häßlich empfundenen Gründerjahrebau, dem »Dom-Hotel« und dem Kuriengebäude (mit dem Kölner Diözesanmuseum) gerahmt ist, ein den Platz selbst mit Kraft erfüllender und ordnender Akzent.

Den Dom-Südplatz schließt nach Osten das Römisch-Germanische Museum (Abb. 9) ab. Es macht den Platz erst zum Platz, hilft dem Kathedralchor, dessen Querhaus und Schiff in die Stadt einzubeziehen. Der Museumsbau in seinem einfachen Formzuschnitt drängt sich nicht auf, und doch wohnt ihm die Kraft inne, das durch und durch gegliederte Architekturgebirge des Kathedralbaues auf eine eigentümliche Art in seiner Monumentalität noch zu stärken. Die auf einem abgewogenen Grundmaß basierende Formenvielfalt insbesondere des aus dem 13. und 14. Jahrhundert stammenden Ostchores wird im Vergleich mit der kubisch glatt zugeschnittenen Form des Museumsgebäudes überhaupt erst in ihrem künstlerischen Rang offengelegt. Aber auch die mehr unterkühlte Formenwelt des Domausbaues aus dem 19. Jahrhundert wird so deutlich. Der überdimensionierte Pfarrkirchencharakter dieser Bauteile offenbart sich buchstäblich, die wie aus Sperrholzplatten ausgeschnittenen Gliederungszonen werden für das Auge bloßgestellt. Letzten Endes stellt sich aus der Verbindung von Domplätzen, Römisch-Germanischem Museum und Kathedrale diese als das, was sie in Wirklichkeit ist: ein überragendes Baukunstwerk vornehmlich der 2. Hälfte des 19. Jahrhunderts mit einer bis in die Hoch-Zeit des Mittelalters reichenden Wurzel.

Das Römisch-Germanische Museum als Museumsgebäude

Ausgegangen wurde für die Wahl des Bauplatzes von der Tatsache, daß das Dionysos-Mosaik (Abb. 14, 15, 16, 17) in das Museumsgebäude als eines der Hauptstücke des Museums einzubeziehen sei. Außerdem war verlangt, daß es auch außerhalb der Öffnungszeiten des Museums von außen sichtbar sein müsse.

Nur in Grenzen zu verändern war der im Jahre 1941 errichtete Luftschutzbunker an der Südseite des Domchores.
Durch den Museumsbau war auch der nach dem Kriege an der Chorsüdseite eingerichtete Bauplatz für die Dombauhütte nicht mehr zu halten. Zwangsläufig mußte daher mit dem Museumsbau ein Neubau der Dombauhütte verbunden werden.
Aber nicht nur, weil zwischen Domchor und Museum die Dombauhütte anzuordnen war, sondern auch aus denkmalpflegerischen Gründen war der Bauplatz in der Ausdehnung nach Norden eingeengt. Es mußte Abstand zum Domchor gehalten und eine Lösung gefunden werden, die bei allem Heranrücken des neuen Baukörpers an den Kathedralenchor diesen doch hinreichend einsehbar ließ (Abb. 1).
Ein besonderes Problem bot der Bauplatz endlich durch die Tatsache, daß sich an der Ostseite wie an der Südseite des östlichen Domplatzes der Bruch der Niederterrasse zum Rheinufer in einem krassen Geländeabfall bis zu 5 m ausdrückte (Fig. 14). Die Geländesituation brachte, obschon sie von den Architekten gekonnt ausgenutzt wurde (Abb. 1, 2, 6, 9), eine zusätzliche Einengung der Beweglichkeit für die zu errichtende Bautengruppe.
Alle diese Momente waren gering gegenüber der Aufgabe, unmittelbar an der Südseite des Kölner Domchores des 13./14. Jahrhunderts eine moderne Architektur anzuordnen.
Der quer gelagerte schlichte Baublock faßt den Domsüdplatz an der Ostseite klar, doch ohne Aufdringlichkeit.
Der Domplatz geht dabei unter dem Museumsgebäude einfach weiter (Abb. 9). Freistehende runde Betonsäulen schaffen den Eindruck eines Umgangs (Abb. 6). Wie schwebend wächst über ihnen der eigentliche Baukörper auf, aus vier schlichten Plattenreihen gebildet (Abb. 9). Da das Untergeschoß des Museumsgebäudes allseitig energisch zurückspringt (Fig. 10), ist nicht nur eine weiträumig bemessene, überdachte Platzzone entstanden (Abb. 4, 5, 6), sondern unterhalb des Baukörperblocks eine Schattenzone gelagert (Abb. 1, 9), die in Verbindung mit der umlaufenden Säulenreihe überhaupt erst die Schwereloswirksamkeit des Baukubus garantiert (Abb. 9, Fig. 11).
Die das Museumsgebäude als Ganzes ausmachende Zartheit fußt hierauf ebenso, wie dadurch die Formeinfachheit vor Formenlangeweile bewahrt bleibt (Abb. 9).
Durch Vorkragen der Platzzone an der Ostseite ist die Betonmassivität des Luftschutzbunkers aufgelöst (Abb. 1). Geschickt ist dem Baukörper hier noch eine freie Umgangszone vorgelegt (Abb. 1, 6) und damit die Raumweite der Nordseite (Abb. 8) auch der Ostseite (Abb. 6) eigen.
An der Südseite wurde der Bruch der Niederterrasse für eine weiträumig bemessene Treppenanlage genutzt und dazwischen eine leicht fallende Platzschräge angeordnet, in der in einem Teil die römische Hafenstraße in der Pflasterung des 4. Jahrhunderts nach Chr., nur wenige Meter gegen ihre ursprüngliche Lage nach Süden verschoben, wieder ausgelegt wurde (Abb. 2).
An der Südostecke wurde neben dem Museumsgebäude ein beinahe quadratisch zugeschnittenes »Studiengebäude« errichtet (Fig. 11).
Dieser Baukubus springt in seinem Erdgeschoß – analog dem Museumsgebäude – zurück (Fig. 11), so daß auch hier ein umlaufender überdachter Flanierweg unterschiedlicher Breite hergestellt wurde, der insbesondere zur Belebung der Straßenbilderscheinung in der Bechergasse und der Straße am Hof beiträgt. Im übrigen ist dieses Gebäude in zwei Fenstergeschosse aufgeschlossen (Fig. 11) und mit dem Museumsbau durch einen verglasten Brückengang (Fig. 11) verbunden. Besucher betreten dieses Haus von der Ostseite des Museums her (Abb. 6). Sein Eingang ist durch eine Gruppe von Pinienzapfen und Bruchstücken von Säulentrommeln markiert (Abb. 3).

Fig. 10 Übersichtsplan über das Terrassengeschoß des Römisch-Germanischen Museums
Vitrinen:
1–3 Glas des östlichen Mittelmeerraumes
Sockelinseln:
3 Kapitell von einem Grabtempel, 4 Grabdenkmäler und Architekturbruchstücke, 5 Bauinschrift und Architekturbruchstücke, 6 Grabdenkmäler und Kapitelle, 7 Grabdenkmäler und Architekturbruchstücke, 8 Architekturbruchstücke, 9 Architekturbruchstücke, 10 Gesimse und andere Architekturbruchstücke, 11 Steinsärge, Grabdenkmäler und Architekturbruchstücke, 12 Grabdenkmäler und Architekturbruchstücke, 13 Aschenkisten und Grablöwen, 14 Grabdenkmäler und Architekturbruchstücke, 15 Zwei Kanalrinnen, 16 Architekturbruchstücke, 17–19 Grabdenkmäler, 20 Architekturbruchstücke, 21 Zwei Grabplastiken, 22 Pinienzapfen und Architekturbruchstücke, 23 Gräberstraße 014 Das Dionysosmosaik, 130 Das Grabdenkmal des L. Poblicius, 321–323 Audiogeräte
● Dombauhütte, △ Großer Hörsaal, ▲ Kleiner Hörsaal, □ Museumscafé (Dionysos-Restaurant), ○ Terrasse des Museumscafés

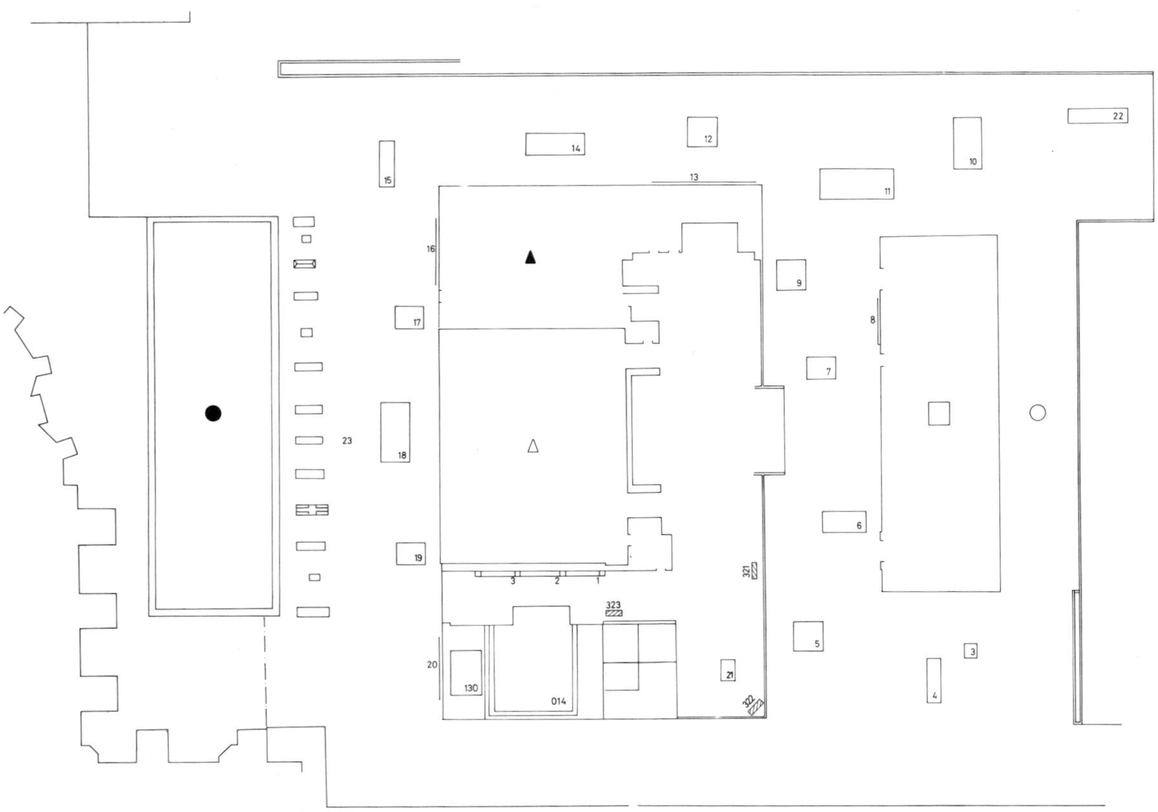

Endlich ist anzumerken, daß zwischen der Nordseite des Museumsbaues und dem Domchor die Kölner Dombauhütte neu gebaut wurde (Fig. 11).

Die Freizone des Römisch-Germanischen Museums

Die überdachte Freizone des Museums macht eine Fläche von fast 1500 Quadratmetern aus (Fig. 10, 11). Dazu kommen ebenfalls zu nutzende Flächen ohne Überdachung an der Nordseite (Fig. 7, 10, 11) und das Areal, auf dem die römische Hafenstraße ausgelegt wurde (Abb. 2). Hätte man die Flächen als Platzflächen wirken lassen (Fig. 10), wären nicht allein kostbare Quadratmeter verschenkt worden, sondern innerhalb des Museumsbereiches wären platzähnliche Straßenflächen ohne jede Spannung erschienen.

Von dieser Feststellung ausgehend wurden die überdachten geräumigen Freiflächen des Museums ins Auge gefaßt und beschlossen, sie zu nutzen, um gewissermaßen mit dem Museum auf den Besucher zuzugehen. So wurden die überdachten Freiplätze zu einem Museum auf der Straße.

Denkmäler der Geschichte sind dem Bürger in den Spazierweg gestellt (Abb. 4, 5, 6). Sie erwecken seine Neugier. Er bleibt stehen. Er sieht. Er will wissen. Er beginnt, wenn er will, zu lesen.

Wie in fast allen archäologischen Museen, deren Erwerbungskredit die vom Institut selbst betriebenen Ausgrabungen sind, engten auch im Römisch-Germanischen Museum die Sachgüter der Vergangenheit in den Bruchstücken aller möglichen Arten den ohnehin begrenzten Platz in den Lapidarien so ein, daß für Neufunde kaum mehr Raum blieb. Dies erleichterte den Entschluß, dergleichen Denkmäler für die Aufstellung in der Freizone zu nutzen. Dabei spielte auch die Überlegung eine Rolle, daß sie damit nicht nur dem Publikum andauernd im Wege stünden, sondern auch den Fachleuten, die so vielleicht angeregt würden, sich von neuem Gedanken über die Fragmente und Monumente zu machen. Denn schließlich lebt ein Museum zwar vom Sammeln der Kunstwerke und Sachen wie von deren Bewahren, doch lebendigen Umriß und Fortschreibung gewinnt die Sache »Museum« nur durch die sachbezogene Forschung, die den Kunstwerken, Monumenten und Fragmenten neue Einsichten abgewinnt und diese in verständlicher Weise sofort an die Besucher weiterleitet. Das heißt: durch die Aufstellung der Denkmäler in dem Freiraum des Museums wird eine große Anzahl von ihnen dem Dämmer des Vergessens entrissen.

Es ist natürlich nicht jede in einem Museum bewahrte Sache für eine Aufstellung im Freien geeignet. Manche Museen besitzen so kostbare und empfindliche Kunstwerke, daß keines davon im Freiraum aufgestellt werden könnte.

Provinzialrömische Museen sind da, wie viele kulturgeschichtliche Museen, in einer besseren Position. Steinerne archäologische Fragmente und Denkmäler haben bei ihrer Demontage, während der Zeit ihrer Verborgenheit im Boden und oft noch bei ihrer Entdeckung so viele Stöße und Püffe abbekommen, daß sie fast schon unempfindlich geworden sind. Namentlich aber schadet ihnen die Freilichtaufstellung nicht. Es ist nachgewiesen, daß die durch die allgemeine Luftverschmutzung aggressiv gewordene Luft in den Stadträumen erst in den oberen Schichten sehr gefährlich ist. In den unteren ist das nicht so der Fall. So haben Untersuchungen an der Substanz des Kölner Domes erwiesen, daß die Verwitterungserscheinungen in der Sockelzone gering, bis zum Gesims des Chorkapellenkranzes noch in Grenzen gehalten sind, darüber indessen Meter um Meter an Intensität zunehmen. Daraus ist abzuleiten, daß die in der Außenzone aufgestellten Denkmäler nicht unter Luftverschmutzung zu leiden haben. Dem wird außerdem durch eine permanente Beobachtung durch die Fachleute der Restaurierungswerkstätten vorgebeugt.

Was aber die Gefährdung durch die Öffentlichkeit angeht: nichts ist geschützter als das, was öffentlich zugänglich ist. Es stellt sich das Bewußtsein eines allgemeinen Besitzes ein.

Die Aufstellung der Denkmäler in der Freizone

Für die Freizone wurden also Denkmäler ausgesucht, die im Museumsinneren nicht verwendet wurden.

Dies bedeutet nicht, daß man sie *im* Museum nicht hätte verwenden können. Vielmehr könnte, bei anderer Themenwahl, dort auch fast jedes der im Außenraum zur Aufstellung gebrachten Stücke Verwendung finden. Es kann somit betont werden, daß das im Außenraum zu Sehende einen guten Querschnitt des im Museum Dargebotenen darstellt. Dadurch wird sofort eine der Stärken eines provinzialrömischen Museums deutlich: hier werden nämlich dem Besucher Materialien aus dem Alltag des Menschen zur Betrachtung angeboten.

Nunmehr stellte sich die Frage, wie diese Denkmäler aufzustellen waren, wobei von vornherein ausgeschlossen wurde, sie einzeln aufzusockeln oder, wie üblich, an den Wänden entlang aufzureihen. Das hätte einen »Denkmälerwald« bewirkt und die Passanten verwirrt. Statt eines anziehenden Charakters der Präsentation wäre leicht ein abweisender Effekt vorherrschend geworden. Das galt es auf jeden Fall zu vermeiden. Außerdem wäre die Gefährdung der Denkmäler bei einer Einzelaufstellung größer gewesen. Man hätte dem Einzelstück leicht einen erhöhten Kunstwert beigemessen. Auch dies mußte ausgeschlossen werden.

Die seit dem 18. Jahrhundert allgemein in Übung befindliche und noch im 19. Jahrhundert meisterhaft gehandhabte Neigung, Straßenräume und Plätze mit Hilfe von Denkmälern zu gliedern oder zu akzentuieren, bot für die Art der Aufstellung der Stücke einen geeigneten Ausgangspunkt. Er lag um so näher, als die platzähnlichen Straßenflächen innerhalb des Museumsbereichs von der Planung her als eine blanke Fortsetzung des Domplatzes von den Architekten gedacht und gebaut worden waren.

Schon hier muß erwähnt werden, daß die Zusammenarbeit von Architekten und Museumsleuten nicht ganz unproblematisch ist und es auch nicht sein darf.

So wenig eine Einrede gegen die Selbständigkeit der Architekten erhoben werden kann und soll, so wenig kann ein Museum ein in sich ausgewogener und zugleich ein mit Spannung ausgefüllter Organismus werden, wenn der Museumsmann dem Architekten allein das Sagen und Bestimmen läßt.

Im Falle dieses (und jedes anderen) Museums hieß das daher, daß der Museumsmann auch gegen den Willen der Architekten seine Vorstellungen durchzusetzen hatte.

Im Gegensatz zum Architekten ist von einem Museumsmann zu verlangen, daß er in der Rolle des Bauherrn die völlige Selbstbescheidung übt. Andererseits muß natürlich auch der Museumsmann ein Gespür für seinen Architekten haben.

Erst in der Symbiose der Meinungen liegt die Lösung und im Grunde wird es dann zum guten Ende führen, wenn Kompositionen gefunden sind, aus denen keine Unterscheidungen mehr hervorgehen, wer eigentlich welche Formulierungsidee hatte.
Die straßenähnlichen Platzräume waren vom Architekten also vorgegeben (Fig. 10). Einzelsockelung der Denkmäler schied, wie gesagt, aus. Raumsituationen mit Haltepunktcharakter sollten geschaffen werden. Hierfür wurde das »Ordnungsmittel« der »Sockelinsel« gefunden.
Die Sockelinseln wurden in unterschiedlicher Größe, aber in einheitlicher Höhe von 0,65 m bemessen. Man ging dabei von einer annähernden Sitzbankhöhe aus, denn im Vordergrund stand der Gedanke, in den klimatisch günstigen Monaten würden diese Sockel auch zum Sitzen geeignet sein. Vor allem aber sollte buchstäblich der zwanglose Umgang mit den Denkmälern ermöglicht werden, da auf diese Weise in Besitz genommene Zeugnisse der Geschichte zu lebendigen Bestandteilen in der Gegenwart zu werden vermögen.
Diese Sockel waren somit nicht nur in den Größen aufeinander abzustimmen, sondern in das zur Verfügung stehende Straßen-Platz-Gesamt so einzubringen, daß einerseits eine leise Spannung der Bühnen zu- und untereinander entstand, wie andererseits durch die Anordnung Verweilpunkte geschaffen wurden. Mit Hilfe der Sockelinseln ist es denn auch geglückt, diesen Bereich nicht nur zu ordnen, sondern ihn auch mit einiger Spannung zu erfüllen und so die eine Aufgabe zu lösen: man verweilt in diesem Bereich. Die Menschen kommen vorbei, sie beginnen im Gehen zu stutzen, bleiben stehen, sehen, treten näher, um dann, nachdem der knappe Text, der die Denkmäler erläutert, gelesen ist, diese noch einmal genauer zu betrachten.
Mit der Zubemessung und Anordnung der Sockelinseln war es indessen nicht getan. Zu folgen hatte die Lösung der richtigen Präsentation der Denkmäler selbst.
Mit der Wahl der Sockelinseln als Präsentationsmittel war zwangsläufig eine freistehende Aufstellung der Fragmente verbunden: sie wurden allseitig ansichtig. Da viele Stücke auch in der römischen Zeit so freigestanden haben, ist eine solche Aufstellungsart geeignet, Wirkung und Aussagekraft des einzelnen Gegenstandes zu stärken. Andere Fragmente waren natürlich in bauliche Zusammenhänge eingebunden, die sich nicht wieder herstellen ließen; es sei denn, man hätte völlige Rekonstruktionen erstellt, was nicht möglich war. Entstanden ist ein frei zugängliches Lapidarium. Offen gelegt wird so, auf welche dinglichen Urkunden die provinzialrömische Archäologie ihre Einsichten gründet, und bewußt gemacht, daß dabei auch dem unansehnlichsten Stückchen Bedeutung zukommt.
Um die Denkmäler möglichst ungehindert zur Geltung kommen zu lassen, wurde auf herausragende Präsentationsmittel weitgehend verzichtet (Abb. 4, 5, 6, 8). Wo es nur eben ging, wurden die Stücke einfach mit Zapfen befestigt, wo die Sicherheit es erforderte, allenfalls U-Eisen gegengelegt (Abb. 5). Bruchstücke, die an Ansehen verloren hätten, wenn sie blank auf die Sockel gesetzt worden wären, sind auf schlichte Mauerscheiben gestellt worden (Abb. 4), in Einzelfällen wurden sie auch auf U-Eisen aufgebockt (Abb. 3, 6). Bei Hochstellungen wurde angestrebt, sie nach Möglichkeit in der Höhe anzubringen, an der sie sich in römischer Zeit befunden haben. Das war aber nicht immer zu realisieren. Doch namentlich bei Gesimsen und Kapitellen wurden wenigstens Wert auf Untersichtigkeit gelegt (Abb. 4 und 6, jeweils hinten).
Die notwendigen Präsentationsmittel sind auf den Sockelinseln der Freizone einheitlich Pompejanisch-rot gestrichen worden, um die Präsentationsmittel nebensächlich zu machen. Unterschiedliche Farbtöne hätten eine eigene Aufmerksamkeitszone erzeugt, was vermieden werden sollte. Der Farbton wurde von römischen Fresken des 3. Jahrhunderts gezogen.
Zur Pflicht eines jeden Museums gehört die hinreichende Information über die dem Publikum zugänglichen Gegenstände. Es mußte daher ein Beschriftungssystem ausgedacht werden, das einerseits die Denkmäler in ihrer Wirkung nicht beeinträchtigte, andererseits so bemessen war, daß dem Informationsbedürfnis in hinreichender Weise Rechnung getragen wurde.
Die Texte der Inschriften und ihre Übersetzung wurden verzeichnet und jeweils ein oder zwei erklärende Sätze hinzugefügt. Bei allen Angaben wurde, wenn eben möglich, der neueste Forschungsstand berücksichtigt.
Wichtig ist auch die Länge der Beschriftung. Hier wurde zugrunde gelegt, daß sie in kurzer Zeit gelesen und verstanden werden soll. Ein Museumsbesucher hat im allgemeinen nicht unbegrenzt Zeit, die Verweildauer beträgt in der Regel eine Stunde.
Die knappen Beschriftungen sind außerdem so groß gehalten, daß auch Brillenträger sie im Stehen lesen können.
In der Freizone sind die Beschriftungstexte in Aluminiumblech eingeprägt. Die lateinischen Texte wurden in roter, die Übersetzung und die erläuternden Texte mit schwarzer Farbe ausgelegt. Um zu verhindern, daß Sachgüter, Denkmäler oder Kunstwerke durch die Schrifttafeln beeinträchtigt werden, wurden alle Beschriftungsträger jeweils vor das Denkmal gelegt (Abb. 5, 6). Sie sind so befestigt, daß sie auch mit Gewalt nicht abgerissen werden können.
An der Nordseite zwischen Museum und Dombauhütte wurden römische Steinsärge aufgestellt (Abb. 4). Es ist beabsichtigt, diese »Gräberstraße« weiter auszubauen. Platz dafür ist an der Ostseite der Dombauhütte vorhanden, an der Ostseite des Museums (Abb. 6) und an der römischen Hafenstraße zwischen Museum und Studiengebäude (Abb. 2) sowie in dem überdachten Umgang um das Studiengebäude.
Auf dem kleinen Platz an der Ostseite des Museums (Abb. 1) sollen Steinabgüsse solcher Denkmäler versammelt werden, die aus Köln stammen, aber heute in außerkölnischen Museen aufbewahrt werden. Ein Anfang wurde mit dem Victoria-Altar des 1. Jahrhunderts nach Chr., der sich heute im Rheinischen Landesmuseum Bonn befindet, gemacht. Ihn hielt man im 19. Jahrhundert zeitweise für die Ara Ubiorum. Daher stellte man ihn im frühen 19. Jahrhundert nach dem Abbruch der Remigiuskirche an der Remigiusstraße in Bonn auf. Seitdem heißt der kleine Platz dort »Römerplatz«.

Die Denkmäler-Collagen in der Freizone

Da die Architekten den überdachten Freiraum im Museumserdgeschoß als eine Schattenzone gegen den Baukörper in Wirkung gebracht wissen wollten (Abb. 1, 9), legten sie Wert auf eine beinahe schwarze Verkleidung der nicht durch die Fenster eingenommenen Wandflächen (Abb. 7, 8). Ausgewählt wurde hierfür ein norwegischer schwarzer Schiefer. Den Museumsleuten wollten jedoch die nur in einem laufenden Steinverband

verkleideten Wandflächen zu eigenwertig erscheinen. Sie schlugen daher deren Benutzung für die Darbietung von Denkmälern vor.
Bekanntlich verfügt jedes archäologische Museum über eine mehr oder weniger große Zahl von Fragmenten, die fast nie in Ausstellungsräumen gezeigt werden, weil man ihren Aussagewert für ungenügend hält. Vielleicht muß man selber viel ausgegraben haben, um zu wissen, wie wichtig oft auch die kleinsten Fragmente zum Gewinn von Vorstellungen oder abgesicherten Ergebnissen sein können und wie außerdem unter solchen Materialien sich Stücke befinden, die geeignet sind, die Formenvielfalt einer Epoche deutlich sichtbar werden zu lassen.
Das 18. Jahrhundert war in dieser Hinsicht noch entschieden weitsichtiger und unbefangener. Und auch im frühen 19. Jahrhundert hatte man vielerorten an Donau und Rhein den Mut dazu und offensichtlich Vergnügen daran, wie manche Beispiele bis zu den künstlich zusammenmontierten Denkmalensembles mit Antiken belegen.
Für die Collagen in der Freizone standen die Vorhallenwände vieler römischer Kirchen ebenso vor Augen wie die in dem neuen archäologischen Museum im Vatikan gewählte Montageart für Fragmente. Statische Probleme standen der Verwirklichung des Planes zunächst ebenso im Wege, wie die Erfindung eines Gerüstes schwierig war, das auch in diesem Fall dienenden Charakter haben mußte.
Im Grunde hat dieses Gestell ein wenig das Aussehen eines Notenblattes. Es erlaubt, darin die Denkmäler frei zu komponieren (Abb. 7). Basen ließen sich auf den Stangen ebenso aufstellen wie Kapitelle, Gesimsbruchstücke genauso wie Urnen usw. Wo es notwendig war, ließ sich das Gerüst ausschneiden, wo unvermeidlich, eine Zusatzstange unauffällig anbringen, um eine erweiterte Standfläche zu gewinnen.
Gewählt wurden als Farbfassung Anthrazit. Bei Pompejanisch-rot hätte das Gerüst in Verbindung mit der Wandfläche zuviel Eigenwert bekommen. Die Beschriftung wurde in Einzelplatten unter der Collage angeordnet. An den Denkmälern montierte Nummern erleichtern die Zuordnung von Schrift und Denkmal.
Die Collagen wurden nicht massiert, sondern wohl abgewogen verteilt, insgesamt an fünf Wandflächen (Abb. 4, 6, 7, 8). Eine große Wandfläche gegenüber dem Eingang des Museums mußte für die heute unverzichtbare Plakatwand reserviert bleiben (Abb. 4). Hier wurde einer provisorischen Fassung der Vorzug gegeben.

Zur Gesamtkomposition in der Freizone

Die Anordnung von Sockelinseln und Collagen mußte in die durch die Abmessungen des Baues gegebene Situation hineinkomponiert werden (Fig. 10, 11). Dabei waren nicht nur die straßenähnlichen Platzflächen von den Quadratmeterzahlen her zu berücksichtigen oder die lichte Raumhöhe in Rechnung zu bringen. Mit erwogen werden mußte eine im Grunde so harmlose Sache wie die etwas unruhige »Tropfendecke«.
Um eine Beeinträchtigung der Denkmäler durch die Unruhefläche der Decke auszuschließen, wurden bis auf einen Fall (Abb. 4) die Denkmäler in den Oberkanten so angeordnet, daß der Blick eindeutig unter der Decke bleibt (Abb. 4, 5, 6).
Bei den Collagen, in denen kleinere Stücke ausgestellt sind, wurde bis näher unter die Decke gegangen. Die Kraft der Formen bei den immer wieder anders zugeschnittenen Fragmenten ist so groß, daß eine Beeinträchtigung nicht erfolgt. Hinzu kommt die Massivität der Denkmälerballung wie die Tatsache, daß – von den Urnen in einer Collage abgesehen (Abb. 6) – alle diese Sachgüter von unten schräg herauf betrachtet werden wollen. Aus praktischen Gründen mußte die untere Reihe bei den Collagen so hoch angeordnet werden, daß sie außerhalb der Handgriffnähe lag. Dadurch gelang es, nicht nur die direkte Fußgängerzone mit den Denkmälern zu erfüllen, sondern in den Collagen wuchs gewissermaßen eine obere Zone hinzu (Abb. 4, 6), so daß die Freiräume prall angefüllt mit Denkmälern sind. Die Mannigfaltigkeit der Formerscheinungen der römischen Epoche Kölns ist so im Freiraum der Stadt manifest.
Natürlich bereitet es einige Schwierigkeiten, Steindenkmäler und Bruchstücke von solchen aufzustellen. Man kann nicht, wie z. B. mit Gefäßen, Gläsern, kleinen Bronzen oder Bildern, sie einfach so in die Hand nehmen, hinstellen oder hinhalten lassen, um dann zu entscheiden: so oder so sind sie zu stellen. Da es außerdem beschlossene Sache war, die Fülle der Formerscheinungen sichtbar und fühlbar werden zu lassen, und eine Einbindung des Gesamtarrangements in den Freiraum wie eine Abstimmung der einzelnen Gruppen untereinander unabdingbar war, hieß es, die Aufstellung vorab auf der Zeichnung auszuprobieren und festzulegen. Dabei ließen sich auch Raumabwicklungen herstellen und Raumspannungen präzise festlegen.
Besondere Bedeutung kommt in jedem Museum auch der Frage der Beleuchtung zu. Während die an den Außenseiten gelegene Umgangszone über Tag bei hellem Wetter hinreichend mit natürlichem Licht versehen wird (Abb. 5, 6), muß die Hauptzone in der Mitte (Fig. 10, 11, Abb. 4) auch am Tage künstlich ausgeleuchtet werden.
Für die Freizone, die auch öffentliche Straßenzone ist, wurde für eine durchgehende Ausleuchtung mit Down-Lights plädiert. Diese sind, nach den musealen Erfordernissen, in einem sorgsam bemessenen Rastersystem in die Decke integriert (Abb. 6). Sie strahlen auf den Boden und erfüllen den Raum mit einem warmen, milden Licht, das Anklänge an ein natürliches Sonnenlicht besitzt. Für die Wirkung ist die Lichtreflexion, die von dem grauen Granitboden aufstrahlt, entscheidend (Abb. 4). Wesentlich für die Denkmäler jedoch ist, daß sie nicht *beleuchtet* werden, sondern gewissermaßen vom Licht eingehüllt einfach sichtbar sind. Dabei gewinnen die Inschriften und die plastisch gearbeiteten Reliefs lebendige Schattenwirkung. Von den überwiegend gelbweißen Lothringer Kalksteinen geht jenes eigentümliche Glimmen aus (Abb. 4, 8), das ihnen ähnlich, wenn auch weitaus härter, bei Sonneneinfall eignet.
Insgesamt ist auf diese Art in der Freizone ein Stück Museum im Stadtraum entstanden, das kraftvoll wirkt. Die Ausstrahlung der Denkmäler ist nämlich nicht auf die direkte Zone der einzelnen Freiraumteile begrenzt (Abb. 3, 5). Vielmehr stehen die Gruppen untereinander im Gespräch (Abb. 4, 6). Vor allem aber ergibt sich eine deutliche Wirkung über den engeren musealen Bereich hinaus in den Stadtraum hinein (Abb. 1). Hierbei wurde bewußt auf die Einsicht gesetzt, daß die gestaltete Umwelt den Menschen prägt. Die unmittelbare Nachbarschaft aber der Freizone mit den Denkmälern des römischen Köln und der Kölner Kathedrale legt die beiden Grundwurzeln offen, die in allen Fasern der Kölner Geschichte als die eigentlichen Grundkomponenten wirksam und bestimmend sind: das römische und das heilige Köln.

Das Museumscafé

Von der Freizone des Museums aus ist das Museumscafé (Dionysos-Restaurant) zu erreichen. Mit Absicht ist diese Einrichtung vom eigentlichen Museumsgebäude getrennt als ein eigener Baukörper in der Freizone des Museums angeordnet. Im Sommer kann zu den Räumen mit einem Schnellimbiß-Buffet an der Süd- und Westseite (Abb. 1, 9) ein Terrassencafé verbunden werden. Dabei war die Südseite von Beginn an als Außenzone des Cafés vorgesehen. Dort gibt es Tische, deren Kern nachgebildete Kapitelle des 2./3. Jahrhunderts nach Chr. sind. Von dem äußeren, unüberdachten Teil aus (Abb. 1) hat man Einblick auf die römische Hafenstraße, eine Zone, die bisweilen vom Museum für Aktivitäten genutzt wird. Die Ausdehnung der Caféterrasse auf die westliche Seite wurde durch den außerordentlichen Besucherstrom veranlaßt.

Von Außen nach Innen

Um zu wissen, was in einem Museum ist, sollte der Bürger in das Museum hineinsehen können. Deshalb ist das Römisch-Germanische Museum im Eingangsgeschoß allseitig durch vom Boden bis zur Decke reichende Fenster aufgeschlossen (Abb. 4, 5, 6). Nur wo im Inneren Versorgungsräume angeordnet sind, die nicht einsehbar sein können oder sollen (Fig. 10, 11), befinden sich Wandscheiben. Auch im Untergeschoß ist an der Ostseite eine als Nottür ausgebildete Einsehmöglichkeit geschaffen (Abb. 1, 18). Einblick ist nicht nur auf das Dionysos-Mosaik (Abb. 14, 15, 16, 17) und das Poblicius-Grabdenkmal möglich (Abb. 11, 12, 13), sondern auch in die Eingangshalle (Abb. 10) und die Hörsäle (Fig. 10, 11, Abb. 5, 8).
In diesem Zusammenhang gewinnt die Aufstellung der Denkmäler in der Freizone noch einen zusätzlichen Punkt. Sie ist nämlich auch auf Wirkung in die Erdgeschoßräume des Museums hinein mit berechnet. Wer sich in der Eingangshalle oder in den Hörsälen befindet, ist von römischen Denkmälern umgeben. Über die Denkmäler hinweg geht der Blick in den Stadtraum. Im Unterbewußtsein wird damit der Vorstellung der Weg aufgeschlossen, daß geschichtliche Zeugnisse nicht solche ohne Bezug sind, sondern daß sie Elemente des gegenwärtigen Lebens darstellen.

Die Eingangshalle

Von den Architekten war vorgesehen, den Haupteingang des Museums an der Nordwestseite anzuordnen, direkt in dem Fensterfeld, das auf das Poblicius-Grabdenkmal zuführt (Fig. 10, 11).

Fig. 11 Schnitt durch das Römisch-Germanische Museum (nach Röcke-Renner)

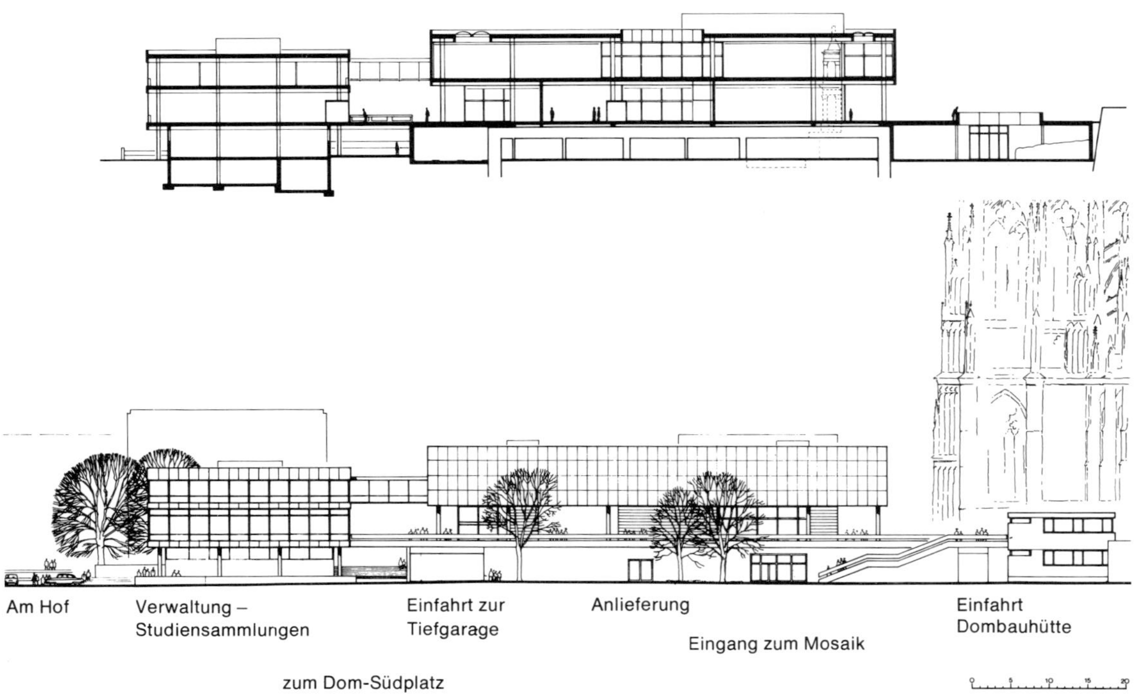

Die Museumsleute haben davon ebenso dringend abgeraten, wie von der Überlegung, hier nach Osten eine Wand aufzurichten und von dem kleinen Eingangsraum eine eigene Foyerzone für die Hörsäle abzutrennen.
Schon heute ist die Eingangshalle zu klein geworden.
Bei allem Mangel, der – außer in den Abendstunden und an den sehr wenigen ruhigen Tagen – der Eingangshallen-Situation nun eignet: sie hat auch einen Vorteil. Sie enthält keine Schranken, die den Besucher behindern, von der leider unvermeidbaren Kartenkontrolle abgesehen. Dies war beabsichtigt, wie auch die schlichte Ausstattung des Raumes.
Ein sehr großer Teil der Bevölkerung würde sich abgestoßen fühlen, träfe er auf einen Aufwand, der ihm fremd ist. Zu hoher Aufwand kann somit eine Barriere aufrichten. Es ist deshalb auch von Bedeutung, daß der Plattenbelag des Domplatzes und der Museumsfreizone bis in die Eingangshalle des Museums durchläuft.
Die Wände bestehen aus einfachen 1,30 Meter breiten Holzbahnfeldern, die sepiabraun gestrichen sind. Diese Farbe gibt einen hervorragenden Wirkungsgrund für die meist weiß-gelben Steindenkmäler ab. Auf diese Art wird der Raum selbst unwichtig, zu einer bloßen Raumhülle. In der Eingangshalle sind durch diese Farbgebung dann auch die Menschen wichtiger als der Raum.
In der Tat ist dieses Museum, wie bereits angemerkt, für alle Arten von Bürgern gedacht, auch für Menschen aus anderen Staaten. Deshalb gibt es in der Eingangshalle audiovisuelle Einführungsprogramme in Italienisch, Spanisch, Griechisch, Serbokroatisch, Türkisch, natürlich auch in Englisch und Französisch.
Außerdem mußte sowohl eine sinnreiche Entfaltung von Gruppen gewährleistet sein wie auch der davon möglichst ungestörte Einzelbesuch.
Der Einfachheit des Raumes mußte auch in der Eingangshalle die Beleuchtung entsprechen. Sie erfüllt die Halle mit warmem, mildem Licht.

Das Poblicius-Denkmal und das Dionysos-Mosaik

Als eines der Hauptschaustücke des Museums gilt mit Recht das Grabdenkmal des Lucius Poblicius (Abb. 13).

Wichtige Teile davon sind bereits im Jahre 1884 gefunden worden. Damals wurde – die mittelalterliche Stadtmauer Kölns war gerade niedergelegt – die Kölner Südstadt angelegt. Bei Bauarbeiten traten dabei am Chlodwigplatz vier mächtige skulptierte Blöcke zu Tage. Sie wurden leider zu schnell geborgen. Dies war wohl der Grund dafür, daß man zunächst und lange danach annahm, die Fragmente stammen von verschiedenen Grabdenkmälern. Aber schon 1884 vermutete man nach den aufgefundenen Resten einen zweigeschossigen Grabturm. Im Jahre 1906 gelang es, diesem Komplex weitere Fragmente zuzuordnen. Darauf gestützt glaubte man im Jahre 1934 einen Grabturm über quadratischem Grundriß rekonstruieren zu können.

Im Jahre 1964 sollte das Haus, in dessen Baugrube die interessanten Funde zu Tage getreten waren, erweitert werden. Inzwischen trug es die Hausnummer 24. Die Söhne des Besitzers hoben die Fundamentgruben selber aus. Sie stießen auf römische Quader. Im Jahre 1965 wurden die Funde dem Römisch-Germanischen Museum gemeldet. Fachkundige Beratung und Hilfe wurden erwartet. Verschiedene Blöcke waren gefunden, aber die, auf die es ankam, der Mittelblock mit dem Hirtengott Pan, sowie Bein- oder Armpartie eines geflügelten Eroten auf dem Quader eines Eckpilasterkapitells, steckten überwiegend noch im Boden. Der damalige Direktor des Museums und Staatliche Vertrauensmann für kulturgeschichtliche Altertümer für das Stadtgebiet von Köln erlaubte die Fortsetzung der Arbeiten. Schließlich waren weitere Blöcke zu erwarten. Doch 1966 stellte er das Unternehmen ein. Die Laienausgräber waren zu unvorsichtig geworden. Es gelang der Erwerb zweier skulptierter Blöcke, die im Jahre 1967 in der Ausstellung »Römer am Rhein«, mit der die Kölner Kunsthalle eröffnet wurde, Aufsehen erregten.

Die Ausgräber hatten mitgeteilt, sie hätten die Arbeiten eingestellt. Um so größer war die Überraschung, als nach der großen Ausstellung in der Kunsthalle plötzlich die Laienausgräber meldeten, sie hätten noch über 50 Steine, darunter auch die Inschrift des Denkmals, gefunden. Trotz des eindeutigen Verbotes hatten sie einfach weiter ausgegraben. Nach dem Preußischen Ausgrabungsgesetz von 1914 und den Ausführungsbestimmungen zu diesem Gesetz von 1921, das im Land Nordrhein-Westfalen Landesgesetz ist, war das verboten. Die Bedeutung der Funde indes gebot es, mit den Laienarchäologen zu verhandeln. Schließlich konnte die Stadt Köln im Jahre 1970 die neugefundenen Blöcke erwerben. So gelangten sie in den Besitz des Römisch-Germanischen Museums.

Man wollte sie dort zunächst in einer Montage der Fragmente zeigen. Bereits dies erwies sich als sehr schwierig, denn schon dafür mußte der Bauentwurf abgeändert werden. Ursprünglich war nämlich geplant, die Besucher vom Erdgeschoß aus über eine Wendeltreppe in das Obergeschoß gehen zu lassen (Fig. 12). Da aber für die Montage der Denkmalfragmente eine hohe steinerne Wand erforderlich schien, mußte nicht nur ein neues Treppenhaus, sondern eine Aufstockung des Gebäudes in dem gesamten nordwestlichen Teil des Neubaues vorgesehen werden. Diesen erweiterten Ausbau beschlossen Rat und Verwaltung der Stadt Köln im Herbst des Jahres 1970. So erhielt das Museum seine Poblicius-Halle (Abb. 13), die sich im Außenbau als ein dunkler Fensterkasten zu erkennen gibt (Abb. 9).

Inzwischen war mit dem Aufmaß der über 100 Einzelblöcke begonnen worden. Dabei ergab sich, daß weitaus mehr originale Stücke vorhanden waren, als man bis dahin angenommen hatte. Vor allem konnte mit an Sicherheit grenzender Wahrscheinlichkeit nachgewiesen werden, daß alle 1884 und 1965/67 auf dem Grundstück Chlodwigplatz 24 (früher 41) aufgefundenen Blöcke von ein und demselben Denkmal stammten. Dies legte den Gedanken einer völligen Rekonstruktion des Grabturmes nahe. Denn mehr als bei einer Montage der Fragmente, verteilt über eine hoch aufsteigende Wandscheibe, konnte so wenigstens an einem Denkmal die Kraft und Wirkung römischer Architektur in Köln für das Publikum sichtbar gemacht werden.

Um das Dionysos-Mosaik auch von außen einsehbar zu machen, mußte die über ihm befindliche annähernd 2 Meter dicke Betondecke des Bunkers weggebrochen werden. Davon stand nun vor der Nordwand des Museumsbaus im Inneren noch ein 3,70 Meter breites Stück, gerade ausreichend, um das in seiner Grundfläche 4,60 Meter breite und 3,30 Meter tiefe Poblicius-Denkmal aufzunehmen.

Hätte das Museum das Denkmal schon bei der Neubauplanung besessen, wäre möglicherweise die Bunkerdecke nicht weiter weggenommen,

Fig. 12 Übersichtsplan Obergeschoß des Römisch-Germanischen Museums
Vitrinen:
1 Die späte Alt- und Mittelsteinzeit, 2 Die frühe und mittlere Altsteinzeit, 3 Die Kartstein- oder Kakushöhle bei Eiserfey, 4 Das linienbandkeramische Dorf von Köln-Lindenthal, 7 Einheimische Keramik in keltischer Tradition, 8 Einheimische Keramik unter römischem Einfluß, 9 Trachtenschmuck der Ubier, 10 Einheimische Keramik in römischen Formen, 11 Sogenannte belgische Ware, 12 Das Militär bringt Glas und Keramik, 13 Politik im Handformat, 14 Bauhandwerk, 15 Kölner Erzeugnisse, 16 Salben und Parfums, 17 Einheimische Gottheiten, 19 Merkur, 20 Gefäße in Metall und Ton, 21 Bilderschüsseln, 22 Rheinische Sigillaten, 23 Hafen und Schiffahrt, 24 Vergnügen und Elend, 25 Philosophie und Mystik der Antike, 26 Aus der Residenzstadt des Postumus, 27 Der Reichtum römischer Gläser, 28 Prunkglas, 32 Kultischer Alltag, 33 Kultischer Alltag – kultische Geräte, 34 Bildung, 35 Öffentliche Schauspiele, 36 Gladiatorenspiele, 39, 40 Römische Schmuckgegenstände aus Köln, 41 Serienschmuck und Ziergegenstände aus den Donauprovinzen, 42 Silberschmuck aus dem südrussischen Siedlungsgebiet der Ostgoten, 43 Spätantiker und völkerwanderungszeitlicher Schmuck aus südrussischen Gräbern, 44 Südrussischer und osteuropäischer Gold- und Bronzeschmuck aus der Völkerwanderungszeit, 45 Spätantiker Schmuck byzantinischer, langobardischer und donauländischer Herkunft, 45a Schmuck aus dem burgundischen und alemannischen Siedlungsgebiet, 46 Griechisch-hellenistischer und römischer Goldschmuck, 46a Schmuck der reiternomadischen Völker aus dem südrussischen Siedlungsraum, 47 Asiatische Steppenvölker, Waffen und Schmuck aus dem Siedlungsgebiet an der unteren Donau und in Südrußland, 48, 49 Schmuck- und Prunkgegenstände aus dem donauländischen und südrussischen Siedlungsgebiet, 50 Schmuck aus dem westgermanischen Siedlungsgebiet in Norditalien, Südfrankreich und Spanien, 51 Das frühe Christentum und seine Umwelt, 52 Fränkische Funde, 6.–7. Jahrhundert nach Chr. aus Köln, 53 Fränkische Funde des 6–7. Jahrhunderts nach Chr., 54 Fränkisches Glas und fränkische Keramik, 65 Keramik der frühen Eisenzeit, 66 Keramik der frühen Eisenzeit, 67 Keramik der frühen Eisenzeit, 68 Keramik der spätesten Bronzezeit, 69 Germanische Funde der Zeit nach Christi Geburt, 70 Germanische Funde der Zeit nach Christi Geburt, 71 Keramik der späten Eisenzeit, 72 Keramik der frühen Eisenzeit, 73 Bronze- und Eisenzeit südlich der Alpen, 74 Die späte Eisenzeit, 75 Die frühe Eisenzeit, 76 Die Bronzezeit, 77 Die späte Jungsteinzeit, 78 Geschliffene Felssteingeräte der jüngeren Steinzeit, 79 Pferd und Wagen, 80 Rekonstruierte Wandgliederung aus Marmorsorten, wie sie im römischen Köln verwendet wurden, 81 Kölner Töpferwerkstätten, 82 Kölner Glaswerkstätten, 83 Epikurmosaik, 83a Spätantike Lampen, 83b Afrikanische Lampen christlich und heidnisch, 83c Lampen: Amor – erotische Szene, 83d Lampen: Zirkus und Theater, 83e Lampen:

Ornamente und Pflanzen, 83f Formentwicklung der Tonlampen II, 83g Formentwicklung der Tonlampen I, 83h Lampen: Darstellungen aus der Götter- und Sagenwelt, 83i Lampen: Tierdarstellungen, 83j Firmalampen, 83k Späthellenistische Lampen italienischer Herkunft, 83l Warzen- und Vogelkopflampen, 83m Hellenistische Lampen aus italienischen und griechischen Werkstätten, 83n Kleine Bronzegeräte, 83o Bronzenes Mobiliarzubehör, 83p Geräteteile, Löffel usw., 83q Römische Münzen, 83r Römische Münzen, 83s Römische Münzen

Sockelinseln:
100 CCAA Köln wird Stadt, 101 Urgeschichte, 102 Agrippa vermißt das Land für die Ubier, 103 Handbibliothek: Ein Turm der römischen Stadtmauer (Abguß) mit Architekturfragmenten des Mercurius-Augustus-Tempels, 104 Oppidum Ubiorum, Stadt der Ubier, 105 Militär erschließt das Land, 106 Herrschaft, Straßen, Plätze, Stadtplanung, 107 Giebel eines Grabtempels, 108 Die Aprippinenser, 109 Menschen und Verwaltung in der Stadt, 110 Gewerbe und Handel, 111 Einheimische Muttergöttinnen, 116 Großbauten, 117 Kunst und Politik, 118 Güterumschlag im Rheinhafen, 119 Römischer Reisekomfort, 120 Philosophenmosaik, Wandmalerei, 121 Kulturbetrieb, 122 Neue Erlöser, 123 Bauten und Bilder der alten Götter, 124 Die ersten Christen in Köln, 126 Vier Säulen im Innenhof, 127 Vitrinengruppe mit Götterdarstellungen, 128 IOM Kaiser der Götter, Gott der Kaiser, 129 Grabwächter, 130 Grabmal des Poblicius

300–320 Audiogeräte

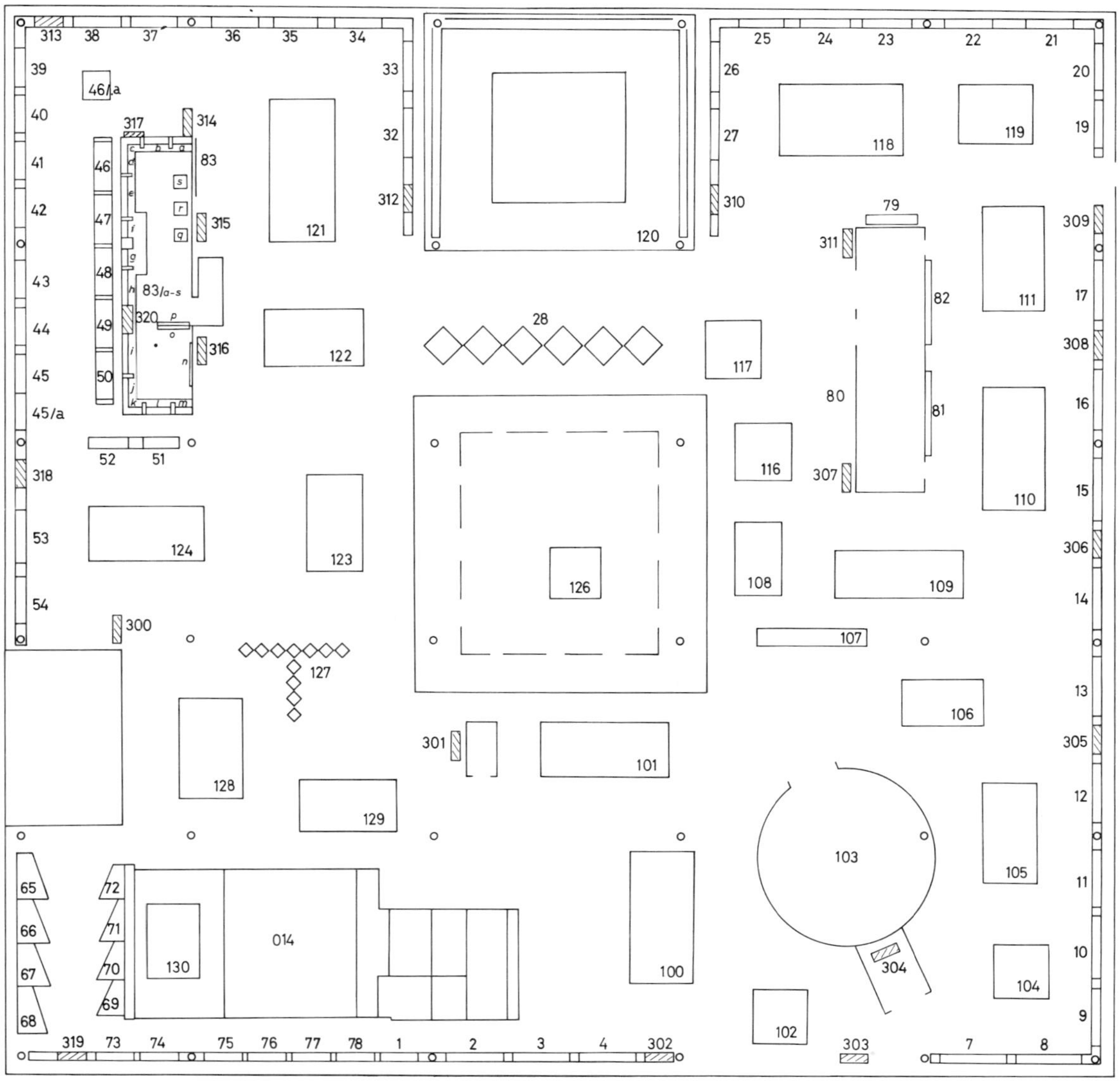

sondern geschlossen worden. Dann nämlich hätte man mit einiger Sicherheit dafür plädiert, einen noch größeren durchgehenden Raum anzulegen, als er nun aus der Notwendigkeit heraus, dieses eine Denkmal hier aufzustellen, entstanden ist. Man hätte es sicher nicht so nahe an die die Wand bildende Betonscheibe heranrücken müssen, sondern wäre mit ihm mehr in den Raum hineingegangen. Außerdem hätte sich dann die Möglichkeit geboten, die anderen beiden großen Denkmäler, den Mittelbogen des römischen Nordtores (Abb. 57, 59) und den Giebel eines Grabtempels mit dem Nativitätsgestirn des Augustus (Abb. 62) freier aufzustellen, als dies jetzt geschehen konnte. Vor allem wären diese bedeutenden und sprechenden Denkmäler in jener Höhe anzuordnen gewesen, in der sie sich ursprünglich befunden haben. Dadurch wäre zweifellos die Monumentalität, die manche Seite des römischen Köln ausgemacht hat, noch nachdrücklicher in Erscheinung getreten, als sie dies jetzt nur mit dem Poblicius-Denkmal vermag. Außerdem wären nicht ein Grabturm und der festliche Boden eines Speisesaales miteinander – wie sich dies jetzt aus den Gegebenheiten zwangsläufig ergab – verbunden worden.

Im Grunde ist es zu bewundern, was die Architekten aus der ihnen aufgezwungenen Zusatzaufgabe gemacht, wie sie sie gelöst haben.

In ihre ausgewogene Raumkomposition haben sie eine die beiden Geschosse durchbrechende und ihren Hauptraum um ein Fenstergeschoß überragende quasi basilikale Halle eingeschnitten. Sogar der Tiefenzug auf das Dionysos-Mosaik hin stellt sich dabei als Vorteil heraus, bietet sich doch nun so die Möglichkeit, vom oberen Geschoß aus einen völligen Überblick über das Mosaik zu gewinnen (Abb. 14).

Den Halt der Halle bildet die an ihrer Nordseite befindliche Sichtbetonscheibe. An sie schließt sich links (nach Westen) die Fensterwand auf den Dom-Südplatz hin an, rechts ein geräumig bemessener Gang, der im Norden Ausblick auf den Dom bietet, aber vor allem die Betonscheibe markant begrenzt und ihr überdies viel von ihrer Schwere nimmt. Optisch fließt damit eine Lichtbahn zusammen, die sich im oberen Geschoß durch einen dort an der Nordseite befindlichen Lichthof ergibt (Fig. 10, 11). Die Wirkung dieser Lichtzone oben wäre noch weitaus eindringlicher, wenn sie nicht eine granitene Wand absperrte. Träte hier nämlich die gegliederte Steinmasse der Chorumgangsstrebepfeiler in den Raum und darüber der Filigranzierat des Obergadens, so wäre Epochen vergleichendes Sehen möglich, die Grundwurzeln in der Stadtgeschichte – römische Antike und Mittelalter – würden sich im Gegeneinander der Formkennmarken dieser Epochen manifestieren. Nun, vielleicht kann man die steinerne Burgmauer, die diesen Lichthof um seine eigentliche Wirkung bringt (Abb. 261, 263), doch noch einmal wegbrechen.

Das Lichtband auf der Ostseite, das begrenzt und zugleich der Außenwelt einen Zutritt gewährt, wie auch die Fensterreihe an der Westseite unten erfahren einen Kontrapunkt durch die im Schatten gelassene Zone in dem Obergeschoß über dieser Fensterreihe (Abb. 13). Sie wurde genutzt, um Grundstufen der Urgeschichte in wohl abgemessenen Vitrinenfolgen sichtbar zu machen (Abb. 319, 321, 322, 324). Vor allem aber ergibt sich beiderseits in dem oberen Geschoß ein die Poblicius-Halle begleitender Gang. Er erlaubt es, das Denkmal aus den verschiedensten Blickwinkeln in Augenschein zu nehmen. Von hier aus ist es auch möglich, die Reliefs in den Seitenflächen, die jeweils den Hirtengott Pan zeigen (Abb. 11, 12), aus nächster Nähe anzusehen. Ebenso ermöglicht es der Seitengang im Untergeschoß, die Fragmente des dort befindlichen Mänadenzuges aus dem Gefolge des Gottes Dionysos zu studieren (Abb. 19).

Schließlich tritt eine weitere Raumzone in dem eigentlichen Fenstergaden im oberen Teil der Poblicius-Halle hinzu. Hier greift der Raum durch Sichtbetonscheiben zwar wieder nach vorne aus, aber alle Schwere, die vielleicht aufkommen könnte, wird gelöst durch die nur von den Metallstäben unterbrochene Fensterflächenfolge (Fig. 11, Abb. 13).

Aus dieser Fensterzone erhält nicht allein der Gesamtraum nach den Tageszeiten wechselndes lebendiges Licht, sondern vor allem das Poblicius-Denkmal selbst jene natürliche Lichtumhüllung, deren es bedarf, um die ihm innewohnenden sehr zart markierten plastischen Werte zu entfalten und als Architektur eine Körperhaftigkeit zu gewinnen, die bei einer nur künstlichen Beleuchtung nicht zum Ausdruck käme.

Das natürliche Licht ist indessen nicht voll ausreichend, um dieses 14,70 m hohe Denkmal so zur Geltung zu bringen, wie dies gefordert werden muß. Dies würde nur ausreichen, wenn es wie in der römischen Epoche frei und allein in der nachbarschaftlichen Gesellschaft inmitten eines Gräberfeldes aufragen würde.

Im Museum mußte daher das Tageslicht eine leichte Unterstützung durch künstliche Beleuchtung erfahren. Sie geht von der Decke der Halle aus.

Um der Sichtbetondecke die Schwere zu nehmen, wurde sie anthrazitfarben gestrichen. Für die Poblicius-Halle ließ sich durch diese »Kosmetik« eine Schwebedecke, die tatsächlich nicht lastet, gewinnen. Über sie ist ein Lichtschienensystem verteilt, von dem mühelos jene Lichtbahnen gewonnen werden können, die das Poblicius-Denkmal und das Dionysos-Mosaik so ausleuchten, daß sie im Verein mit dem Tageslicht wie unter ungetrübtem Himmel aufgerichtet oder ausgebreitet erscheinen (Abb. 13, 14).

Während die oberen Teile der Poblicius-Halle in Sichtbeton belassen sind, wurden die vorgehängten Blenden zwischen dem unteren und dem oberen Geschoß in der Grundraumfarbe Sepiabraun gehalten. Im Zusammenhang mit den Wandteilen des rechten (östlichen) Ganges neben dem Denkmal wurde so eine ästhetisch befriedigende Einbindung in den Gesamtbaukörper gewonnen. Der mächtige Betondeckenrest des Luftschutzbunkers, der die Standfläche des Denkmales abgibt, wurde mit den Wänden und Mauern um das Dionysos-Mosaik Pompejanisch-rot gefaßt. Auf diese Weise wurde verhindert, daß das Denkmal wie schwebend – oder schlimmer: wie niederstürzend erscheint.

Ein weiteres Problem war das Vorhandensein der 15 Meter Höhe messenden Betonscheibe unmittelbar hinter der Rückseite des Poblicius-Denkmals. Dazu muß man wissen, daß das Denkmal in römischer Zeit vollständig frei gestanden hat. Im Untergeschoß desselben befindet sich auch auf der Rückseite eine Girlande, die nun nicht mehr zu sehen ist, obschon natürlich die vorhandenen Bruchstücke in das Denkmal eingebaut wurden.

Wäre die Sichtbetonscheibe hinter dem Denkmal ohne Farbfassung geblieben, hätte dies die plastische Kraft des Grabturmes völlig zerstört. Selbst in der Schwarzweißaufnahme der Situation kommt überzeugend zum Ausdruck, was die Farbfassung leistet (Abb. 13). Sie bringt die einheitliche Grauwand mit der dem Beton innewohnenden Tristesse zum Weichen. Das lichte Himmelblau verstärkt den Eindruck, der Grabturm stünde frei, beinahe wie vor einem ungetrübten Himmelshorizont. Einen guten Beitrag dazu leistet endlich auch, daß die Standfläche mit grobem Kies angefüllt wurde (Abb. 13). Das ist in der römischen Zeit kaum so gewesen, aber: es könnte doch so gewesen sein.

Die Poblicius-Halle ist ohne Schranke mit der Eingangshalle verbunden. Sie wächst gewissermaßen zwanglos aus ihr heraus (Fig. 10, 11). Wenn man an ihrem Ende angelangt ist (Abb. 57), steht man vor dem Denkmal (Abb. 13). Es wird dann die Entscheidung offen gelassen, ob man in seine Betrachtung eintreten und dabei vielleicht Stufe um Stufe in das Obergeschoß gehen will (Abb. 57) oder doch lieber erst sich dem Dionysos-Mosaik (Abb. 14) zuwenden möchte, woran sich im Untergeschoß die Raumfolge Alltag (Abb. 18) anschließt.

Für die Besichtigung des Poblicius-Denkmals bilden nicht nur die seitlichen Gänge, sondern in gleichem Maße auch die von der Eingangshalle in das obere Hauptausstellungsgeschoß führende Treppe ein wichtiges Element (Abb. 57).

Die Treppe führt von der Eingangshalle in vier Absätzen in das Obergeschoß (Fig. 10, 11, 12, Abb. 57). Mit den ersten beiden Absätzen sind an den Podesten kleine Vorsprünge verbunden, die es ermöglichen, aus einem unterschiedlichen Blickwinkel das Poblicius-Denkmal und das Dionysos-Mosaik zu betrachten. Von der Brüstung des Obergeschosses aus endlich ist noch einmal ein Gesamtüberblick möglich. Mit dem Treppenverlauf und den in ihm eingebauten Ruhepunkten wurden außerordentlich reizvolle Blickstufen geschaffen. Im Zusammenhang mit den seitlichen Einblickmöglichkeiten auf das Dionysos-Mosaik und den vielfältigen Blickmöglichkeiten auf das Poblicius-Denkmal bietet die Präsentation Einsehperspektiven, die ungewöhnlich genannt werden müssen (Abb. 11, 13, 14).

Das Poblicius-Denkmal (Abb. 11, 12, 13)

Das Poblicius-Denkmal ist ein Grabturm. Er stand inmitten des Gräberfeldes, das sich beiderseits der römischen Limesstraße von der Colonia nach Bonna (Bonn) erstreckte. Es gibt einige Anhaltspunkte, die es nicht unmöglich erscheinen lassen, daß er bereits vor 42 nach Chr. errichtet war. Auf jeden Fall kann er nicht lange nach der Mitte des 1. Jahrhunderts nach Chr. entworfen und ausgeführt worden sein. Auch außerhalb Kölns sind solche Grabtürme im Rheingebiet und darüber hinaus üblich gewesen und bekannt.

Über die Beschaffenheit der Fundamentplatte für

das Poblicius-Denkmal sind keine Angaben möglich, da Reste nicht gefunden wurden. Es sieht aus, als sei das Bauwerk nicht allzu lange nach der Fertigstellung eingestürzt. Dies würde auch erklären, warum der Erhaltungszustand der wiedergefundenen Stücke so vorzüglich und frei von allen Verwitterungserscheinungen ist.

Der zweigeschossige Turm erhebt sich über einem 4,60 Meter breiten und 3,30 Meter tiefen Sockel. Die Gesamthöhe beträgt 14,60 Meter. In der gebauten Wiederherstellung wurden dem Sockel 0,65 Meter zugemessen, weil sonst für den Gesamtaufbau die im Museum zur Verfügung stehende Raumhöhe nicht ausgereicht hätte.

Der Sockel wird, wie das ganze Denkmal, aus Lothringer Kalksteinblöcken bestanden haben. Er wird durch ein reich profiliertes Sockelgesims abgeschlossen, das fließend zu dem Untergeschoß überleitet. Dieses besteht in der Hauptansicht wie an der Rückseite aus einer glatten Wandfläche, die an den Seiten durch kannelierte Pilaster mit korinthischen Kapitellen gerahmt wird. Die nicht sehr tief gehende Kannelur wirkt wie ziseliert und trägt nicht unerheblich zu der flächigen Wirkung bei, die der Haupt- und Rückfront des Untergeschosses eignet. Abgeschlossen wird das Untergeschoß durch einen Architrav. Über dreifach schräg abgestuften Facien, einer Kehle und einer ein wenig vorspringenden Platte ist ein umlaufender Akanthusblattfries gezogen. Im oberen Teil von Front- und Rückseite sind jeweils den von den Pilastern gerahmten Raum überziehende Girlanden aus den Blöcken gemeißelt. An den Enden wie zwischen den kleineren seitlichen und der größeren mittleren schwingen Bänder. Der mittlere Girlandenbogen der Frontseite ist überdies durch ein gewundenes Band gefaßt, die Blätter auch stärker als die der Rückseite gelappt.

Die Girlanden erscheinen streng und wirken wie fein ziseliert, wogegen der stärker unterschnittene Akanthusblattfries des Gesimses plastischer durchmodelliert ist und sich daher lebendiger darstellt. Die Blumengirlanden sind nicht nur Schmuck der oberen Geschoßteile, sondern machen deutlich, daß Poblicius an ein Fortleben nach dem Tode glaubte. Natürlich erinnern diese Blumenreliefs auch an die Sitte, die Gräber mit Kränzen zu schmücken. Aber auch diesem Brauch liegt bekanntlich der Glaube an ein jenseitiges Leben zugrunde.

In dem unteren Sockelteil ist eine Widmungsinschrift eingemeißelt. Davon sind fünf Blöcke erhalten. Die Inschrift lautet:

L(ucio) Poblicio L(uci) f(ilio) Tere(tina) / vetera(no) leg(ionis) V Alauda (!) ex testamento / et Paullae f(iliae) et vivis / [—— coniugi] / [et L (ucio?) Poblicio —— f(ilio)] / [et libertis] / [L(ucio) Publici]o Modesto L(ucio) P[oblicio ——]. / [H(oc)] m(onumentum) h(eredem) [n(on) s(equetur)].

Ins Deutsche übersetzt: »Für Lucius Poblicius, Sohn des Lucius, aus dem Bürgerbezirk Teretina, Veteranen der 5. Legion Alauda, nach seinem Testament errichtet, und für seine Tochter Paulla und für die noch Lebenden, seine Frau und seinen Sohn Lucius Poblicius, und für den freigelassenen Lucius Poblicius Modestus und Lucius Poblicius. Dieser Grabbau wird nicht (mit dem übrigen Vermögen) vererbt.«

Die so gelesene Inschrift erfordert, daß in der Sockelzone eine weitere Blockreihe mit zwei Inschriftzeilen eingesetzt sein müßte. Dem hat zwar G. Precht widersprochen, weil dies in sein Rekonstruktionsgerüst nicht zwanglos passen würde. Er meint nämlich, dann das untere Geschoß um eine weitere Blockreihe erhöhen zu müssen, was aus der Maßhaltigkeit der vorliegenden Fundstücke aber einfach nicht geht. Andererseits ist die Lesung der Inschrift gegenüber den früheren Lesungen von T. Bechert und O. Doppelfeld nicht nur entschieden überzeugender, sondern nach epigraphischen Gesichtspunkten völlig in sich schlüssig. Man kommt also nicht umhin, beide Forschungsergebnisse zur Kenntnis zu nehmen und zu überlegen, wie man sie miteinander in Einklang bringen kann. Dies scheint klaglos möglich, wenn man die über dem Sockel anschließende Steinblockreihe (Abb. 13) noch für die Inschrift in Anspruch nimmt.

Bei dieser Lesung wurde davon ausgegangen, daß aufgrund der vorhandenen Schlußformel der Inschrift eine Identität zwischen Inschrift und den in dem Obergeschoß aufgestellten Personen vorausgesetzt werden müsse (Abb. 13). Dann allerdings wären die in der 7. Zeile der Inschrift verzeichneten Poblicii, die freigelassen gewesen sein dürften, ohne Statue geblieben. Das bedeutet, daß die vier in dem Obergeschoß aufgestellten Skulpturen Poblicius, seine Frau, sein Sohn und die Tochter Paulla vorstellen. Diese Erklärung ist um so zwingender, als nach der grabrechtlichen Formel am Ende der Inschrift, wie B. und H. Galsterer richtig anmerken, die Frau nicht beigesetzt werden durfte, wenn sie in der Inschrift nicht genannt wäre. Da aber außer der kleinen Tochter Paulla (Abb. 11) in den bisher bekannten Inschriftresten keine andere Frau genannt ist (Abb. 13), muß zwangsläufig die Frau des Poblicius in der Inschrift mit eingesetzt werden. Dies muß auch geschehen, da neben der Statue der kleinen Paulla in dem Denkmälerbestand, der eindeutig diesem Denkmal zugeschrieben werden kann, zwei Stolatae: die von Frau und Tochter vorhanden sind (Abb. 11 und 13).

Die Inschrift verzeichnet, daß Lucius Poblicius aus der Gegend zwischen Rom und Neapel stammte. Dort lag der Bürgerbezirk, die Tribus Teretina. Als Soldat der 5. Legion diente er in Vetera castra nördlich des heutigen Xanten am Niederrhein, wo die 5. Legion bis zum Jahre 69 nach Chr. stationiert war. Der Beiname Alauda (Lerche), den diese Legion führte, bezieht sich auf die Helmbüsche der Legionäre, deren Form derjenigen der Haubenlerche ähnelt. Nach Beendigung seiner Dienstzeit hatte sich Lucius Poblicius in Köln niedergelassen. Sollte er noch die Erhebung des Oppidum Ubiorum zur Colonia erlebt haben, ist er jedoch nicht Bürger in ihr geworden, da in seiner Inschrift nicht der Bezirk Claudia, sondern der seiner mittelitalienischen Heimat Teretina verzeichnet ist. Wie jeder Soldat erhielt auch Poblicius bei seinem Abschied aus dem Militärdienst eine Abfindung von 12000 Sesterzen. Dieser Betrag wird ungefähr 13 Jahresgehältern entsprochen haben. Mit diesem Geld sollte den Soldaten eine Lebenssicherung möglich sein. Es ist unbekannt, was Lucius Poblicius mit dem Geld unternahm: Ob er ein kleines Landgut erstand oder ein Geschäft eröffnete. Das Denkmal legt jedenfalls den Gedanken nahe, daß es ihm in seiner nachmilitärischen Laufbahn nicht ganz schlecht erging. Nur aus einem gewissen Wohlstand heraus kann es Lucius Poblicius möglich gewesen sein, dieses Grabmal zu bauen. Wie hoch die Mittel waren, die er dafür aufwenden mußte, ist allerdings nicht anzugeben. Nach der Rekonstruktion von G. Precht waren die Seitenflächen des Untergeschosses ebenso wie diejenigen des oberen (Abb. 11, 12) mit Reliefs versehen. In Fachkreisen ist dieser Punkt der Rekonstruktion für das Untergeschoß nicht unumstritten. Jedoch ist die im Gang befindliche Diskussion noch nicht abgeschlossen. Diejenigen, die annehmen, dieses Reliefs gehörten zu einem zweiten Denkmal, haben dafür bis heute die Beweise nicht vorgelegt. Dieser strittige Punkt wird aber erst wirklich entschieden werden können, wenn dies geschehen ist. Allerdings ist eine Voraussetzung dazu auch, daß G. Precht seine Rekonstruktion, die in sich überzeugend erscheint, über den bisher allein gelieferten Vorbericht hinaus in einer Monographie mit allen Einzelheiten vorlegt. Auf keinen Fall ist an der Dimensionierung der Seitenflächen zu zweifeln und – auf den Gesamtzusammenhang gesehen – wohl auch nicht an der Zugehörigkeit der überwiegenden Teile der Reliefs zu diesem Denkmal. Allerdings fällt ein von G. Precht für die rechte (östliche) Seite in Anspruch genommener Block mit dem Bildnis einer geflügelten weiblichen Figur in strenger Frontalansicht aus dem Rahmen (Fig. 13). Diese Frau, mit vor die Brust gesetzten Armen dargestellt, trägt in den Händen Früchte: Traubendolden mit Weinlaub, Granatäpfel und Birnen. Obschon dieses Stück in die linke Seite mit eingebaut wurde, wurde es überdeckt, da beim Stande der Diskussion dieser Punkt der Rekonstruktion zu wenig abgesichert erschien. Überdies fügt sich dieses Stück auch unter stilistischen Gesichtspunkten nicht überzeugend in die Gesamtrekonstruktion ein.

Fig. 13 Rekonstruktionszeichnungen des Grabmals von Lucius Poblicius (nach G. Precht)

Zeigen an diesem Denkmal die Blattkränze und Blattfriese die wechselnden Jahreszeiten und ist damit für das Verständnis der in römischer Zeit lebenden Menschen der in der Natur sich ausdrückende stetige Wechsel von Werden und Vergehen gemeint, tritt auf den Seitenreliefs derjenige, der diesen Wechsel bewirkt, der Gott Dionysos, auf. Auf der linken Seitenfläche ließ sich ein Block einfügen, der von einer Darstellung des Dionysos selbst stammen muß. Erkennbar sind die beschuhten Füße des schreitenden Gottes, außerdem Hinterhand und Schwanzende einer Pantherkatze, sowie der Fuß eines Satyrn (Fig. 13).

Die Bühne für beide Reliefseiten bilden altarähnliche Postamente (Fig. 13). Auf der rechten Seite ist neben dem Fuß einer Mänade die Figur einer zweiten in den Bruchstücken zweier Blöcke einsetzbar gewesen. Auffallenderweise nimmt diese Gestalt die Stelle des Pilasters ein. Es kann nicht ausgeschlossen werden, daß bei dem Entwurf die Vorstellung maßgeblich war, so könnte der umziehende Zug des Dionysos anschaulich sichtbar gemacht werden. Die tanzende Frau, mit Weinlaub bekränzt, in wehendem Gewand und mit einem mittendurchgeschnittenen Rehkitz in der herabhängenden linken Hand, ist außerordentlich gekonnt modelliert. Der Bildhauer, der den Körper scharf ausschnitt und die Gewandfalten tief unterschnitt, versuchte so die im Reigen der Tänzerinnen wirkende Besessenheit auszudrücken. Er gelangte dabei über eine gewisse expressive Statuarik allerdings nicht hinaus.

Über dem Akanthusfries des Untergeschosses ist ein 0,30 Meter vorkragendes Konsolgesims aufgesetzt. Darauf setzt das Obergeschoß mit einer einfachen stufenähnlich ausgebildeten Platte an (Abb. 13). Sie hat die Maße des Untergeschosses und bildet die Bühne für das eigentliche Geschoß, das in der Front vier freistehende kannelierte Säulen mit Akanthuskapitellen bilden. Den hinteren Teil machen drei mit der geschlossenen Rückwand verbundene Nischen aus, eine breitere in der Mitte und zwei schmale seitlich. Während die Rückfront dieses Geschosses, von den rahmenden Seitenpilastern abgesehen, ungegliedert ist, sind die beiden Seitenflächen nicht nur von kannelierten Pilastern mit korinthischen Kapitellen eingefaßt, sondern völlig mit Reliefs versehen (Fig. 13, Abb. 11, 12). Ein Architrav schließt das Geschoß ab. Darüber ist ein Waffenfries mit einem ausladenden Konsolgesims angeordnet.

Über dem Konsolgesims setzt eine einfache annähernd 0,30 Meter hohe Platte auf, die den Ausgangspunkt für die Dachpyramide abgibt. Deren unterschiedlich gekrümmte Dachflächen zeigen eine Art Biberschwanzdeckung. Die schön reliefierten einzelnen Schindeln verjüngen sich nach oben.

Die Pyramide mündet in einem 0,75 Meter hohen korinthischen Pfeilerkapitell, das außerordentlich lebendig ausgebildet ist. Von gleicher Qualität sind die beiden Eckakrotere. Die bisher gefundenen Fragmente reichen für eine verläßliche Gesamtkonstruktion aus. Solche Tritonen kommen an Grabdenkmälern immer wieder vor. Die Vorstellung verband diese Fabelwesen – halb Mensch, halb Fischwesen – mit dem Oceanos, jenem Strom, der Diesseits und Jenseits trennt. Seine Beherrscher waren die Tritonen. Diesen Fluß mußte jeder Verstorbene überwinden, um zu der Insel der Seligen zu gelangen.

Eine 1884 auf dem gleichen Grundstück wie die anderen Blöcke dieses Grabmals gefundene Aeneasgruppe wurde als Bekrönung des Grabturmes aufgesetzt. Dem ist verschiedentlich widersprochen worden. Eine Bekrönung indessen muß der Grabturm besessen haben. Wahrscheinlich bestand sie aus einem Pinienzapfen (Abb. 3), aber auch eine steinerne Graburne wäre möglich.

Zwischen den Säulen des Obergeschosses sind die Statuen des Lucius Poblicius und seiner Familienangehörigen aufgestellt (Abb. 13). Für den genauen Standplatz fehlen im Befund alle näheren Anhaltspunkte. So ist nicht auszuschließen, daß sie gar nicht so wie in der jetzigen Museumsaufstellung nahe an die Säulen gerückt gestellt waren. Ihr Standplatz kann z. B. mehr auf die Kammern im Hintergrund zu festgelegt gewesen sein. Auch der Standplatz der kleinen Paulla (Abb. 11) ist nicht abgesichert, wenngleich glaubhaft.

Desgleichen ist nicht mit Verläßlichkeit anzugeben, welcher der beiden Togati Lucius Poblicius und welcher den Lucius Modestus vorstellt. Vermutlich muß der Torso des jetzt in dem rechten Interkolumnium aufgestellte Togatus für den Lucius Poblicius in Anspruch genommen werden. Seine (nicht aufgestellte) Standplatte ist etwas breiter und läßt auf eine etwas größere Statue schließen. Nach langer Diskussion wurde für die Aufstellung des wohlerhaltenen Togatus in der Mitte entschieden, um eine möglichst eindringliche und überzeugende Darstellung des Denkmals zu bieten. Für den Menschen im römischen Köln indessen waren kaum alle Statuen zu sehen. Es wurden nämlich in den Säulen Zapflöcher für Bronze- oder Eisengitter nachgewiesen, so daß alle Figuren hinter einem 1,60 bis 1,70 Meter hohen Metallgitter verborgen gestanden haben müssen.

Die nun in der Mitte aufgestellte männliche Gestalt ist mit einer Toga bekleidet. Der rechte Arm hängt am Körper herunter, die Hand faßt das lebendig durchmodellierte Gewand. Die mit Ringen geschmückte Linke hält eine Buchrolle. Neben dem linken Bein steht auf der Standplatte ein runder Behälter, ein Scrinum, mit weiteren Schriftrollen. Der markant geschnittene Kopf des Mannes ist streng frontal gerichtet, die weit geöffneten Augen, deren Augäpfel möglicherweise mit Glasfluß ausgelegt waren – jetzt erscheinen sie wie aufgerissen –, sind kompositorisch mit der leicht gebogenen kräftigen Nase zusammengebunden. So wird dem Gesicht ein energisches Aussehen verliehen. Das Vorbild offizieller Porträts mag als Anregung dahinter stehen, wie sich in der Haartracht – die Haare sind nach vorne gekämmt und über der Stirn in zwei zangenartige Locken gelegt – die herrscherliche Haarmode spiegelt, die zur Zeit der Kaiser Caligula und Claudius üblich war. Nach den Bruchstücken muß der zweite Togatus ebenso ausgesehen haben. Auch die weiblichen Statuen folgen diesem Schema.

Besonders gut sind die Seitenreliefs in dem Obergeschoß erhalten (Abb. 11, 12). In jedem Feld ist der Hirtengott Pan dargestellt. Von rückwärts tänzelt er auf die Front des Grabdenkmals zu. Ein altarähnlicher Podest gibt die Auftrittfläche. Um einen Baum, dessen Krone in stilisierten Blättern gegeben ist, windet sich die den Tod bringende Schlange. Züngelnd schießt ihr Kopf vor. Pan blickt sie mit scharfem Blick an. Er bannt die tödliche Kraft und überwindet damit den Tod.

Auf jeder Seite ist der Kopf des Pan energisch durchmodelliert, teils Menschengesicht, teils ziegenbärtiger gehörnter Bockskopf. Durch Unterschneiden ist den Augen stechender Zublick gegeben.

Der männliche Körper ist jeweils betont modelliert. Der Bildhauer besaß die Kraft, aus dem Block die Körperformen im Relief so heraustreten zu lassen, daß der Eindruck des Vollplastischen entsteht. Der um die Schultern gelegte Mantel bildet dabei den Hintergrund wie eine zusätzliche Wirkungsfolie. Mit schöner Selbstverständlichkeit ist der Übergang von der menschlichen in die bocksfüßige Wesenheit gegeben. Zottiges Fell überzieht pralle Oberschenkel, die in stakigen Tierbeinen und -füßen enden.

Auf der linken Seite ist dem Gott Pan ein Hirtenstab als Attribut beigegeben, seine linke Hand hält die Jagdbeute, einen Hasen, der häufiger auf Grabmälern vertreten ist. Die rechte Seite zeigt ein anderes Attribut dieses Gottes, die Hirtenflöte, die Syrinx. Während über dem rechten Relief die bei Totendenkmälern häufiger verwendete tragische Maske angeheftet ist, wurde über dem linken ein geflügelter Eros angeordnet.

Die Kanneluren der Pilaster sind ebenso wie die Kapitelle nicht nur Rahmen der lebendigen Bildfelder, sondern tragen durch ihre strenge Form und die gebündelte Kraft der Blattreihen entschieden mit zur Wirkung der kraftvoll geschnittenen Bildgruppen bei. Diese Seitenfelder gehören zweifellos zu den besten Teilen des Denkmals. In ihnen stellt sich in einem der wenigen Stücke der Ansatz von wirklicher Kunst innerhalb des provinzialrömischen Denkmälerbestandes dar, soweit er überhaupt überliefert ist.

Thematisch muß man wohl die beiden Pan-Darstellungen mit dem dionysischen Zug im Untergeschoß in direktem Zusammenhang sehen. Bekanntlich gehörte der Gott der Hirten und Herden in den dionysischen Kreis. Er spielte bei der Hochzeit des Dionysos mit Ariadne auf seiner Flöte zum Tanz. Die Darstellung des Pan allein mit der Beute und die Schlange bannend ist bisher bei den bekanntgewordenen Grabbauten nicht belegt. Hier dürfte mithin durch das Kölner Denkmal eine Erweiterung des Kenntnisstandes vermittelt werden. Pan wird vorgestellt als eine aus seiner fortwirkenden Manneskraft den Tod überwindende Gottheit.

Insgesamt vermittelt der Grabturm, den Lucius Poblicius für sich und seine Familie hat setzen lassen, einen lebendigen Einblick in die Frühzeit der römischen Stadtsiedlung Köln und deren Gräberfelder. Die in Norditalien beheimatete Art des Totendenkmals ist durch die Vermittlung von Musterbüchern schon zu Beginn der Besiedlung in diesem Teil und damit bis an die Grenzen der damaligen Welt gelangt gewesen. Der bescheiden zugeschnittene Ort begann teilzunehmen an den Segnungen der damaligen Welt. Die geistigen Vorstellungen der Zugewanderten teilten sich besonders gut und eingängig sichtbar in solchen Denkmälern den hier Einheimischen mit. Es kam zur Ausbildung einer eigenständigen Provinzkultur und Provinzkunst, die zwar kaum je die Höhe der offiziellen Reichskunst erreichte, diese jedoch widerspiegelte.

In solchen Denkmälern wurden aber auch neue und direkte Vorstellungen von einer jenseitigen Welt sichtbar, die in solcher Dinglichkeit in diesem Teile der Welt bisher nicht bekannt gewesen waren. In einer Zeit, in der Arbeit das einzige Mittel war, um das Leben überhaupt bestehen zu können, wurde in dergleichen Denkmälern den Menschen ganz allgemein die jenseitige Welt, vor der sich die vorchristliche im Grunde fürchtete, als ein Ziel und vor allem als ein Land vorgestellt, in dem Wünsche erfüllbar waren, deren Erfüllung das Leben auf der Erde kaum bieten konnte.

Lucius Poblicius und seine männlichen Angehörigen haben sich in dem Grabdenkmal mit Büchern ausstatten lassen und geben sich mithin gebildet, wenigstens im Jenseits. Sie und die Frauen der Familie leben als römische Bürger fort und damit als freie Menschen. Sie haben ihre Sklaven als Freigelassene zu sich aufgenommen.

Niemand kann sagen, welches Lebensschicksal im einzelnen dieser Lucius Poblicius und seine Familienangehörigen hatten. Angeben läßt sich nur: er war von Herkunft Süditaliener, Soldat und dabei in den Grenzdienst verschlagen. Er hatte in dieser Zeit ein entsagungsvolles Leben. Er mußte kämpfen, dienen, und das hieß: hart arbeiten. Er hatte aber auch Jahre der Ruhe. Er scheint dabei zu einem bescheidenen Vermögen gelangt zu sein, so daß er diesen Grabturm errichten lassen konnte. Aber wie ihm das gelang, ob er unglücklich oder glücklich war, ist ebensowenig bekannt, wie woran, wann und zu welchem Zeitpunkt er starb. Auf eine Art, die er nicht hatte ahnen können, wurde ihm eine eigentümliche Wiederauferstehung zuteil: durch die Wiederentdeckung der Reste seines in Trümmer gesunkenen Grabdenkmals. Man spricht von ihm, wie zu seiner Lebzeit kaum einer über den engen Kreis seiner Bekannten hinaus jemals von ihm gesprochen haben wird. Dieser bescheidene und mit einem völlig normalen Leben versehene Lucius Poblicius ist zu einem Synonym für den kleinen römischen Bürger am Rande des großen Weltreiches geworden.

Darüber hinaus wirft dieses Denkmal aber auch ein erhellendes Licht auf die allgemeinen Zustände, die die Römer im römisch gewordenen Rheinland bewirkt haben.

Um die außerordentliche Leistung, die dieses Denkmal spiegelt, klar zu machen, muß man daran erinnern, daß das gesamte niederrheinische Gebiet zu dem Zeitpunkt, wo es von den Römern in Besitz genommen wurde, noch eine agrarisch strukturierte Landschaft war. Die einzelnen Siedlungsplätze, soweit sie bisher überhaupt archäologisch erschlossen sind, lassen zwar eine dichtere Besiedlung erkennen, als man sie sich früher vorgestellt hatte. Aber über den engeren Siedlungsraum hinaus zielende Organisationsformen waren nicht vorhanden und stadtähnliche Siedlungen, wie sie in anderen Landschaften, z. B. in den keltischen oppida, faßbar sind, lassen sich auch nicht in Ansätzen erkennen. Mithin sagt man kaum zu viel, wenn man das Gebiet als nicht nur in Randlage gelegen, sondern wohl als mehr oder weniger primitiv strukturiert bezeichnet. Dies schließt nicht aus, daß hier und da und dabei mehr oder weniger auch über den engeren Umraum hinaus zielende Handelsbeziehungen mit anderen Völkerschaften bestanden haben. Sogar eine gewisse Neigung der Ansässigen gegenüber Neuem ist und soll nicht ausgeschlossen werden. Die Umsiedlung der Ubier von der rechten Rheinseite auf die linke und die unter dem Schutz und der Anleitung der Römer sich vollziehende Inbesitznahme eines neuen Stammesgebietes belegt das hinreichend. Aber es mußte doch eine grundlegende Neuordnung bewirkt werden. Diese indessen wird wohl völlig den Römern zugeschrieben werden müssen, die sich dabei von den Einheimischen unterstützt sahen.

Für diesen sehr allgemeinen Prozeß gewinnt nun das Poblicius-Denkmal insoweit Beweiskraft, als sich an ihm stellvertretend für viele andere Denkmäler und Dinge mehr oder weniger grundsätzlich die eigentlich von den Römern in diesem Lande bewirkte Grundleistung demonstrieren läßt.

Man kann das mit einigen wenigen Sätzen umreißen. Der Lucius Poblicius, der, wie gesagt, wohl ein ganz normaler Bürger war, hätte seinen Grabturm nicht aufrichten lassen können, wenn nicht schon zu der Zeit, da die Offensivaktionen des römischen Heeres noch nicht zum Abschluß gekommen waren, bestimmte Grundmaßnahmen der Landerschließung durchgeführt worden wären. Ziemlich sofort mit dem Eintreffen der Truppen im Niederrheingebiet muß die Anlage von Straßen vorgenommen worden sein. Dies erzwang allein die Notwendigkeit, den Nachschub zu sichern. Aber wenn man sich das Gerüst des Straßenverlaufes, wie es die römische Zeit ausgebildet hat, vergegenwärtigt, wird klar, daß schon mit dem Straßenbau eine ziemlich genaue Kenntnis des Landes verbunden gewesen sein mußte. Mithin können doch nicht nur militärische Überlegungen allein bei deren Bau mitbestimmend gewesen sein. Vielmehr dürften von Beginn an über den militärischen Zweck hinaus auch weiter ausgreifende, auf die zivilen Bedürfnisse ausgerichtete mit im Spiel gewesen sein. Hierin gründet ursächlich das Fundament für das – auf die Verhältnisse der alten Welt gesehen – doch sehr schnelle Aufblühen dieses Randteiles der damaligen Welt.

Mit dem Straßenbau sind ursächlich Rodungsvorgänge verbunden gewesen. Holz fiel z. B. als Baumaterial dabei an, der Bau von Straßenkörpern machte Erdaushub zwingend, die Organisation von Transportmitteln war ebenso notwendig wie das Vorhandensein von Fahrzeugen. Mit einer nur örtlichen Befehlsstelle war das ebensowenig zu leisten wie mit einem Kommando, das nur einen auf einen Punkt bezogenen Überblick besessen hätte. Hier mag das militärische Oberkommando sich als zentrale Führung selbstverständlich angeboten haben. Aber schon mit der Nennung dieser einen Maßnahme, dem Straßenbau, wird der Problemumfang deutlich und erkennbar, daß bereits diese zwangsläufig nicht nur andere im Gefolge gehabt haben mußte, sondern daß mit der zunächst militärisch bestimmten Aktion auch die zivile in Gang geriet. In den neugewonnenen Ländern war nicht nur für Militär Raum. Arbeitern, Handwerkern, Kaufleuten und Mitgliedern aller möglichen Fachrichtungen eröffneten sich beinahe unbegrenzte Möglichkeiten. Die Einheimischen müssen darin, waren sie nicht dumm, Chancen gesehen haben, denn die Erschließung des Landes war mit den Straßen gerade erst begonnen. Vermutlich setzte deren Anlage ohnedies die genaue Landaufnahme voraus. Eine Grundvermessung wenigstens muß erfolgt sein. Der Landausbau begann, denn für Nahrung auch aus dem Lande war zu sorgen. Die Entdeckung und Ausnutzung der Bodenschätze folgte. Was in der Nähe selbst zu produzieren war, mußte sich billiger stellen, weil Transport und alle damit verbundenen Unkosten entfielen.

Die Steine des Poblicius-Denkmals bestehen ausschließlich aus Kalksteinblöcken, die im Metzer Gebiet gebrochen wurden.

Nicht nur Steinbrüche entstanden – die Tuffsteinbrüche vom Brohltal z. B. waren schon damals in

Betrieb – näher und ferner, auch den Transport benötigter Mengen galt es zu organisieren. Mosel und Rhein waren intensiv benutzte Verkehrswege. Dies wieder bedeutet, daß eine leistungsfähige Schiffahrt vorhanden war, was heißt, daß auch Schiffe gebaut werden mußten, also Werften gebraucht wurden.

Die aufzubringenden Materialmengen erforderten Stapelplätze und immer waren alle Arten und Mengen von Arbeitskräften vonnöten. Mit einer unartikulierten Masse von Menschen, die gewissermaßen als Arbeitstiere zur Verfügung gestanden hätte, war in einer solchen Situation nichts auszurichten. Schon in den ersten Anfängen der römischen Epoche des Rheingebietes ist somit in dieser Hinsicht Außerordentliches bewirkt worden. So unbestritten wichtig dabei die Rolle des römischen Militärs auch gewesen sein mag – die archäologische Forschung hat sehr lange und mit großem Erfolg gerade diesen Problemkreis gesehen und untersucht –, weit über jeden militärischen Bezugsbereich hinaus ist die in den zivilen Bereich zielende Wirkung. Die eigentliche Leistung der Römer ist es gewesen, in den Gebieten, die sie ihrem Reichsverband zubrachten, die Einrichtung einer arbeitsteiligen Gesellschaft bewirkt und diese auch verwirklicht zu haben. Ohne dieses Grundfundament wäre jede über eine bloße Agrarstruktur hinausgehende Maßnahme ebensowenig möglich gewesen, wie die mehr oder weniger schnelle Anbindung der neuen Gebiete an den gesamten Reichsverband. Ohne die unmittelbare Ausbildung der arbeitsteiligen Gesellschaft hätte auch des Kleinbürgers Lucius Poblicius Wunsch nach einem schönen und großen Grabdenkmal gar nichts genutzt. Diese Absicht wäre ein Stück Sehnsucht geblieben.

So aber konnte er, beraten von Sachverstand, in einem Warenlager, wo man dergleichen auf Vorrat hatte, weit herangebrachte Steine besichtigen und sich für eine bestimmte Sorte entscheiden. Vermutlich waren sogar schon konkurrierende Handlungen am Ort. Bei Bauunternehmern wurden wahrscheinlich Angebote eingeholt, um einen Preisvorteil herauszuholen. Spezialisten standen zur Verfügung, die die Steine nach dem Entwurf schnitten. Der Transport zum Grabplatz wurde bewerkstelligt. Vorher waren die Baugruben ausgehoben und der Fundamentblock gesetzt worden.

Überlegungen in diese Richtung wurden bisher noch zu wenig angestellt. In Wirklichkeit aber steht in den durch Ausgrabungen wiedergefundenen Denkmälern gerade für diesen Problemkreis noch ein außerordentlich vielfältiges Material bereit, das nur darauf wartet, unter diesen und ähnlichen Fragestellungen abgefragt zu werden.

Um wenigstens an einem Denkmal den Museumsbesuchern die verschiedenen »Inhalts-Schichten« eines römischen Denkmals eindringlich sichtbar machen zu können, wurde für die Rekonstruktion des Gesamtdenkmals entschieden, auch wenn nur etwas über 20% in der Rekonstruktion originale Substanz sind. Hier wird man aber mit guten Argumenten vertreten können, daß bei einer Architektur das Baugesamt und sogar das »Kunstwerk« Architektur wieder aufgerichtet ist, wenn dies archäologisch genau geschieht. Überdies ist der Baukörper so angelegt, daß jeweils neu hinzugefundene Stücke ohne Mühe und auch ohne zu hohe Kosten eingefügt werden können. Außerdem wurde bei den nur in Putz gegebenen Ergänzungen so verfahren, daß nicht nur der Fachmann sie erkennen kann. Erzielt aber wurde, was entscheidend sein dürfte, ein Architekturgegenstand, aus dessen Anblick sich eine Vorstellung nicht nur von römischer Grabarchitektur, sondern von römischer Architektur nordwärts der Alpen überhaupt gewinnen läßt.

Das Dionysos-Mosaik

Vom Treppenhaus des Museums aus ist nicht nur das Poblicius-Denkmal zu sehen, sondern auch Blick auf das im Museumsuntergeschoß gelegene Dionysos-Mosaik zu gewinnen. Den besten Überblick erhält man von drei Standorten: von der Ostseite des Hauptgeschosses aus (Abb. 14), von dem östlichen Flur im Erdgeschoß neben dem Poblicius-Denkmal (Abb. 13) und natürlich direkt, wenn man an der Ostseite des Mosaiks selber steht. Hier können die einzelnen Bildfelder genau in Augenschein genommen werden (Abb. 15, 16, 17).

Das Mosaik wurde, wie bereits angemerkt, im Jahre 1941 gefunden. Nach der Entdeckung hat man es, da der Luftschutzbunker fertiggebaut werden mußte, wieder mit Erde zugedeckt. Gleich nach dem Kriege wurde es wieder offengelegt. Schon 1946 konnte es besichtigt werden. Es wurde sofort zu einem erklärten »Liebling« der Kölner Bevölkerung. Bald zeigten sich Schäden an dem Mosaik. Die Farben verblaßten. Von unten her aufsteigende Feuchtigkeit drohte zur Zerstörung des Gesamtbodens zu führen. Nach manchen Versuchen entschloß man sich zu einer grundlegenden Maßnahme. Das Staatliche Istituto del Restauro in Rom konnte zur Mithilfe gewonnen werden. Der Restaurator Stefano Locati rollte den Steinteppich mit Hilfe einer Jute-Leinwand ab und zog ihn auf einem Eisengerüst neu auf. Die unter dem Mosaik noch anstehende Erde wurde ausgegraben, wobei interessante Fragen zur Baugeschichte des Hauses, in dem das Mosaik den Hauptraum einnahm, geklärt werden konnten. Um das Mosaik wieder einzubringen, mußte die Bunkerdecke weggesprengt werden. Sie wurde durch ein Glasdach ersetzt, so daß das Mosaik nun unter Tageslicht lag. Von 1961 bis zum Beginn des Museumsbaues haben das Mosaik Tausende von Menschen in diesem zum Schauraum umgebauten Luftschutzbunkergehäuse gesehen.

Auch für den Museumsbau waren die Wände und Decken des Bunkers nicht zu beseitigen. Ebensowenig war die seitliche massive Betoneinfassung um das Mosaik wegzubringen, was besonders erwünscht gewesen wäre. So nämlich erscheint der Boden wie in einem Becken liegend (Abb. 14), wogegen er sich natürlich in Wirklichkeit in der römischen Zeit auf einem Niveau mit den anschließenden Räumen des Wohnhauses und des Peristylhofes befunden hat.

Das Dionysos-Mosaik gehört zu einem Haus, das eine Grundfläche von 2665 Quadratmeter einnahm. Unter den mehr als zwanzig Zimmern schmückte es den Hauptraum. Zwei Seiten des im Äußeren schlichten Hauses lagen an öffentlichen Straßen. Hier zogen sich vor den Fronten Kolonnaden hin. Die Räume waren um einen offenen Innenhof gruppiert. Um alle Seiten des Hofes lief ein überdeckter Säulengang. Im Westteil des Hofes wurde ein Brunnen nachgewiesen. Eine Gartenanlage ist denkbar, doch kann dieser Freiraum auch gepflastert gewesen sein.

In den Hauptraum führte aus dem Garten eine 4,23 Meter breite Tür. Deren Schwelle, die aus drei schweren Trachytplatten besteht, ist erhalten (Abb. 14, unten).

Das Haus bestand bereits im 1. Jahrhundert nach

Chr. Vielleicht war es sogar schon im Jahre 60 nach Chr. fertig. Aus dem Fundamentbefund ergibt sich, daß während des 2. Jahrhunderts ein völliger Neubau erfolgte. Durch ihn wurden die Raumabmessungen endgültig festgelegt. Neben dem Dionysos-Mosaik erhielt das Haus damals sogar in Gängen Mosaikteppiche (Abb. 25). In einem anderen Zimmer wurde ein Ornamentboden verlegt, dessen Mitte ein Bildfeld, das den Philosophen Epikur zeigt, einnimmt (Abb. 230). Im 4. Jahrhundert wurde an der Ostseite des Peristylhofes ein annähernd 5 Meter breiter Streifen abgetrennt. Man errichtete ein Speicherhaus. Wahrscheinlich ist der Bau dieses horreum vor dem Hintergrund der allgemeinen Zeitunsicherheit zu sehen. Die Lagerhäuser auf der Hafeninsel waren nicht mehr sicher genug, weshalb man für sie Neubauten hinter der Stadtmauer aufführte. Vielleicht mußten dafür Privatleute Grund und Boden hergeben.

Dafür, wer der Bauherr dieses aufwendigen Peristylhauses war, fehlt im Befund jeder Anhaltspunkt. Allgemein hat man angenommen, daß das Bauwerk, das unmittelbar am nördlichen Hafentor gelegen war, einem reichen Kaufherrn gehört haben müsse. Das kann sein. Aber ebenso ist nicht auszuschließen, daß es das Wohnhaus des Provinzgouverneurs war.

Zunächst hatte man das Mosaik mit dem Neubau des 2. Jahrhunderts verbunden. Allgemein wird es heute in den Anfang des 3. Jahrhunderts gesetzt.

Der Oecus, in dem das Mosaik lag, hatte im Inneren eine Größe von 10,67 (10,58):7,01 (7,07) Meter.

Zwei Komponenten sind für das Kölner Dionysos-Mosaik maßgebend: 32 Bildfelder und das kunstvoll geknüpfte Grundmuster, das aus Ornamentfeldern und Flechtbandrahmen besteht (Abb. 14–17).

Natürlich ist hier nicht ein Künstler zu einer neuen Bildfindung gelangt. Vielmehr basiert die Komposition auf der Verwendung einschlägiger Musterbücher. Indessen hat der Meister über ein nicht alltäglich anzutreffendes kompositorisches Geschick verfügt, zufolge dem ihm eine ausgewogene Gesamtdarbietung gelang. Inmitten deren springen die Bildfelder zwar nicht vor, doch bilden sie die Ruhepunkte in dem farbenreichen Gewirk der Ornament- und Rahmenfelder.

Verblüffend wirkt immer die Mitteilung: Millionen Steinchen seien für diesen Boden zu verlegen gewesen. Für die daran Tätigen war dies ebenso eine Selbstverständlichkeit, wie sie die benötigten Arten der Steine zu besorgen wußten. Vorwiegend wurde für gelbweiße Partien lithografischer Schiefer verwendet, für die schwarzen wahrscheinlich Kohlenkalk und für die grauen Devonkalk. Für leuchtend rote Partien ließen sich Terra Sigillata-Scherben benutzen, gedämpfte rote und braune waren wiederum aus Kalksteinstückchen herzustellen. Für Blau- bis Grüntöne wurde opakes Glas verwendet. Südliche Marmore sind erst für spätere Ausbesserungen verwendet worden, so daß im Grunde zu bewundern ist, wie dieser changierende Boden aus den Materialien zusammengefügt wurde, für die in Köln ohne besondere Bemühung Vorräte zu gewinnen waren. Das heißt: aus damals gängigen und bescheidenen Materialien wurde der ganze Farbenreichtum gezogen.

Die Mitte des Bodens nimmt ein hochrechteckiges Feld ein, das von einem Flechtbandrahmen gefaßt ist. Auf goldgelbem Grund erscheint der durch einen Satyrn gestützte Gott Dionysos. Diesem Feld zugeordnet sind sechs größere Bildfelder, die durch übereck gestellte Flechtbandrahmen achteckig zugeschnitten sind. Dazwischen sind kleinere quadratische Bildfelder gesetzt. Den Teppichrand endlich schmücken querrechteckige und aus dem Achteck gezogene ungleichmäßig sechseckig zugemessene Bilder. Bei aller Stärke des geflochtenen Ornamentrahmens sind die Bildfelder für den Gesamteindruck vorherrschend.

Dargestellt sind auf allen Bildfeldern Szenen oder Embleme, die sich auf Dionysos beziehen. Im Tanz bewegen sich Mänaden, Hirten und Satyrn. Eros reitet auf einem Löwen. Der Panther als der stetige Begleiter des Dionysos ist ebenso präsent wie viele andere auf den Gott zu deutende Embleme. Insgesamt eröffnet sich ein ganzer Reigen, der Thiasos.

Bisher haben alle Bearbeiter dieses Mosaik allein unter dem Aspekt seiner Zweckbestimmung, Boden in dem Speisesaal eines reichen Wohnhauses zu sein, gesehen. Das alte Klischee von den üppigen Mahlzeiten, das sich sofort einstellt, wenn man an die römische Zeit denkt, wird bemüht; die Vorstellung rauschender Feste steht im Vordergrund. Und in der Tat lassen sich auch leicht viele Bildfelder auf das gute und reichliche Essen beziehen. Hier und da mag wohl auch der Hausherr ein Festmahl mit guten Freunden und Bekannten in diesem Speisezimmer veranstaltet haben.

Aber ob dies wirklich nur derart vordergründig gesehen werden darf? Jüngst hat eine umfassende Untersuchung die Mysteriensymbolik auf dem Kölner Dionysos-Mosaik zu erweisen versucht. Jene Darlegungen sind bestechend. Sie dringen über die vordergründige Darbietung hinaus weit in die religiöse Vorstellungswelt des 3. Jahrhunderts vor.

Sie machen es mehr als wahrscheinlich, daß dieses Mosaik den in die dionysischen Mysterien Eingeweihten Glück auf dieser Erde und Unsterblichkeit nach dem Tode verhieß. Mithin wäre der Boden also nicht nur der Schmuck eines Speisezimmers, obschon er dies vordergründig und täglich war, sondern vor allem auch ein Dokument für eine Gemeinschaft, die sich in diesem Wohnhaus von Zeit zu Zeit zu einer Mysteriengemeinde zusammenfand. Dabei gewann dann wohl das Mittelbild die entscheidende Bedeutung: der trunkene, auf einen Satyrn gestützte Gott Dionysos mußte unter den ausgelassenen Mysten selbst gegenwärtig sein. Das durch ihn bewirkte Goldene Zeitalter nämlich wurde erst durch sein Erscheinen Wirklichkeit. Unter diesem Blickwinkel wird man in dem Kölner Dionysos-Mosaik auch ein bedeutendes religionsgeschichtliches Zeugnis aus dem römischen Köln des 3. Jahrhunderts zu sehen haben.

Die Werkstatt, die die Steine des Mosaiks nach den Entwürfen verlegte, verfügte über außerordentliches Geschick. Die ausführenden Hände vermochten die Bildgründe so zu verlegen, daß den Feldern jede Langeweile fern ist. In kreisenden Mustern gelegte Steinchen (Abb. 17) lassen die Bildflächen ins Schweben geraten und bewirken, daß die einzelnen Figuren wie Erscheinungen aufleuchtend in den Raum treten. Die Modellierung der Körper ist dabei von schöner Zartheit geprägt, das Flattern der Gewänder bis in die Spitzen glaubwürdig. Eine liebenswürdige Leichtigkeit eignet allen Bildfeldern, auch denjenigen in den kleineren Flächen, die bisweilen etwas steifer sind.

Mit voller Berechtigung nimmt dieser Mosaikteppich unter den bekannt gewordenen Böden aus dem Rheingebiet einen bevorzugten Platz ein.

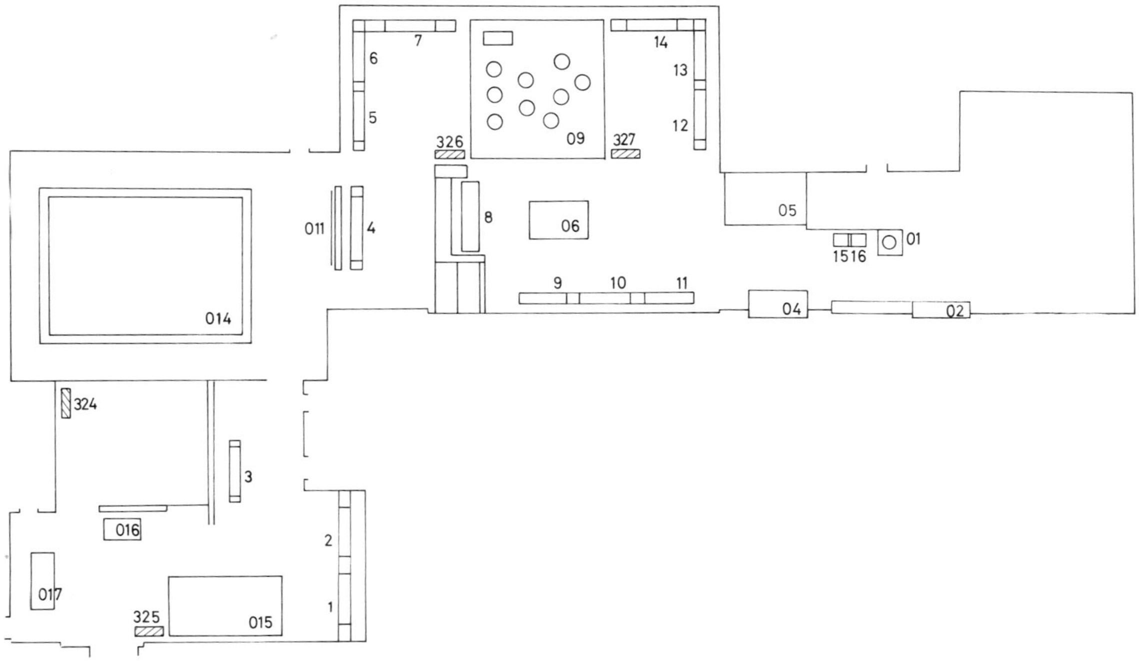

Fig. 14 Übersichtsplan Dionysosgeschoß des Römisch-Germanischen Museums
Vitrinen:
1 Die Gräber der Armen, 2 Die Gräber der Reichen, 3 Graburnen, 4 Alltag – Vergnügen, 5 Grundausstattung eines Hauses, 6 Beleuchtung, 7 Mobiliar, 8 Kleidung – Medizin, 9 Der Mann, 10 Die Frau, 11 Das Kind, Spiel und Lernen, 12 Kostbares Tafelgeschirr, 13 Feines Geschirr, 14 Glas- und Tongeschirr, 15 Römische Münzen, 16 Römische Münzen
Sockelinseln:
01 Römischer Brunnen, 02 Mühlsteine, 04 Gemauertes Bett, 05 Römische Küche, 06 Die römische Familie, 09 Hakenkreuzmosaiken und Tische mit Eßservice, 011 Wandmalerei, 014 Dionysosmosaik, 015 Steinsärge, 016 Grabwächter, 017 Grabdenkmäler
324–327 Audiogeräte

An den Raum mit dem Dionysos-Mosaik schließt sich nach Osten eine langgestreckte Raumzone mit einer Ausweitung nach Norden an (Fig. 14). Sie ist aus dem umgebauten Bunkergeschoß hervorgegangen. In die Ostseite wurde eine Tür eingebrochen (Abb. 1, 18).

In der Gestaltung des Raumes waren die Architekten durch die gegebenen Dimensionen des Luftschutzbunkers gebunden. Wie den Architekten waren auch den Museumsleuten vom Raumzuschnitt her enge Grenzen gesetzt.

Um einen gleichmäßigen Raumkörper zu gewinnen, wurden alle Wandflächen in Pompejanischrot gestrichen. Aus dem Altbaubestand zu übernehmende Podeste wurden so vergrößert, daß sie nicht mehr als störend auffielen (Abb. 18, 19, 21). Im östlichen Teil vorgesehene Treppenstufen wurden durch eine Schräge ersetzt (Abb. 18). Im westlichen Teil konnte die Rampenlösung nicht erfolgen, was mit Rücksicht auf körperbehinderte Besucher bedauerlich ist. Für die Raumbeleuchtung wurden in die Decke Lichtschienen eingelassen.

Im Rahmen des Gesamtkonzeptes wurde für diesen Raum das Thema »Alltag der Römer« gewählt.

Dieser Bereich sollte unbedingt innerhalb der Gesamteinrichtung vertreten sein.

Die Grundlage für das Thema dieses Raumes bildet die Einsicht, daß mit Hilfe der archäologischen Arbeitsmethode Materialien zutage gefördert werden, die geeignet sind, über das alltägliche Leben des Menschen Aufschlüsse zu liefern. Da die Sammlungen des Museums dafür reichhaltiges Material zur Verfügung hatten, waren einige Alltagsszenen aus dem vorhandenen Material heraus »stellbar«, andere hingegen nicht.

Aufgenommen wurde eine Brunnenfassung (Abb. 18, im Hintergrund). Damit sollte angedeutet werden, daß die Wasserversorgung in den Häusern in der Regel über Brunnen erfolgte. Natürlich erhielt das römische Köln gutes Wasser über eine etwas mehr als 80 km lange steinerne Wasserleitung aus der Eifel. Aber längst nicht alle Häuser waren an die Wasserleitung angeschlossen. In den meisten befanden sich Brunnen, die in der Regel in den Höfen lagen. Hier und da mußte das Wasser sogar aus Straßenbrunnen bezogen werden.

Obschon die Römer sehr erfahrene Brunnenbauer waren und viele Brunnen im »Senkkastenverfahren« anlegten, ist die Mehrzahl nach althergebrachter Art gebaut gewesen. Von einem solchen Stück, das aus dem Praetorium stammt, wurden einige Steinringe aufgestellt. Damit soll darauf gewiesen werden, daß für das alltägliche Leben in der römischen Stadt Wasser unverzichtbar war. Ebenso mußten Lebensmittel vorhanden sein und Vorräte gehalten werden. Dies wurde versucht durch einige Mahlsteine sichtbar zu machen (Abb. 21).

Bei Ausgrabungen auf den Gräberfeldern des römischen Köln sind im Laufe der Zeit große Mengen von Gefäßen aller Art gefunden worden, vornehmlich solche aus Ton. Ihre Bedeutung wird in der Regel überschätzt, weil übersehen wird, daß sie, bevor man sie als Grabbeigabe in Anspruch nahm, normale Gefäße in einem meist wohl normalen Leben gewesen sind. In den Häusern standen dergleichen Gefäße in Regalen, bisweilen auch in Schränken. Deshalb wurde, um die Zweckbestimmung der Gefäße in einem anschaulichen Bild deutlich zu machen, eine Situation arrangiert, die man als »Küche« in einem römischen Haus bezeichnen kann. Natürlich ist dies keine nach archäologischen Befunden rekonstruierte Situation. Es wurde aus römischen Ziegelplatten, die in Köln gefunden worden sind, über einem flachen Podest ein Boden ausgelegt. Dafür wurden die Ziegel mit Lehm verlegt, wie dies bisweilen üblich war (Abb. 18, 19). So entstand in Verbindung mit den Pompejanisch-roten Wänden rundum die Andeutung eines Raumes. An seine Rückwand wurde ein einfaches Holzregal aus kräftigen Brettern gestellt, wie es das in der römischen Zeit sehr wohl gegeben haben könnte. Dieses wurde einfach mit Gefäßen angefüllt, mit der tönernen und gläsernen Serienware, auch ein paar Bronzekannen stehen dazwischen. Und auf dem Boden sind mittelgroße Krüge, Näpfe und Bronzeschalen regellos aufgestellt; ganze Vorratsgefäße sind auch da und Sätze von Tellern. Deutlich werden soll mit diesem Arran-

gement nichts anderes, als daß diese Dinge in Wirklichkeit im täglichen Leben so zusammengestellt waren. Wenn man sie brauchte, griff man zu, nahm das für den jeweiligen Zweck Nötige.
Ähnlich verhält es sich mit dem steinernen Bett, das in einer Nische aufgestellt wurde (Abb. 19). Als Vorbild diente ein Bett aus einem Haus in Pompeji. Auch in Köln werden viele Schlafräume ebenso karg ausgestattet gewesen sein. Nur die wenigen Wohlhabenden besaßen hölzerne oder gar bronzene Betten.
In den gleichen Zusammenhang gehört der Versuch, einen anderen Raumteil zu nutzen, um einen Einblick in eine Zimmersituation mit gedeckten Tischen zu geben. Der Raum hat in dieser Form natürlich nie bestanden. Für seinen Boden wurden einige vor wenigen Jahren gefundene Mosaiken aus dem Flur eines Hauses benutzt. Sie stammen aus dem 2./3. Jahrhundert. Die Muster aller Bodenstücke sind aus ineinandergreifenden Kreisen gebildet. Der künstlerische Reiz dieses Motives liegt im Grunde in seiner endlosen Wiederholbarkeit. Jeweils ist ein »Hakenkreuz« in die Mitte gesetzt. Solche Hakenkreuze, die im Lateinischen crux gammata hießen, sind altindischen Ursprungs und wurden als Glückssymbole verstanden.
Es wurden neun hölzerne Tische aufgestellt (Abb. 25). Ihre Formen ähneln solchen, wie sie auf Grabsteinen vorkommen. Doch wurde vermieden, »römische« Formen zu kopieren. So bestehen diese Tische im Sockel aus einfachen Platten, aus einem quadratischen Stempel und aus einer runden Platte. Auf den Tischen wurden Eßservice und Trinkgefäße verschiedener Art aufgestellt. Der im Hintergrund der Szene stehende Grabstein für den Reiter Oluper vom Ende des 1. Jahrhunderts kann anregen sich vorzustellen, wie man in römischer Zeit zu Mahle lag. Kleine Tische, wie sie hier gezeigt sind, wurden beigestellt.
Die Raummitte nahmen einige Denkmäler ein, die Menschen zeigen, die in dieser alltäglichen Welt gelebt haben (Abb. 18): Grabsteine von Kindern, die nur wenige Jahre lebten; auch ein Grabstein, der für »Albania Avita, seine unvergleichliche Gattin, sowie für Valerius Avitianus und Valeria Gratina, seine lieben verstorbenen Kinder« gesetzt wurde. Einfache menschliche Spuren sollten inmitten der Sachen aufgerichtet sein, damit der Mensch selber mit vertreten ist.
Dabei muß man sich wohl im klaren darüber sein, daß immer nur Andeutungen gegeben werden können. Angst und Verzweiflung hinterlassen ebensowenig Spuren wie Freude. Oder, wenn der Bildstein des Gaius Messulenus Juvenis, des Freigelassenen des Gaius Messulenus, da steht, kann man dem höchstens entnehmen: es gab auch im römischen Köln noch Sklaven, die dann und wann das Glück hatten, freigelassen zu werden und dann eben dieses »Glücks« wegen den Namen ihres Herrn annahmen. Ein anderer Grabstein zeigt eine Frau und ihr einbeschrieben das Brustbild eines Kindes (Abb. 27). Dies ist nun aber nicht das Denkmal einer Mutter mit ihrem Kind. Vielmehr wurde der aus dem 3. Jahrhundert stammende Stein zweimal verwendet. Zuerst zeigte er die Figur einer stehenden Frau, die mit ihrer linken Hand einen Holz- oder aus Bein gefertigten Kasten darbietet. Bei neuer Verwendung wurde das Brustbild des Knaben eingemeißelt; das ganze ist demnach auch ein sprechendes Beispiel für Kargheit im alltäglichen Leben.
Von besonderer Bedeutung dagegen ist der steinerne Giebel eines kleinen Hausaltares (Abb. 26). Diese Nachahmung eines Tempelgiebels war vermutlich in einem Wohnhaus aufgestellt. Er stammt aus dem 3. Jahrhundert. In der Giebelmitte thront Gott Mercur, den die Glücksgöttin Fortuna und die Göttin der Gerechtigkeit Nemesis rahmen. Während diese drei für Glück und Erfolg in Geschäften um Hilfe gebeten werden, sorgen die zu den Seiten lagernden Flußgötter für Fruchtbarkeit. Solche und ähnliche Hausaltäre werden in vielen Häusern vorhanden gewesen sein. Bisher wurde in Köln nur dieser eine in einem Grabzusammenhang gefunden.
In einer Vitrinengruppe wurden Gegenstände zusammengestellt, die typisch sind für den Gebrauch der Menschengruppen Kind, Frau und Mann (Abb. 28). Mit Absicht wurde diese Teilung gewählt. Dadurch wird das Phänomen Familie angedeutet und ohne jeden Aufwand an dieser einen Stelle ausgedrückt, daß bei allen Unterschieden zu uns heute auch die römische Welt von der Familie mitgeprägt war. Außerdem sollte damit gezeigt werden, daß sich aus der Fülle der Sachgüter einzelne bestimmten Personenkreisen zuwenden lassen. Direkte Bezüge auf eine Person indessen sind dabei nicht möglich. In der Regel ist das überlieferte Material anonym.
Im Grunde ist es vor allem die Welt des Kleinkindes, die es darzustellen gelingt: Spielzeug ist vorweisbar (Abb. 29, 30, 31). Ein ganzer Hühnerhof (Abb. 30), genau beobachteter Naturvorgang in Ton geformt. Darüber hinaus sind dann auch Tiere vorhanden, die in der Natur vorkommen: Eber und Löwe, nahe und ferne Welt; dann wieder Haustiere wie Schaf und Katze (Abb. 29). Natürlich gibt es auch zu Pferde sitzende Reiter, Kopie der Welt der Erwachsenen, zum Teil auf Rollen und dazu bestimmt, von einer Schnur gezogen zu werden (Abb. 29). Dazu sind die Rasseln der ganz Kleinen vertreten, ebenfalls aus Ton, nicht nur einfach, sondern vielfach bescheiden (Abb. 31). Daneben wurden aber auch für die Kinderwelt in Anspruch genommen: Miniaturgefäße, aus Gräbern gewonnen, die Terrakotta eines Mädchens und Schreibzeug (Abb. 28). Auch damals konnten Kinder lesen, schreiben und rechnen lernen – aber sie mußten es nicht, denn eine Schulpflicht gab es nicht. Um das gewiß bisweilen auch Lästige des Lernensollens zu demonstrieren, wurde die als Karikatur auf einen Philosophen gedeutete kleine Terrakotta (Abb. 38) der Kindervitrine zugeordnet. Spott auf den Lehrer ist eine Erscheinung, die es gibt, seitdem Schulen bestehen. Eine solche Zusammenstellung entbehrt nicht einer gewissen Willkür. Sie erscheint aber erlaubt.
In der gleichen Weise ist die Vitrine der Frau zusammengestellt. Eine gewisse Auswahl war zu treffen. Es schien dabei weniger von Bedeutung, den Bereich der Hausarbeit darzustellen: davon kann man nach den Sachgütern nur wenig konkret zeigen. Auch die heute so beliebten Standesunterschiede ließen sich kaum spiegeln, sondern es mußten Sachen ausgesucht werden, die »die Frau« charakterisieren. Dafür wurde eine weibliche Büste mit schöner Frisur aus dem 1. Jahrhundert ausgewählt (Abb. 34). Terrakotten mit Frisurenarten konnten leicht zugestellt werden (Abb. 33). Eine kleine Venus deutet ebenso wie Spiegel, Pinzetten, Parfumflakons und Schminkkästchen (Abb. 35, 36) an, daß die Frauen sich pflegten, Eitelkeit vorhanden war und Sehnsucht nach den vielen kleinen Accessoires bestand. Bisweilen ließen sich durch besonders interessante Stücke Akzente setzen. Ein solches ist der schöne Bronzespiegel mit einer Fortuna und mythologischen Szenen, wohl aus dem 3. Jahrhundert und einem Grab entnommen (Abb. 32).

Nicht anders wurde bei der Vorstellung des Mannes verfahren. Ein lebendiger, schön modellierter bärtiger Kopf mit gepflegter Frisur aus dem 3. Jahrhundert eignete sich als Mittelpunkt (Abb. 37). Mit Absicht ist in diesem Band die kleine tönerne Spottfigur des Philosophen danebengestellt (Abb. 38), die wir in die Kindervitrine gegeben haben (Abb. 28). So wird deutlich, wie aus dem Vorrat für die Themen ausgewählt werden konnte, leicht aber auch andere Zusammenstellungen möglich wären. Damit dürfte das Zufällige, das der Gruppierung anhaftet, klar werden. Dies aber scheint nicht das Entscheidende, sondern das liegt darin, daß diese Themen der Aussage wegen gewagt wurden. Für die Körperpflege des Mannes stehen kleine bronzene Ölfläschchen und Strigiles, die zum Abschaben des Öls benutzt wurden (Abb. 46). Münzen sind beigefügt (Abb. 47), denn das Geld verdiente der Mann. Vor allem aber sind Schreibgeräte ausgebreitet und Tintenfässer aller Art: einfache aus Ton (Abb. 39), raffinierte farbige aus Glas (Abb. 40) und ein kostbares Räuchergefäß (Abb. 41). Drei wohlmodellierte Bronzemasken, die zu einem Gefäß gefügt sind, erheben sich über einem geformten Sockel. Ebenso straff ist der Gefäßhals gefaßt. In den Augenöffnungen der Gesichter haben sich, was bekanntlich nicht allzu häufig vorkommt, noch die Niello-Einlagen der Augäpfel erhalten, wogegen die Glasflüsse, die die Pupillen gaben, verloren sind. In diesen Zusammenhang schließlich gehört auch eine Schreibtafelmappe, von der die Wachsfüllung allerdings vergangen ist (Abb. 43).

Dem männlichen Bereich könnte man auch die Trierer Trinkbecher des 3. Jahrhunderts zuordnen, die ihren Reiz nicht allein aus der schönen Form, sondern ebenso aus den über sie gezogenen Ornamenten und Sprüchen ziehen (Abb. 22). Einfachere daneben lehren, daß allen Ansprüchen genüge zu tun war (Abb. 23). Dagegen galt den Brettspielen aller Art in der Zeit der Muße nicht nur das Interesse der Römer (Abb. 24). Sogar die Germanen waren ihrer Spielleidenschaft wegen bekannt, mithin wohl auch nicht unbedingt so sittenstreng, wie man früher glauben machen wollte.

Soweit es das Fundmaterial des Museums zuließ, sind darüber hinaus die Bereiche der Kleidung dargestellt: neben Schuhwerk gibt es Schnallen, Broschen und Fibeln. Letztere kehren aber auch an anderen Stellen und in Verbindung mit anderen Themen wieder (Abb. 72). Der häuslichen Unterhaltung ist Raum gewidmet: der Musik, die durch Flöten aus Ton und Bein belegt wird (Abb. 49) und erneut dem Brettspiel. Erhalten haben sich die einfacheren Arten. Man verwendete dafür Ziegelplatten, um die Spiellinien einzugraben (Abb. 54). Dazu benutzte man aus Bein gefertigte Spielsteine. Zu sehen ist, daß die heutige Art des Mühlespiels uralte Vorläufer hat.

Das Musizieren scheint beliebt gewesen zu sein. Auf Kastengriffen tun dies auch bronzene Fabelwesen (Abb. 50). Wie überhaupt mancherlei Möbel aus den römischen Häusern, meist von Kästen, die als Grabbeigaben mitgegeben wurden, jedoch auch solche, die man in Häusern fand, auf Grund der Beschläge vorgestellt (Abb. 45) und bisweilen sogar rekonstruiert werden können.

Schließlich wurde eine kleine Auswahl aus dem Bereich der »Infrastruktur« gegeben (Abb. 48). Sachbereiche, die früher in den Schausammlungen gerne ausgelassen wurden, ließen sich wenigstens andeuten. Es sind zwar in Menge Schlüssel für Türen und Kästen vorhanden, doch mußte weitgehend auf Rohre, Wasserleitungshähne, Eimer und was es sicher sonst alles reichlich gegeben hat, verzichtet werden. Nicht einmal Nägel, Haken, Werkzeuge und dergleichen Dinge waren vorzuführen. Auf diese banalen Zusammenhänge hat sich erst jüngst das ernsthafte Interesse der archäologischen Forschung gerichtet. So ist das Museum an dieser Stelle zugegebenermaßen schwach ausgestattet. In den letzten Jahren sind jedoch bei neuen Ausgrabungen für diesen Bereich interessante neue Funde angefallen. Daher ist zu hoffen, daß in absehbarer Zeit die Ausstellung um solche Sachen bereichert werden kann.

Der Totenkult

An der Nordseite des Dionysos-Mosaiks befindet sich ein Raum mittlerer Größe, der wie das gesamte Geschoß aus einem Raum des früheren Luftschutzbunkers hervorgegangen ist. Für diesen wurde das Thema Totenkult gewählt. Um eine in das Totenreich zielende Atmosphäre zu bewirken, wurden Wände und Decke schwarz gestrichen, die Beleuchtung auf das Notwendige beschränkt. Nur in diesem einen Falle entstand dadurch innerhalb des Museums ein Raum, den eine beinahe dramatische Atmosphäre prägt. Es wurde bewußt eine gewisse Künstlichkeit hergestellt, die sich von der lichten Heiterkeit, die in diesem Geschoß sonst vorherrschend ist, deutlich abhebt. Ein wenig von der Furcht, die auch der Mensch der römischen Welt in der Regel vor dem Tod hatte, sollte spürbar werden.

Hervorzuheben ist, daß die überwiegende Anzahl der Fundstücke entweder Grabdenkmäler waren oder aus Gräbern stammt. Man hätte also mit einiger Leichtigkeit ein ganzes Totenreich in dem Museum aufrichten können, aus dem die Lebenden dann aber nur mehr als sehr blasse Schatten hervorgetreten wären. Statt dessen schien es sinnreicher, die Denkmäler und Sachen zu benutzen, um die Welt der Lebenden wieder an das Licht treten zu lassen. Abgesehen davon, daß die Mehrzahl der Sachen vorab auch von den Lebenden für den Alltag benutzt worden war, ist es eine der Stärken der Archäologie, neben der Untersuchung von Siedlungszusammenhängen gerade auch aus den Nekropolen Wissen für das Leben des Menschen zu ziehen. Unbedingt geboten war es aber, wenigstens an einer Stelle das Totenreich gewissermaßen mehr oder weniger dinglich in Erscheinung treten zu lassen. Um dies zu ermöglichen, wurden die dafür ausgewählten Zeugnisse in das geheimnisvolle Dämmerlicht gerückt, die Welt der Schatten buchstäblich erfahrbar gemacht. Keines der Denkmäler jedoch, die in diesem Raum aufgestellt sind, hat in der römischen Zeit in einem solchen Dämmerlicht gestanden, sondern im Tageslicht inmitten eines der großen Kölner Gräberfelder. Dies muß betont werden, damit nicht eine falsche Vorstellung entsteht.

Auf drei flachen Betonpodesten sind Grabsteine, Grabskulptur und Steinsärge aufgestellt (Abb. 53). Wieder konnte der komplexe Gesamtbereich nur angedeutet werden. In den schlichten Inschriften sind Namen, Rang beim Militär oder Stellung im Leben wie Lebensalter verzeichnet. Meist schmücken einfache Embleme die Steine, manche haben die Form von Grabaltären, hier und da kommt ein trauernder Genius vor oder ein steinerner Grabwächter – Cautopates – ist aufgerichtet.

In der römischen Zeit kamen Körper- und Brandbestattungen nebeneinander vor. Die Mehrzahl der Beisetzungen sind sogenannte Armengräber gewesen. Entweder wurde dabei die Asche in einem Beutel aus Leinen oder Leder, vielfach auch in einer Amphore, dem Verpackungsmaterial der römischen Zeit, beigesetzt oder der unverbrannte tote Körper einfach in ein Linnen gehüllt der Erde übergeben. Ein Holzsarg, bei Brand- und Körperbestattungen gleichermaßen häufig verwendet, ist schon als eine gehobene Bestattungsart anzusehen. Steinerne oder gar bronzene Urnen waren bereits herausragenden Begräbnissen vorbehalten. Als Nachahmung bronzener Aschegefäße waren solche aus Ton oder Glas beliebt (Abb. 56). Manche Urnen waren mit Gesichtszügen versehen, denen man Abwehrkraft gegen böse Geister zuschrieb. Vermögendere ließen für sich und ihre Angehörigen Steinsärge anfertigen. Solche, denen eine Aufstellung in einem Grabhaus zugedacht war, waren oft mit Reliefs versehen und trugen nicht selten auf der Hauptseite auch eine Inschrift. So ist auf einem dieser Särge zu lesen (Abb. 53), daß ein Aurelius Turius Seneca den Sarg für Traiana Herodiana, »die sich um ihn wohl verdient gemacht hatte« errichten ließ. Genien rahmen die Inschrift. An den Seiten des Sargdeckels befinden sich Büsten, in denen man Totengötter zu erkennen glaubt. Das mittlere Giebelfeld schmückt ein Bildfeld, innerhalb dessen die Porträts des verstorbenen Ehepaares zu erkennen sind. Sie trägt eine Haube, wie sie von den einheimischen Muttergottheiten bekannt sind (Abb. 116, 122). Beide sind mit dem Kapuzenmantel, den die einheimische Kölner Bevölkerung trug, bekleidet.

Es muß allerdings gesagt werden, daß nicht unbedingt jeder aufwendige Grabbehälter unbedingt auch ein Beweis für den Reichtum des Begrabenen ist. Der links neben diesem Sarg aufgestellte (Abb. 53) wurde im Auftrag eines Unteroffiziers hergestellt und immerhin war Lucius Poblicius auch nur ein einfacher Soldat (Abb. 13). Man wird wohl davon ausgehen müssen, daß manches mittlere und kleine Vermögen in die Grabausstattung und den Begräbnisplatz gesteckt wurde, wobei die Sehnsucht maßgebend gewesen sein dürfte, sich auf diese Art Andenken unter den Lebenden zu sichern.

Es kann hier nicht der Platz sein, das überaus interessante und in mannigfacher Weise ergiebige Kapitel der Totenbeigaben abzuhandeln. Sie waren, von einigen wenigen Ausnahmen abgesehen, in der römischen Welt gang und gäbe. Neben außergewöhnlich reichen Grabausstattungen, die verhältnismäßig selten sind, aber doch im römischen Köln bisweilen festgestellt wurden, sind die mittleren Umfanges die Regel, mäßige und arm ausgestattete bilden die Mehrzahl. Dies spiegelt wohl ziemlich genau die gesamte Bevölkerungsstruktur. Doch fällt eine hieb- und stichfeste Beurteilung schwer, da die überwiegende Anzahl aller Grabfunde nicht bei regulären wissenschaftlichen Ausgrabungen zutage getreten ist. Selbst bei solchen hat man viel zu lange Zeit immer mehr auf das schöne Einzelstück und nicht auf den Gesamtzusammenhang geachtet.

Es wurden zwei gesichert in sich geschlossene Grabinhalte ausgestellt. Der eine (Abb. 54) besteht aus einem schlichten weißtonigen Krug des 1. Jahrhunderts und zwei Glasflakons. Diese beinahe ärmlichen Funde stammen aus dem Grab der Bella, die durch einen besonders schönen Grabstein des 1. Jahrhunderts geehrt war (Abb. 66, vorne). Bei einem solchen Stein hätte man ohne weiteres einen reichen Grabinhalt erwartet. Dieses Beispiel lehrt anschaulich, wie schwierig die richtige Beurteilung eines Fundzusammenhanges ist, wenn von ihm, was die Regel zu sein pflegt, nur Teile bekannt sind. Aus einem anderen Grab aus der Zeit um 300 (Abb. 55) stammt ein ganzer Gläsersatz, Schmuck, Geld, Kastenbeschläge und ein Satz von Toilettengegenständen. Vor allem aber fallen einige Miniaturwerkzeuge auf. Es sind sämtlich Geräte, die bei der Feldbestellung oder bei der Ernte Verwendung finden. Diese Nachbildungen werden gerne mit Mysterienreligionen in Verbindung gebracht. Das braucht aber keineswegs der Fall zu sein. Ebensogut können sie symbolisch gemeint sein und ausdrücken, daß der Tote in ein Sehnsuchtsland eingetreten war, für das in der Vorstellung der Römer seit Vergil das Landleben stand. Dieser »Himmlische Garten« ist ja auch in der mittelalterlichen Vorstellungswelt vom Himmel noch geläufig.

Besonderes Interesse verdienen zwei aus einem Grab an der Severinstraße stammende gläserne Schuhe, die erst 1973 in den Besitz des Museums gelangten (Abb. 52). Leider ist der wichtige Gesamtfund ziemlich unsachverständig von Laien geborgen und dem Museum verspätet gemeldet und schließlich übereignet worden. Die Schuhe lagen in einem Steinsarg, wenn man den Findern glauben kann, in einer seitlichen Nische. Sie gehörten zum Grab einer Frau. Tönerne Schuhe sind vielfach aus Grabfunden, vor allem aus Nordafrika, bekannt. Von gläsernen Schuhen hatte man bisher keine Kenntnis. Die Kölner Gefäße müssen als Salbenbehälter angesehen werden. Von der Füllung fehlten alle Reste. Es ist möglich, daß die Finder die Überbleibsel ausgewaschen haben. Beide Schuhe, die aus ungefärbtem Glas bestehen, sind mit weißen und blauen Schlangenfäden verziert. Gläser mit solchem Dekor sind in Köln häufiger gefunden (Abb. 189, 191) worden. Sie werden einer Kölner »Schlangenfadenwerkstatt« zugeschrieben. Die Verzierung auf den Schuhen (Abb. 52) hat längst nicht die Qualität der »Meistergläser der Schlangenfadenwerkstatt« (Abb. 191). Es wird natürlich vermutet, daß auch diese Stücke in Köln hergestellt wurden. Beweisen läßt sich das aber nicht, denn Stücke mit ähnlichen Schlangenfadenverzierungen sind auch aus Syrien bekannt. Salbgefäße in allen möglichen Formen kennt man vielfach. Häufig sind solche in Tierform (Abb. 201, 203, 204). Sie stammen alle aus Gräbern. J. Bracker hat die Vermutung geäußert, die gläsernen Schuhe hätten einem Freudenmädchen gehört. Eher wird man diese jedoch mit den Vorstellungen aus dem Totenreich in Verbindung bringen dürfen. Ob sie helfen sollten, den Fluß Styx ungefährdet zu überqueren, oder hat der ihnen eingefüllte Balsam wie oft auch sonst im Totenkult verwendete Duftwässer Bedeutung gehabt?

Die Angst, die man vor dem Tod und den Toten hatte, führte dazu, mit den Gräbern Grabwächter, oft Harpyen, zu verbinden. In dem Totenkultraum ist von dieser Gattung ein besonders eindrucksvolles Stück aufgestellt. Ein Wesen, teils Frau, teils Löwin, vierbrüstig, mit Flügeln versehen, wacht sie über den Gräbern. Der Mund ist geöffnet, die Augen aufgerissen. So wird, gebannt, die Seele das Grab nicht verlassen und unter den Lebenden herumgeistern können. Weitere Grabwächter beschließen den Ausstellungsreigen in der oberen Halle des Museums (Abb. 271, 272).

Aus dem Raum des Totenkultes mit seinem düsteren Dämmer soll der Besucher über die breite Treppe – vielleicht wirft er vorher noch einen Blick auf das Dionysos-Mosaik (Abb. 14) – in das Obergeschoß hinaufsteigen. Dabei wird sein Blick nicht nur wieder auf das Poblicius-Denkmal fallen (Abb. 13), sondern er wird auch die Eingangshalle und über diese hinaus nach draußen blicken (Abb. 57). Er sieht, daß die geschichtlichen Zeugnisse Bestandteile des gegenwärtigen Lebens sind. Vor allem aber fällt dann nach und nach sein Blick in die große Ausstellungshalle (Abb. 57). Und dann tritt er ein in die Welt der Colonia Claudia Ara Agrippinensium (Abb. 89). Im Kontrast zu dem großen Stadttorbogen des römischen Nordtores sieht er sich den eindrucksvollen Zeugnissen der Kölner Urgeschichte gegenüber (Abb. 58). Oder vielleicht zieht es ihn erst zu Agrippa (Abb. 60), von dem gesagt wird, er habe Köln und das Land darum vermessen (Abb. 61). Möglicherweise aber geht er auch gleich auf einen mächtigen Grabtempelgiebel zu, der aus dem 1. Jahrhundert stammt (Abb. 62), oder ihn zieht der Abguß eines Stadtmauerturmes an (Abb. 57). Wie er auch verfährt: auf jeden Fall hat er nun damit begonnen, die Grundstationen aus dem Leben einer römischen Stadt kennenzulernen. Er ist mitten in das römische Stadtleben eingetreten (Abb. 64).

Colonia Claudia Ara Agrippinensium

Mit der Ansiedlung der Ubier in ihrem neuen Stammesgebiet muß die Vermessung des Landes verbunden gewesen sein. Im Grunde war sie eine Voraussetzung der Landerschließung.

Am Anfang der Aufstellung in der großen Ausstellungshalle des Museums steht deshalb eine »Sockelinsel« unter dem Thema »Agrippa vermißt das Land für die Ubier« (Abb. 61).

Den Mittelpunkt dieser Sockelinsel nimmt ein in Köln im Jahre 1911 gefundener überlebensgroßer Porträtkopf des Agrippa (?) ein (Abb. 60, 61). Das mächtige Haupt ist aus einem Marmorblock geschlagen. Vermutlich war die Büste in eine Statue eingesetzt. Von ihr fehlt bis heute jede Spur. Unbekannt bleibt, ob die Statue in Köln hergestellt oder aus Italien importiert worden war. Für Köln indessen ist dieser Bildniskopf wichtig. Gibt er doch einen Eindruck vom Aussehen des eigentlichen Gründers der Stadt. Man hat bemerkt, daß die Züge nicht naturgetreu sind und daraus – wie auch aus stilistischen Gründen – geschlossen, das Bildnis sei erst nach dem Tode des Agrippa entstanden, vermutlich im 3. Viertel des 1. Jahrhunderts nach Chr.

Mit diesem Porträt wurde der einzige in den Besitz des Museums gelangte römische Meilenstein verbunden, gefunden an der Ecke Luxemburger Straße und Greinstraße (Abb. 61). Seine Inschrift besagt, daß er von Köln 1 Leuga entfernt stand und unter den Kaisern Constantius und Maximianus, »den Unbesiegbaren«, errichtet wurde. Mithin entstand er zwischen 293 und 305 nach Chr. Seit dem 3. Jahrhundert scheint allgemein die Leuga, ein altes gallisches Wegemaß von ungefähr 2200 m, in Gallien und Germanien Verwendung gefunden zu haben. Die Leuga entsprach $1\frac{1}{2}$ römischen Meilen. Durch diesen spätrömischen Meilenstein soll angedeutet werden, daß mit der von Agrippa vor 19 vor Chr. bewirkten Landvermessung die Landerschließung unmittelbar verknüpft gewesen ist.

Damit wieder in Zusammenhang müssen die fünf Weihesteine für die Göttinnen der Kreuzwege, Straßengabelungen, Straßen und Pfade gesehen werden (Abb. 61). Die meisten dieser Steine haben die Form eines Altares. Man wird sich vorzustellen haben, daß sie an Straßen aufgestellt waren. Sie lassen erkennen, wie eng die Verknüpfung von Leben und Religion gewesen ist. Die auf die Aufgabe des Straßenschutzes spezialisierten Wegegötter, die sich als Mächte offenbarten und auf Bitten und durch Versprechen günstig gestimmt werden konnten, werden von Beginn der Landerschließung an verehrt worden sein, auch wenn die vorhandenen sachlichen Zeugnisse erst aus dem 2. und 3. Jahrhundert stammen.

Schließlich rundet eine hier aufgenommene Aeneasgruppe den Themenkreis ab (Abb. 61, rechts). Das stark fragmentierte Denkmal stammt wohl aus dem 3. Jahrhundert. Wie die Gruppe, die auf dem Kapitell des Poblicius-Denkmals aufgestellt wurde (Abb. 13), erinnern die Personen an die alte Trojasage. Zur Zeit des Augustus wurde Aeneas, der als Sohn des Anchises und der Venus galt, als ein Vorfahre der julischen Familie angesehen. Aus diesem Grunde wurde diese Überzeugung von Vergil propagiert, der den Aeneas zum Gründer Roms werden ließ. Bekannt ist, daß Kaiser Augustus auf dem Forum Romanum eine Aeneas-Gruppe aufstellen ließ. Nicht auszuschließen ist, daß die Aeneas-Gruppen in den germanischen Provinzen in dieser berühmten Gruppe ihr Vorbild sahen. Von uns jedenfalls wurde die Aeneas-Gruppe hier aufgenommen, um die Gründung des Oppidum Ubiorum von Rom aus anzudeuten.

Fig. 15 Römisches Nordtor, Rekonstruktion (nach H. Mylius)

Man wird sofort bemerken, daß die Zusammenstellung der Denkmäler zu Gruppen nicht ganz ohne eine gewisse Willkür ist. Die gleichen Denkmäler könnten auch in ganz anderem Themenzusammenhang präsentiert werden. Jedoch wurde hier nicht allein vom gegenwärtigen wissenschaftlichen Kenntnisstand des Kölner Denkmälerbestandes ausgegangen, sondern im Vordergrund stand: auf welche Art man einen besonders eindringlichen und informativen Einblick in die Lebensbereiche einer römischen Provinzstadt geben könne.

Entsprechend mußte innerhalb eines Themenrahmens auch eine der Inkunabeln aus der Geschichte dieser Stadt trotz seines arg fragmentierten Erhaltungszustandes ein bevorzugter und wirkungsvoller Platz eingeräumt werden: dem feldseitigen Haupttorbogen des römischen Nordtores (Abb. 59).

Von den neun Toren der an die 4 km langen und mit 22 Rundtürmen ausgestatteten Stadtmauer ist das römische Nordtor das einzige, von dem sich eine nähere Vorstellung gewinnen läßt (Fig. 15). Das hat einen besonderen Grund. In wichtigen Teilen war es bis zum Jahre 1826, nur wenig nordwestlich der Domtürme gelegen, erhalten geblieben. Noch 1892 wurden Kalksteinquader von diesem Tor ausgegraben, aber leider nicht an Ort und Stelle belassen. Die östliche Nebenpforte wurde an das Wallraf-Richartz-Museum überführt und gelangte erst nach dem Kriege wieder an den alten Platz. Der Mitteltorbogen erlitt wechselnde Schicksale. Für eine Museumsaufstellung scheint er nicht genügend Reiz besessen zu haben, weshalb er an einen außermusealen Ort gelangte. Allenfalls die mittleren Blöcke wurden dann und wann gezeigt, weil sie in Abkürzung den Namen der Stadt verzeichneten. Jetzt wurde der in 12 Blöcken erhaltene Bogen für so bedeutend gehalten, um zu einem zentralen Denkmal zu werden, indem hinter ihm der Abguß eines Rundturmes der Stadtmauer aufgerichtet wurde (Fig. 12, Abb. 59, 64). Jedoch nicht nur kompositorische Überlegungen sind diesem Arrangement zugrunde gelegt, sondern auch der Gedanke, daß die Stadtmauer innerhalb der Gesamtdarbietung des Museums unverzichtbar sei.

In der Stadtmauer sahen frühere Forschung und allgemeine Vorstellung gleichermaßen vornehmlich ein Dokument für die Sicherung und Verteidigung der römischen Stadt. Dies gründete natürlich in der nationalstaatlich gebundenen Geschichtsvorstellung, wie sie sich während des 19. Jahrhunderts ausgebildet hatte. Damit aber wird kaum der Kern des Sachverhaltes getroffen. Näher in den Vordergrund verdient die Tatsache gerückt zu werden, daß der Mauerbau Ausdruck der der Stadt zugewachsenen Qualität einer Stadt italischen Rechtes gewesen ist. Ebenso sind die hinter dem Mauerbau wirkenden wirtschaftlichen Aspekte zu sehen. Geht man davon aus, daß die Mauer ziemlich wahrscheinlich in nur knapp 20 Jahren, zwischen 50 und 70 nach Chr. aufgerichtet wurde, wird man in der Mauer vor allem einen sprechenden Beleg für die Ausbildung eines funktionierenden wirtschaftlichen Lebens ansehen müssen. Damit unmittelbar verbunden war die Ausbildung einer arbeitsteiligen Gesellschaft. Schon alleine, um dies sinnfällig zu machen, sollte auf einen Mauerausschnitt nicht verzichtet werden. Da es unmöglich ist, in dieses Gebäude ein originales Mauerstück einzufügen – dies wurde zwar ernsthaft diskutiert, scheiterte indessen an den statischen Gegebenheiten – entschied man sich für einen Mauerwerkabguß. Er wurde von dem Turm an der Tunisstraße abgenommen. Die Einfärbung der einzelnen Steine erfolgte nach Angaben und unter Aufsicht eines kompetenten Sachverständigen für technische Fragen der Alten Welt, durch die museumseigenen Werkstätten. Jeder Kitsch wurde damit vermieden. Vor allem aber gelang es, auf diese Art wenigstens einen Abglanz von dem überaus farbigen Aussehen der Mauerhaut, die aus handquadergroß geschlagenen Maasgrauwacken besteht, zu erzielen.

Doch war es nicht nur dieser wirtschaftsgeschichtliche Aspekt alleine, der die Aufnahme des Mauerabgusses bestimmte. Ist doch die Mauer nicht nur unter militär- und wirtschaftsgeschichtlicher Fragestellung zu sehen, sondern auch unter dem Aspekt des Stadtrechtes, vorwiegend als monumentaler Ausdruck für Bürgerrecht, Bürgerpflicht und daraus resultierend für Bürgerfreiheit. Aus diesem Grunde schien ein Abguß auch sprechender als das Modell der Mauer, das wegen seines kleinen Maßstabes zwar einen guten Überblick, aber keinen so direkten Eindruck vermittelt hätte.

Nicht abgestritten werden kann und soll allerdings auch, daß dieser Abguß als ein den Gesamtraum gliederndes Element an dieser Stelle dringend benötigt wurde, wobei auf diese Weise überdies zwanglos die Integration einer Handbibliothek für die Besucher ermöglicht wurde (Fig. 12). Ohne die Rundung des Turmes hätte in diesem Teil der Gesamt-Inszenierung ein den Raum mit Atem erfüllendes Element gefehlt (Fig. 12, Abb. 59, 64). Es hätte Gefahr bestanden, daß der Raum übermächtig geworden wäre. Vor allem aber wurde für den Nordtorbogen ein Hintergrund gewonnen, der diesem Halt (Abb. 59) und sachbezogene Zuordnung gibt.

Eine vorgeschlagene Gesamtrekonstruktion (Fig. 15) zeigt zwischen zwei quadratischen Türmen den eigentlichen Torkörper als eine dreigeschossige Anlage. Der Torbau selbst durchschneidet mit seinem Haupttor zwei Geschosse, die aus Nebentoren und Fenstergeschoß darüber bestehen. Über kraftvollen Gesimsen ist das dritte Geschoß als offene Loggia angeordnet, von den Türmen überragt, die sich im Obergeschoß in je drei Fensterstellungen öffnen und darüber, wie das Torhaus, zinnenbekrönt war. In eindrucksvoller Weise äußern sich hier das bautentechnische Vermögen, künstlerische Kraft, fortifikatorische Belange und Anspruch der mit den Bürgerrechten ausgestatteten Stadt. Diese Rekonstruktion vor Augen wird überdeutlich, welcher Verlust im vergangenen Jahrhundert durch den Abbruch der Reste, die bis zum unteren Gesims des Torhauses noch aufrecht standen, für die Vorstellung von dieser Toranlage erfolgt ist (Abb. 59).

Verblieben sind allein die »Reliquie« des Haupttorbogens und die wenigen Reste der Nebenpforte (Fig. 15, Abb. 59). In dem Bogen steht C.C.A.A. – Colonia Claudia Ara Agrippinensium. Das bedeutet: Claudius hat diese Colonie an der Stelle der Ara auf Bitten der (in Köln geborenen) Agrippina gegründet. Soweit man sieht, ist diese Stadtnamenabkürzung, die auf dem aus wenigen Profilleisten gebildeten Bogen angesetzt ist, das älteste offizielle Zeugnis für den offiziellen Namen der Provinzhauptstadt. Unter dieser Inschrift haben sich Reste einer späteren Zusatzinschrift, die wieder getilgt wurde, erhalten. Sie lautet in den noch lesbaren Resten: IA GALLIEN ... was vermutlich als Valerianea Gallienia zu lesen ist.

Um diesen Mitteltorbogen nicht nur als ein abstraktes Relikt erscheinen zu lassen, schien es unabdingbar, wenigstens Pilasteransätze mit den Kämpfern unter ihm aufzurichten. Lieber hätte man ihn in der Höhe angeordnet, in der er in der römischen Zeit gesessen hat. Indessen war dies nicht möglich. So kann er nur in einem sehr fragmentierten Zuschnitt vorgestellt werden, wobei besonders zu bedauern ist, daß das dem knappen Gliederungsprofil innewohnende plastische Vermögen nicht in allen Facetten zum Ausdruck gelangt.

Dies sieht man besonders deutlich, wenn man mit dem Bogen (Abb. 59) den Giebel eines Grabtempels (Abb. 62) von der Luxemburger Straße vergleicht. Diesem Giebel, dessen Reste 1880 ausgegraben wurden, war ein ähnliches Schicksal wie dem Stadttorbogen beschieden. Er wurde gerade für würdig genug befunden, eine Außenwand des Wallraf-Richartz-Museums zu zieren.

Wie so vieles in der älteren Kölner Archäologie wurde auch dieser Grabtempelgiebel unter unbefriedigenden Umständen geborgen. Fundamente wurden nicht festgestellt. Ob überhaupt alle noch vorhandenen Stücke in den öffentlichen Besitz gelangten, bleibt fraglich. Jedoch wurde die Bedeutung des Gesamtzusammenhanges wenigstens früh erkannt, wie eine Rekonstruktion aus dem 19. Jahrhundert belegt (Fig. 16).

Es gelang also nicht, in dem neuen Museumsgebäude die von diesem Grabtempel überlieferten Fundstücke so zusammenzubringen, wie sich das gehört hätte. Die Absicht, ein wichtiges Eckpilasterkapitell wenigstens in Annäherung an den Giebel zu zeigen, scheiterte ebenso wie die Aufstellung desselben in der Nachbarschaft. Statische Gründe wurden geltend gemacht. So blieb nichts anderes übrig, als dieses für einen architektonischen Gesamtzusammenhang wichtige

Stück ohne näheren Bezug in der Freizone des Museums aufzustellen.

Man hätte sich, wie erwähnt, gewünscht, den Giebel in der Höhe zeigen zu können, für die er vorgesehen war. Das wäre bei zeitiger Planung des Ganzen auch wohl möglich gewesen. Die entsprechend zu gestaltende Poblicius-Halle hätte dafür der Ort sein können.

Heute sieht man kaum noch, daß es zu einer weitgreifenden Rekonstruktion kam. Die linken Bildfelder des Giebels wurden weitgehend ergänzt, um einen Gesamteindruck zu gewährleisten (Abb. 62). Auch für Gesims und Giebelgesims wurde so verfahren. Wäre das unterblieben, hätten die Originalpartien nicht jene plastische Kraft gewonnen, die ihnen nun doch eignet. Diese wäre aber noch entschieden höher gewesen, hätte man das gesamte Relief wie in der römischen Zeit 13 Meter hoch aufstellen können.

Ohne weiteres ist nun zu erkennen: dieses Giebelfeld zeigt zwei teils steinbock-, teils fischgestaltige Wesen. Sie halten eine Kugel. Der Steinbock war das Sternbild des nach seinem Tode als Gott verehrten Kaisers Augustus. Solche Darstellungen gab es während des 1. Jahrhunderts nach Chr. in Oberitalien und Nordafrika häufiger. Derjenige, der für sich und seine Familie diesen Grabtempel setzen ließ, wollte mit diesem Bildfeld wahrscheinlich ausdrücken, daß er für sich und die Seinen einen Anteil an der göttlichen Ewigkeit des Augustus erhoffte, oder anders ausgedrückt: auch dieses Grabdenkmal ist ein sprechender Beleg für den Glauben an die Fortexistenz nach dem Tode in römischer Zeit, fast schon im Zuschnitt der geistigen Totenvorstellung, wie sie die Theologie des Apostels Paulus ausdrücken sollte.

Auf den gesamten Raum des oberen Museumsgeschosses gesehen, erfüllt dieser Grabtempelgiebel eine wichtige Funktion. Er hat nicht nur raumgliedernde Kraft (Fig. 12, Abb. 62, 64, 80), indem er den um den Hofraum angeordneten riesigen Quadratraum unterteilt, sondern bringt in die Gesamtkomposition das Element der römischen Architektursprache ein. Er steht für Grabhaus, Tempel. Er kann darüber hinaus für Architektur überhaupt in Anspruch genommen werden. Sogar seine unansehnliche, nur aus den blanken Blöcken bestehende Rückseite, erhält auf diese Art noch Ausdruckskraft. Sie gibt den aus ihren Bauzusammenhängen gelösten Ge-

Fig. 16 Tempelgiebel, Rekonstruktion (nach A. Kisa)

simsen und Kapitellen (Abb. 156) Wirkungsgrund. Auch die Mehrzahl der kleineren und mittleren Denkmäler gewinnt, an dem Giebel gemessen, Größe, weil in dem Giebel ein Maßstab bereit steht (Abb. 64). Dies reicht bis in die Winzigkeit der kleinen Götterfiguren hinein (Abb. 268, 272), die in Vitrinenwänden als Kontrapunkt zum Tempelgiebel innerhalb der Gesamtraumausstattung gesetzt sind (Fig. 12, Abb. 62).

Aus dem Raumabschnitt von Stadttorbogen und Grabtempelgiebel (Abb. 62) heraustretend, läßt sich ein völlig neuer Raumeindruck gewinnen (Abb. 64).

Manche werden auf diesem Wege versucht sein, sich dem Thema »Menschen und Verwaltung in der Stadt« zuzuwenden (Abb. 78). Andere wird es zu dem Thema »Herrschaft, Straßen, Plätze, Stadtplanung« (Abb. 80) ziehen. Wir können uns nur wünschen, daß niemand den direkten Weg geht, sondern die mit Absicht gezogenen Verästelungen wählt. Man soll sich in der Geschichte verstricken. Nur so entfaltet sie ihren ganzen Reiz. Sie vermag nämlich zu verführen und dabei abzulenken von den allgemeinplatzüblichen Direktheiten der eigenen Gegenwart. So gibt es bei aller Direktheit der Anordnung in dem Museumsobergeschoß einige eingebaute labyrinthische Züge. Zu beglückwünschen ist also derjenige, der an der Insel »Agrippa vermißt das Land für die Ubier« (Abb. 61, 59) vorbeigeht und von der Rückseite des Stadtmauerturmes aus in die südliche Hälfte des gesamten Raumes eintritt (Fig. 12, Abb. 64). Ihm bietet sich auf einmal Überblick und zugleich Einblick in das Grundprinzip der Gesamtkomposition überhaupt.

Der Gesamtraum des Museumsobergeschosses wurde als eine große konservatorische Glocke aufgefaßt. So wurde es möglich, ihn als eine mehr oder weniger zusammenhängende Platzfläche anzulegen (Fig. 12, Abb. 64, 65, 121, 162, 173, 203), auf der einzelnen Themeninseln gebildet werden konnten. In den Mittelpunkt sind in der Regel die »Sockelinseln« mit den Steindenkmälern gerückt und, wo dies notwendig schien, dazu jeweils in Vitrinen die Kleinfunde in Bezug gestellt (Abb. 64, 96, 97, 103, 107, 108, 111). Wünschenswert wäre darüber hinaus innerhalb der einzelnen Themenkreise eine straffere Gliederung nach Jahrhunderten gewesen. Doch war eine solche in der Regel beim gegenwärtigen Stande der wissenschaftlichen Bearbeitung des Materials nicht zu leisten. Dazu muß man wissen, daß die Bestände des Museums erst jetzt zum ersten Male wirklich ausgebreitet wurden.

Um die Denkmäler zur Geltung zu bringen, wurde der Gesamtraum sepiabraun gestrichen. Nur an zwei Stellen wurde die Wandfarbe durch vor sie gesetzte Denkmäler unterbrochen, einmal durch ein Mosaik (Abb. 230), ein andermal durch eine rekonstruierte Marmorinkrustation.

Für den Boden wurde ein Teppichboden gewählt.

Das Problem stellte sich, wie die Sockelinseln beschaffen sein sollten. Betonkörper wurden ausgeschlossen. Sie hätten sich mit dem Bodenbelag nicht vertragen (Abb. 65, 230). Vor allem aber schien es unabdingbar, ihre Verkleidung so zu bemessen, daß ein farblicher Akkord zwischen Sockel und Denkmälern eintrat. So gut wie alle Denkmäler wirken heute durch den Lothringer Kalkstein. In römischer Zeit war das anders, weil sie damals eine farbige Fassung besessen haben, wie an manchen Farbspuren noch zu erkennen ist.

Da diese Fassung nicht wiederhergestellt werden konnte, kam es darauf an, die Sockelverkleidung so auszuwählen, daß eine ästhetisch befriedigende Lösung entstand. Durch die Verwendung von Tuffsteinplatten aus den Brüchen von Mayen in der Eifel hoffen wir, sie erzielt zu haben. Diese Brüche sind schon in römischer Zeit benutzt worden. Der überwiegende Teil des im römischen Köln verwendeten Materials kam von dort. Das heute in der Regel benutzte Material ist meist engporiger als das in römischer Zeit und später im Mittelalter benutzte. Es mußte daher eine Stelle gefunden werden, an der sich noch großporige Platten gewinnen ließen. Das Ergebnis will höchst befriedigend erscheinen (Abb. 65, 230): Die Präsentationsmittel drängen sich nicht vor, sondern bilden Bühnen, die mit den Farben der Denkmäler klaglos zusammengehen. Und doch treten sie gerade auch so weit zurück, daß die auf den Sockelinseln aufgestellten Stücke eindeutig den Vorrang haben. Darauf alleine kam es an. Infolgedessen wurden überall da, wo dies geboten schien, für die noch notwendigen Sockel auch Tuffsteinblöcke aus dem nämlichen Material verwendet (Abb. 65). Nur wo dies nicht anging, benutzten wir andere.

Alle Sockelinseln haben gleichmäßig eine Höhe von 0,65 Meter. Bei unterschiedlicher Größenbemessung stellt sich auf diese Art optisch der Eindruck von Platzflächen ein, die die Standfläche für die Objekte abgeben (Abb. 64, 103, 124, 128, 162, 230, 258, 259).

Auf die Höhe der Sockelinseln wurde das Vitrinensystem abgestimmt (Abb. 64, 65). Auch hier wurde mit Bedacht so verfahren, daß die Vitrinenkörper so zugeschnitten sind, daß in ihnen die Gegenstände im Vordergrund stehen. Ganze Vitrinenstraßen sind aufgerichtet worden (Abb. 64, 131, 173, 230, 276).

Das Oppidum Ubiorum

Bis heute sind die Vorstellungen von dem Oppidum Ubiorum unbefriedigend. Einige Sachgüter indessen sind mit den Einwohnern dieses Vorortes zu verbinden. Ihnen ist abzulesen, daß diese keltischen Germanen mit den Römern friedlich zusammenlebten. Gibt es auch Anhaltspunkte, die darauf hindeuten, daß sie vorwiegend in einfachen Fachwerkbauten lebten, so überrascht doch die Gediegenheit deren Ausstattung. In zwei Fällen wurden Mosaikböden bekannt, die mit ziemlicher Wahrscheinlichkeit einem ubischen Haus zugeschrieben werden können (Abb. 64, 66, 67). In dem einen Fall (Abb. 67) ist das quadratische Mittelfeld mit dreieckigen Scheiben aus schwarzem Marmor und grünlichem Schiefer ausgelegt. Ein reicher Rahmen faßt das Feld. Er besteht aus schwarzweißen Schrägstreifen, die von schachbrettähnlichen Mustern umzogen werden. Solche schlichten Bodenmuster sind typisch für das 1. Jahrhundert nach Chr. In einem anderen Raum des gleichen Hauses lag ein weiterer schöner Boden (Abb. 66). Inmitten der einzelnen Felder befindet sich ein Emblem: auf rotem Grund sind schwarze Schilde zu erkennen, sogenannte peltae. In den äußeren Zwickeln sind stilisierte Pflanzenornamente angeordnet.

Zwei Porträts erinnern an die Frühzeit der römischen Siedlung: das Bildnis einer ubischen Frau, die eine große sichelförmige Haube trägt und ein aus Italien stammender lebensgroßer Marmorkopf, der ein Mitglied des julischen Kaiserhauses darstellt (Abb. 68). Beide Stücke gehören dem 1. Jahrhundert an. Zugeordnet ist eine kleine Terrakotta (Abb. 69), in der man vielleicht auch das Bild einer ubischen Frau sehen kann. Zur Eröffnung des Museums schenkte die Kölner Archäologische Gesellschaft ein Bildnis des Kaisers Augustus, das aus dem Kunsthandel stammt und wohl nach Rom zu lokalisieren ist (Abb. 70). Der Kopf gehört zu einer Togastatue, die den Kaiser als höchsten Priester des Staates zeigt. Dieses Porträt soll sinnfällig machen, daß das Oppidum Ubiorum zur Zeit des Kaisers Augustus gegründet wurde.

Aus der Frühzeit des römischen Köln endlich stammen zwei wichtige Grabdenkmäler: dasjenige der Bella aus Reims (Abb. 64), die um 20 nach Chr. im Oppidum Ubiorum starb, und das Grabdenkmal des Sklavenhändlers Caius Aiacius, der zwischen 20 und 30 nach Chr. gestorben ist (Abb. 73). Über dem schlichten Inschriftband ist eine Giebelarchitektur mit Nische aufgerichtet, in der die Büste des Verstorbenen hoch aufgerichtet steht. Der Typus kam von Oberitalien an den Rhein, wie vor allem die neueren Untersuchungen von H. Gabelmann zeigen.

Eine große Reihe von Gefäßen kann der Zeit des Oppidum Ubiorum zugeschrieben werden (Abb. 71). Sie zeichnen sich durch straffe, strenge Formen aus und lehren, daß die Ubier schon bald ihre Gefäßformen durch Verwendung der Drehscheibe auf einen außerordentlich hohen technischen Stand zu bringen wußten. Mit der Tracht der einheimischen Bevölkerung sind die »Distelfibeln« zu verbinden (Abb. 72). Das Museum verfügt über zahlreiche außerordentlich schöne Exemplare, die sämtlich aus der 1. Hälfte des 1. Jahrhunderts stammen. Sie wurden meist paarweise gefunden, aber auch zu dreien kommen sie vor. So wird man annehmen können, daß das dritte Exemplar als Mantelschließe diente, wogegen die Zweierpaare für die Befestigung der Gewänder verwendet waren. Kennzeichnend für diese Fibeln ist der rosettenförmige Kopf.

Militär erschließt das Land (Abb. 65, 99)

Wie schon erwähnt wurde, hat in der römischen Epoche die Truppe nicht nur gekämpft, sondern außerordentliche zivilisatorische Leistungen vollbracht. Mit Rücksicht darauf, daß im Rheinischen Landesmuseum Bonn die militärgeschichtliche Seite der Provinz Niedergermanien in vorzüglicher Weise dargestellt und dokumentiert ist, war es daher möglich, dieses interessante Kapitel hier auszulassen. Aus dem römischen Militärlager auf der Alteburg stammen einige der qualitätsvollsten Denkmäler des Museums. Von ihnen wurde neben einer Weihinschrift an den Heilgott Asclepios Soter (Abb. 65) das schöne Bruchstück von einer Statue der Heilgöttin Hygieia aufgenommen (Abb. 65, 97, 100).

Die Gestalt ist unterlebensgroß. Rücken und Unterkörper werden von einem Mantel bedeckt, der gekonnt in den Fältelungen charakterisiert ist. Der Oberkörper ist wie derjenige der Göttin Venus entblößt. Der linke Arm ist auf einen Pfeiler gestützt, die Hand hält eine Schale mit Früchten. Der linke Fuß steht auf dem Kopf einer Schlange. Die Attribute weisen auf die Göttin Hygieia hin. Eine Rekonstruktion des Torsos (Abb. 65), die neben das Original gestellt wurde, mag wenigstens an einem Beispiel aufzeigen, daß solche Ergänzungen möglich und nützlich sind. Andeuten soll die Aufstellung dieses ausgezeichneten Fragmentes, daß mit dem Militär auch die Künste in das Land gelangten, Kenntnis und Kult bis dahin hierzulande unbekannter Religionen vermittelt wurden.

Der Landerschließung durch das Militär wurden auch die Porträts des Prinzen Germanicus (?) und das der Agrippina zugeschriebene zugeordnet (Abb. 97). Während der Marmorkopf des Prinzen, der in die Zeit der claudischen Kaiser zu geben ist, in Italien gefunden und für das Museum erworben wurde (Abb. 95), stammt das der Stadtgründerin Agrippina zugeschriebene Marmorbildnis aus kölnischem Boden (Abb. 95). Es soll im 18. Jahrhundert auf »einem Kirchhof« gefunden worden sein und wurde nach der Auffindung nach dem Geschmack der Zeit überarbeitet.

Im übrigen sind für diese Sockelinsel fast ausnahmslos Grabdenkmäler und Fragmente von solchen verwendet. Zwei Weihaltäre an Jupiter (Abb. 97, rechts) belegen, daß Soldaten Polizeiaufgaben übernommen hatten. Dies war notwendig, weil es weder eine staatliche noch eine kommunale Polizei gab.

Auf dem Grabdenkmal für den Reiter Longinus (Abb. 99), das vermutlich zwischen 80 und 90 nach Chr. entstand, ruht im oberen Bildfeld der Tote auf einem Speisesofa. Er trinkt. Sein Diener wartet darauf, ihm nachzuschenken. Auf dem unteren Relief führt ein Bursche das Pferd des Verstorbenen vor. Nur Kavalleristen, die während ihrer Dienstzeit starben, durften diese Pferdedarstellung auf ihrem Grabstein verwenden. Longinus muß also bei seinem Tod zu einem in der Stadt tätigen Kommando gehört haben. Einen Reitersoldaten zeigt ein anderes Relief, das im unteren Bildfeldteil ergänzt ist (Abb. 98). Dessen Inschrift ist verloren. Es entstand wohl im 1. Jahrhundert. Damals war es eine gewisse Mode, daß sich Reitersoldaten, die meist zu den Hilfstruppen (auxilia) gehörten, im Galopp darstellen ließen. In der linken Hand hält dieser Soldat den ovalen Schild, in der rechten die Lanze. Helm und Panzer sind ebenso in Einzelheiten zu erkennen, wie das am Wehrgehängegriff bereithängende Langschwert. Neben oberitalienischen Vorbildern verbergen sich hinter dieser Bildform Anregungen von Grabreliefs aus hellenistischer Zeit.

Fehlen Denkmäler, die die Landerschließung durch das Militär direkt belegen auch völlig und müssen daher die ausgewählten gewissermaßen stellvertretend für diesen wichtigen Bereich stehen, ist es doch möglich, mit Hilfe der Kleinfunde anzudeuten (Abb. 96, 97), wie mit dem Militär nicht nur der Import bis dahin unbekannter Waren in großem Umfange begann, sondern auch ziemlich sofort eine Eigenproduktion im Lande in Gang gesetzt wurde.

Menschen und Verwaltung in der Stadt (Abb. 63, 78, 80)

Wenn man eine römische Provinzstadt nur als Stadtgehäuse sehen würde, brächte dies für deren Baugeschichte zwar mannigfache Einblicke. Doch eine Stadt besteht eben nicht nur aus Stadtmauer, Straßen, Plätzen, Häusern und Werkstätten. Dies alles wurde von Menschen bewirkt. Daher erschien es uns wichtig zu versuchen, den Menschen, der in der Stadt lebte und durch den auch die Verwaltung der Stadt geleistet wurde, wenigstens im Umriß in Erscheinung treten zu lassen. Eine Reihe von Grabdenkmälern konnte dafür in Anspruch genommen werden.

Innerhalb des römischen Stadtwesens war jede einzelne Stadtverwaltung eine eigenständige Organisation. Die Verwaltung wurde von zwei Bürgermeistern geleitet, die jährlich gewählt wurden. Sie stammten aus den Reihen der Vermögenden. Um gewählt zu werden, mußten sie dem Stadtrat angehören. Neben der einheimischen und zugewanderten Stadtbevölkerung lebten in einer Grenzstadt wie Köln auch viele aktive (milites) und pensionierte (veterani) Soldaten. Dies kommt auf den Denkmälern treffend zum Ausdruck.

Vier Grabsteine gehören zu einer einzigen Familiengrabstätte (Abb. 78). Das Oberhaupt dieser Familie namens Bienus ließ diese Steine für sich, seine Frau, die Familie seines Vaters und die seines Schwiegervaters herstellen. Ein Stein blieb ohne Inschrift. Wahrscheinlich war er für die Kinder des Bienus bestimmt, die aber offensichtlich bei ihrem Tode schon nicht mehr in Köln ansässig waren. Die ganze Grabsteinserie entstand im 1. Jahrhundert nach Chr. In wohlakzentuiert profilierten Rahmen stehen die Inschriften (Abb. 78, 79). Darüber sind Bildfelder angeordnet (Abb. 75, 78, 79). Auf zweien sind lebendig Greifen und ein Krater, auf den anderen je zwei Löwen und ein Widderkopf zu sehen. Sie sind mit außerordentlicher Lebendigkeit aus den Steinen geholt. Dieser Bienus stammt aus der Gegend um St. Quentin im nordöstlichen Frankreich.

Ein anderer Grabstein zeigt den Legionär Titus Julius Tuttius, der aus Virunum im heutigen Kärnten stammte. Als er im Alter von 43 Jahren in Köln starb, stand er im 18. Jahr seines militärischen Dienstes. Er war, als er zwischen 50 und 100 nach Chr. in Köln begraben wurde, von seiner Legion, die in Vetera Castra bei Xanten stationiert war, wahrscheinlich zum Dienst in das Hauptquartier des niedergermanischen Statthalters nach Köln kommandiert, also einer der in Köln lebenden Soldaten. Auf seinem Grabstein ist er allerdings ganz zivil, auf einem Speisesofa ruhend, mit zwei Dienern dargestellt. Die Löwenköpfe, die beiderseits am oberen Rand der Grabplatte in den Zwickeln angeordnet sind, sollten die bösen Geister verscheuchen.

Aus dem Anfang des 2. Jahrhunderts stammt das Grabdenkmal des Veteranen Gaius Julius Maternus (Abb. 77), der noch vor seinem Tode den Stein für sich und seine Frau Marcellina hat setzen lassen. Er war als Soldat der 1. Legion in Bonna (Bonn) stationiert gewesen. Nach seinem Dienst lebte er in Köln. Die außerordentlich lebendige Bildplatte zeigt den Pensionär Maternus zusammen mit seiner Frau und Dienerschaft beim himmlischen Festmahl. Interessant ist, daß dieser Grabstein im 3. Jahrhundert noch einmal verwendet wurde. Man benutzte einfach die bis dahin ungenutzte Rückseite. Ein am Hofe des damals in Köln regierenden gallischen Sonderkaisers tätiger Gardeoffizier hatte offenbar nicht so viel Geld, um einen neuen Stein zu kaufen. Vielleicht erwarb er das nach dem Abräumen einer Gruft frei gewordene alte Stück, um es für seine Belange zu nutzen. Die Besucher des Grabes sahen von dieser »Armut« vermutlich nichts, da die Bildplatte in eine Grabmauer eingelassen gewesen sein dürfte.

Nicht minder interessant ist das Grabdenkmal für Tiberius Claudius Halotus (Abb. 63, rechts), der nur 18 Jahre alt wurde. Sein Patron, der Kommandant der 3. dalmatischen Cohorte, muß seinen Freigelassenen sehr geschätzt haben. Auf dem Denkmal steht Halotus in ganzer Gestalt in der Nische. In der rechten Hand trägt er eine Traube, auf dem linken Arm hält er einen Hasen; beides sind Symbole für ein ewiges Leben in der jenseitigen Welt.

In diesem Zusammenhang kann auch der Grabstein, den Quintinia Materna für ihren Sohn, den Zimmermann Quintus Vetinius Verus errichten ließ (Abb. 76), gerückt werden. Natürlich gehörten zu den Menschen in der Stadt auch die Handwerker. Doch sind diese Zeugnisse unter der

Überschrift »Gewerbe und Handel« auf einer eigenen Sockelinsel zusammengefaßt (Abb. 103, direkt rechts neben dem Steinsarg).

Herrschaft, Straßen, Plätze, Stadtplanung und Politik im Handformat (Abb. 80, 82, 84)

Ein Weltreich, das von der Vorherrschaft der zentralen Gewalt lebte, kam ohne den Erlaß von Anordnungen, die eine allgemein verbindliche Planung sicherstellten, nicht aus. In diesem Sinne war Herrschaft auch in der Stadtgestalt faßbar, unterlagen die Anlage von Straßen und Plätzen nicht bloßer örtlicher Willkür. Indessen wußte die Stadtplanung sehr wohl die örtlichen Gegebenheiten zu berücksichtigen. Aber selbst darin kann durchaus noch ein Ausdruck der jeweils obwaltenden Herrschaft gesehen werden, denn diejenigen, die diese in Gang setzten und verantworteten, waren von dort entsandt und mit den Grundzügen der herrschenden Vorstellung betraut. Darauf beruht, daß das jeweils in Rom für verbindlich Gehaltene sich auch den in der Ferne gelegenen Reichsteilen unmittelbar mitteilte. Letztendlich beruht auf diesem Verfahren wohl die das Reichsgesamt prägende Kraft bei aller Unterschiedlichkeit der neu gewonnenen Länder, die nicht völlig unterdrückt wurden. Diese Grundtatsachen sind in einer Museumsdarstellung immer nur schwer, wenn überhaupt auszudrücken.

Die direkte Herrschaft indessen läßt sich mit Hilfe vorhandener Denkmäler vorweisen. Hier gewinnt eine Bauinschrift des Nero exemplarischen Charakter (Abb. 80, 81). Sie lautet:

Imp(erator) Nero Caesar Augustus / divi Claudi f(ilius), Germanici Caesaris / n(epos), Ti(beri) Caesaris Aug(usti) pron(epos), divi Aug(usti) abn(epos), / pontif(ex) max(imus), trib(uniciae) potest(atis) XII, imp(erator X, co(n)s(ul) IIII, p(ater) p(atriae). / P(ublio) Sulpicio Scribonio Rufo leg(ato) Aug(usti) pro pr(aetore) / leg(io) XV Primig(enia).

In der Übersetzung heißt das »der Kaiser Nero Caesar Augustus, Sohn des vergöttlichten Claudius, Enkel des Prinzen Germanicus, Urenkel des Kaisers Tiberius, Ururenkel des vergöttlichten Augustus, Oberpriester, im 12. Jahr seiner tribunizischen Gewalt [Regierung], zum 10. Male Imperator und zum 4. Male Konsul, Vater des Vaterlandes. Unter der Statthalterschaft des Publius Sulpicius Scribonius Rufus [errichtete] die 15. Legion Primigenia [dieses Bauwerk].«

Die im Jahre 67 nach Chr. gesetzte Inschrift dürfte von einem staatlichen Gebäude in Köln stammen. Um welches Gebäude es sich handelte, ist nicht bekannt. Nach dem Selbstmord des Nero im Jahre 69 nach Chr. wurde die Inschrift abgenommen und als Kanalabdeckung verwendet. So fand man sie im Jahre 1969 unter dem Pflaster der römischen Hafenstraße in Köln wieder. In den Schriftzeichen haben sich noch die Spuren der roten Farbe, mit der die Buchstaben ausgelegt waren, erhalten. Bei den meisten Denkmälern des Museums waren die Schriftzeichen auf Grund ganz geringer Farbspuren schon früher nachgezogen worden, obschon dies die Epigraphiker mit Recht ablehnen. In der Regel werden nämlich dabei beschädigte Buchstaben leicht falsch ergänzt, wodurch dann die Lesbarkeit verstümmelter Buchstaben außerordentlich erschwert ist. Da einmal mit der Einfärbung der Schriftzeilen begonnen worden war, mußte man sich bei der Einrichtung des Museums an dieses Schema halten (Abb. 65, 230). Wo diese Einfärbung noch nicht vorgenommen war, wurde allerdings davon Abstand genommen (z. B. Abb. 230) und natürlich wurden die originalen Farbspuren in der Nero-Inschrift nicht durch Übermalung zerstört, wie dies früher wohl die Regel gewesen ist.

Eine zweite Bauinschrift gehört in diesen Zusammenhang (Abb. 58, im Hintergrund). Sie ließ im Jahre 211 nach Chr. der kaiserliche Statthalter der Provinz Niedergermanien Lucius Lucceius Martinus setzen, weil er den vom Baueinsturz bedrohten Tempel des Jupiter Dolichenus hatte erneuern lassen. In dieser Inschrift ist der damals regierende Kaiser Marcus Aurelius ausdrücklich genannt.

Auf kleinen Weihealtären (Abb. 80, rechts) sind Schutzgöttinnen genannt, denen einzelne Bezirke geweiht waren. Neben den lukretischen Göttinnen kommen auf einem Stein die örtlichen Schutzgöttinnen Gantunae vor. In der Nähe ihres neuen Tempels (ad Gantunas novas – Am neuen Gänsemarkt [?]) lag eine Werkstatt, in der vornehmlich kleine Statuetten, die als Devotionalien dienten, hergestellt wurden.

Um Herrschaft sichtbar zu machen, wurde auch eine Granitsäule, die aus einem unbekannten römischen Bauzusammenhang in Köln stammt, auf dieser Sockelinsel aufgestellt (Abb. 80). Säulen sind zwar in der römischen Architektur ganz allgemein als Gliederungselemente genutzt gewesen. Doch kommt der Säule auch die Funktion für Hoheit und Herrschaft zu. Während die überwiegende Mehrzahl der Säulen in Köln aus einzelnen Trommeln zusammengesetzt war (Abb. 3, 6), handelt es sich hier um einen monolithischen Block, der wahrscheinlich in ein öffentliches Gebäude eingebaut gewesen ist.

Für das Thema Herrschaft wurde schließlich der Torso einer Panzerstatue in Anspruch genommen (Abb. 80), die im Flottenkastell auf der Alteburg gefunden worden ist.

Hier ist von einem vollplastisch ausgebildeten Standbild allein der Körper mit den Ansätzen von Armen und Beinen erhalten (Abb. 82, 83). Unzweifelhaft handelt es sich um eines der bedeutendsten Stücke des Museums. Darüber kann auch die starke Beschädigung des Fragmentes ebensowenig hinwegtäuschen wie offensichtlich ist, daß das Bildwerk im 1. Jahrhundert nach Chr. entstand.

Unzweifelhaft ist weiterhin, daß dieser Mann mit einem Metallpanzer bekleidet ist, der nach unten mit drei Reihen beweglicher Lederlaschen abgeschlossen wird. An den wenigen Resten, die von den Beinen noch erhalten sind, sind die Ansätze metallener Beinschienen zu sehen. Während der linke Arm an den Körper angewinkelt war, scheint der rechte hoch erhoben gewesen zu sein. Der Mann trug einen Mantel (Abb. 83). Dieser wurde über der rechten Schulter mit einer Brosche gehalten (Abb. 82). Zu ergänzen sind in Gedanken Beine, Arme und Kopf. Geschieht dies, läßt sich eine Vorstellung von der Erhabenheit dieser Skulptur gewinnen. Dabei ist es gleichgültig, ob es sich um eine Herrscherfigur oder um die Kultfigur eines Gottes handelt.

Einige Zeugnisse für Herrschaft und Reichspolitik sind auch in einer Vitrine zusammengefaßt (Abb. 87, 88).

Für das Römisch-Germanische Museum wurde ein eigener Vitrinentyp entwickelt. Die Vitrinen wurden so zugeschnitten, daß sie möglichst unauffällig wirken. Tabletts unterschiedlicher Größe können in sie eingehängt werden (Abb. 107, 108). Die Beleuchtung erfolgt von oben und unten. Auf diese Art werden Schlagschatten weitgehend vermieden. In den Vitrinen wurde ebenfalls alle Bemühung darauf gerichtet, die Sachen in den Vordergrund treten zu lassen. Das Vitrinensystem erlaubt es, auch winzige Gegenstände gut sichtbar sein zu lassen (Abb. 87, 88).

Unter den Gegenständen steht an erster Stelle ein besonders kostbares Stück, der gläserne Kopf des Kaisers Augustus (Abb. 84). Er ist im Bild um ein vielfaches vergrößert. In Wirklichkeit handelt es sich um ein nur 4,7 cm hohes Köpfchen. Sein Fundort ist leider unbekannt. Es mag aus Rom stammen und wird dem 1. Jahrhundert nach Chr. angehören.

Des Augustus Gesicht ist, was in der Vergrößerung sprechend zum Ausdruck kommt (Abb. 84), präzise charakterisiert. Züge des Alters sind eingeschnitten. Die Augen blicken ernst. Der Mund zeigt Energie. Man wird annehmen müssen, daß dieser Kopf in eine kleine Statue eingesetzt war.

Der kleine Kopf besteht im Kern aus einem schwärzlichen Glas, der mit einer türkisfarbenen Glasmasse überzogen wurde. Unter den überlieferten Denkmälern des Augustus beansprucht dieses Werk der Kleinkunst einen außerordentlichen Platz.

Ebenfalls nicht aus Köln stammt ein Kameo, der ohne Fassung 7,75 cm hoch ist. Er befand sich seit dem 17. Jahrhundert in der Sammlung Marlborough und wird daher als Kameo Marlborough bezeichnet. Dargestellt ist Augustus, der mit einem Strahlendiadem gekrönt ist. Die Goldfassung entstand im 16. Jahrhundert. Aus einem zweischichtigen Onyx ist über samtbraunem Grund das scharf gezeichnete Bildnis des vergöttlichten Augustus in Weiß herausgeschnitten.

Andere nicht minder wichtige Fragmente von einstmals bedeutenden Bildwerken führen zurück nach Köln. Aus dem Kölner Boden stammt das Marmorbruchstück einer etwas überlebensgroßen Figur, die möglicherweise einem Relief zugerechnet werden muß (Abb 85). Vermutungen, dieses interessante Bruchstück mit der Ara Ubiorum in Verbindung zu bringen, sind eindeutig zu weit hergeholt. Nicht ganz ausgeschlossen werden kann indessen die Zugehörigkeit dieses Teiles zu einem Bildnis des Augustus. Sicher jedoch ist allein, daß unzweifelhaft Herrscherdarstellungen auch in Köln vorhanden gewesen sind. Bisweilen wurde für solche der an den Grenzen der damaligen Welt besonders kostbare Marmor verwendet.

Auch mächtige Bronzestatuen müssen in Köln aufgestellt gewesen sein. Darauf weist eine kraftvoll modellierte Hand mit Siegelring hin, die wahrscheinlich dem 2. oder 3. Jahrhundert nach Chr. zugerechnet werden muß (Abb. 86). Es ist eine verbreitete Ansicht, sie einer Herrscherstatue zuzuschreiben. Man wird es bedauern müssen, daß fast alle Bronzestatuen später in die Schmelzöfen gewandert sind. Nur der Zufall hat ein solches Stück vor diesem Schicksal bewahrt (Abb. 86).

Zwei »ubische« Bildnisse sind diesem »reichspolitischen« Zusammenhang eingefügt worden. Das eine ist eine kleine Terrakotta, auf die schon beim Abschnitt Oppidum Ubiorum kurz eingegangen wurde, das andere eine nur 9,4 cm hohe Bronzebüste einer Frau (Abb. 89). Es fallen Beschädigungen an Gesicht und Gewand auf. Sollte die kleine Büste vielleicht der Griff an einem Gebrauchsgegenstand gewesen sein?

Ein mit 5,2 cm Höhe sehr kleiner weiblicher, aus einem dünnen Goldblech gefertigter Kopf erzwingt Aufmerksamkeit (Abb. 94). Das lebendig durchgezeichnete Gesicht ist von üppiger Frisur gerahmt, die mit Blütenkranz durchwirkt ist.

In den Bereich der sogenannten höfischen Kunst müssen auch die kleine Büste eines Mädchens (Abb. 91) und der schwarze Marmorkopf (Abb. 92) eingeordnet werden.

Ein wiederum bedeutendes Stück ist die 8,3 cm hohe kleine Glasbüste eines kaiserlichen Prinzen, in der man ein Porträt des Constantius II., des Sohnes Constantin des Großen zu erkennen glaubt. Das vermutlich um 325 nach Chr. entstandene Büstchen besteht aus blauem Glas. Es wurde eine Form verwendet. Die Details wurden durch Schliff hergestellt, wie an den aufgeschliffenen Bläschen in der Oberfläche der Büste zu erkennen ist. Die Büste, die den Prinzen im großen Festgewand der Triumphatoren vorstellt, dürfte den Mittelpunkt eines großen Metalltellers gebildet haben, wie aus einem Zapfloch an der Rückseite der Büste hervorgeht. Obschon das interessante Stück in Köln, vermutlich auf der Zeughausstraße, gefunden wurde, kann nicht mit Sicherheit angegeben werden, ob es auch tatsächlich kölnischen Ursprungs ist.

Die jeweilige Herrschaft suchte sich auch immer in den Bauten zum Ausdruck zu bringen. Bezeichnend dafür sind die Bauinschriften (Abb. 80, 81). Diese Sitte war in Köln auch noch in der spätrömischen Zeit in Übung, wie die Bauinschrift des Comes Arbogast aus dem 4. Jahrhundert belegt (Abb. 257, rechts). In direkter Weise drückt sich die Herrschaft aber auch in den Bauten aus, die oft das Militär ausführte, insbesondere wenn es sich um Staatsbauten handelte. Ziegel mit militärischen Stempeln machen den Umfang der Staatsmacht an den Bauprogrammen deutlich (Abb. 102), hinter denen eine gründliche Planung stand. Maßstäbe und Zirkel belegen dies (Abb. 102). Für die Durchführung der Vorhaben fanden Werkzeuge Verwendung, für die damals die Normsätze entwickelt wurden. Lote, wie sie Architekten, Bauführer und Maurer verwendeten, haben bis in unsere Tage ihre Formen kaum mehr geändert (Abb. 102). Ein schönes Marmorkapitell (Abb. 102) belegt anschaulich, daß auch in einer Provinzstadt Spezialhandwerker für gehobene Ansprüche verfügbar waren.

Einem glücklichen Zufall wird ein auf der Breite Straße geborgenes 22 cm hohes Architekturfragment verdankt, das offensichtlich den äußeren rechten Teil eines römischen Bühnentheaters darstellt (Abb. 101). Der Fundzusammenhang ist leider nicht mehr zu rekonstruieren.

Gewerbe und Handel

Menschen leben in einer Stadt und verwalten sie. Ohne Arbeit jedoch war das Leben nicht zu bestehen. So war es unverzichtbar, wenigstens in einigen Ansätzen vorzustellen, wie dieses Leben durch Gewerbe und Handel, also durch die Tätigkeit des Menschen, bewirkt wurde.

Den Mittelpunkt der Sockelinsel »Gewerbe und Handel« bildet ein ganzes Bündel von Amphoren (Abb. 103, 104, 105).

Im Grunde sind solche Amphoren nichts Aufregendes. Sie wurden zum Transport und zur Aufbewahrung von allen möglichen Dingen gebraucht. Sie dienten überdies als Behälter in Aborten. Die Allerärmsten wußten sie sogar noch als Graburnen zu nutzen. So kostete sie das »letzte Haus« nichts.

Für »Gewerbe und Handel« mußten als Synonym die Amphoren in den Mittelpunkt gerückt werden, da weder Handwerkszeuge, die sich dafür geeignet hätten, noch Reste von Werkstätten als sprechende Demonstrationsobjekte in den Beständen des Museums vorhanden sind.

Erfreulicherweise lassen sich jedoch auch noch einige andere Sachgüter für diesen Themenkreis direkt oder als unmittelbar sprechende Dokumente in Anspruch nehmen.

Eine Stirnseite der Sockelinsel nimmt der Steinsarg für Verecundinia Placida, genannt Soio, und ihren Sohn Verecundinius Desiderius ein (Abb. 103). Ihn hat Desideratus, ein Sklave des Curmillus setzen lassen. Er war von Beruf Händler mit Steinmetzarbeiten, wie die Inschrift ausdrücklich vermerkt. Zwei Putti halten die Inschriftplatte.

Dieser Sklave Desideratus war wohl Unternehmer mit einem blühenden Geschäft. Im 3. Jahrhundert wurde in Köln viel gebaut. Wahrscheinlich hatte er nicht nur Rohmaterial auf Lager, sondern verkaufte auch Kapitelle, Sockel, Gesimse, kurzum alles, was in Steinmetzwerkstätten hergestellt werden konnte. Obschon in der Inschrift Verecundinia Placida als »liebe Gattin« bezeichnet ist, hatte der Sklave Desideratus mit ihr keine rechtsgültige Ehe eingehen können. Beider Sohn trug daher den Namen der Mutter: Verecundinius Desiderius. Man wird davon auszugehen haben, daß viele Sklaven im römischen Köln als Unternehmer tätig waren, wenn dies bisher auch nur durch diese eine Inschrift belegt ist.

Auch einige andere der zahlreichen Berufe, die in Gewerbe und Handel ihren Mann ernährten, gehen aus Inschriften hervor (Abb. 105). So hat der Metzger Mainonius Victor, der auf dem Gräberfeld, an dem heute die Ursulakirche steht, begraben war, nicht nur Tiere geschlachtet. Vielmehr besaß er auch ein Geschäft, in dem er seine Ware verkaufte, wie der Berufsangabe negotiator lanio auf der Inschrift (Abb. 105, links) entnommen werden kann.

Auf einer Weiheinschrift für die vergöttlichte kaiserliche Familie nennt sich ein Servandus:

[In] h(onorem) d(omus) d(ivinae) / [– –]ius Servandu(s) / [collegi]o pisstricorum / [consist]entium c(oloniae) C(laudiae) A(rae) A(grippinensium) / d(ono) d(edit).

Er war demnach Mitglied des Vereins der in der Kolonie Köln niedergelassenen Mehlhändler.

Ein Sextus Haparonius Iustinus war Parfumhändler (negotiator seplasiarius) (Abb. 105, rechts). Seplasia war ein Platz in der italienischen Stadt Capua. Hier hatten die Parfum- und Salbenmanufakturen ihr Zentrum. Danach nannte man die Parfums im römischen Reich »seplasium«.

Der in der Inschrift genannte Mann wird daher vom Import und Verkauf gelebt haben.

Gerne wüßte man, ob auch in Köln selbst Duftstoffe hergestellt wurden. Im archäologischen Befund fehlen dafür Anhaltspunkte. Das Vorkommen zahlreicher Parfum- und Salbenbehälter unter den Kölner Gläsern (Abb. 201, 203, 204) belegt deren Verwendung, nicht jedoch auch deren Produktion in Köln.

Zweimal kommt auf Inschriften eine Bankiersgattin vor, einmal ein argentarius, ein Geldeintreiber. Diese trieben indessen nicht nur Gelder ein. Sie waren auch als Berater bei Kapitalanlagen tätig oder als Versteigerer. Schließlich sind zweimal auch Zimmerleute (tignarii) genannt, die wie die Mehlhändler in einem Verein organisiert waren (ex collegio fabrum tignariorum).

Aus diesen Zeugnissen erhellt, wie zufällig die Fundstücke Berufe belegen. Alle Arten sind aber vorhanden gewesen und müssen sich auch in den Inschriften, die eben fast alle verlorengingen, ausgedrückt haben. Manche lassen sich aus den archäologischen Fundzusammenhängen erschließen. Eine Reihe davon wurde in Vitrinen anhand des vorhandenen Fundgutes sichtbar gemacht. In diesem Zusammenhang schien es auch notwendig darzustellen, daß unter den Handwerkern ebenso wie unter den Händlern solche gewesen sind, die sich mit Massengütern beschäftigten.

Um diese Absicht zu verwirklichen, mußten entsprechende Vitrinenkörper erfunden werden.

Die getroffenen Arrangements sind nicht ohne Kritik geblieben. Anstoß genommen wurde häufig daran, daß die Stücke durch diese Art der Präsentation zu kostbar geworden seien. Das ist sicher nicht der Fall. Die Benutzung der Gegenstände im täglichen Lebensbereich, die ihnen vor allem anderen unbestreitbar innewohnende Simplizität, kommt in den Alltagsszenen von »Küche« (Abb. 20) und »gedeckten Tischen« (Abb. 25) hinreichend zum Ausdruck. Ebenso werden in der Vitrine Keramik alle Gefäßformen normalen Zuschnitts zusammengefaßt wie in der Vitrine Glas für diesen Bereich (Abb. 111).

Das römische Glas bildet einen bedeutenden Schwerpunkt des Museumsbesitzes. Die Sammlung gilt als die größte dieser Art (Abb. 173 bis 218).

Glas kann als einer der ersten von Menschen erfundenen Kunststoffe bezeichnet werden. Wie jeder Kunststoff war damit Glas auch geeignet, die Form anderer kostbarer Gefäße, die bis dahin nur für wenige erschwinglich gewesen waren, nachzuahmen und in Mengen verfügbar zu machen. Hier liegt wohl der Grund dafür, daß namentlich Vorbilder aus dem Bereich der Bronzegefäße übernommen wurden. Auch die von Tongefäßen lassen sich erkennen. In diesem Falle wurde eine Alltagsform »geadelt«. Und natürlich wurden neue, aus dem leicht formbaren Material heraus entwickelte Formen eingeführt. Die Aufstellung zeigt, daß Glas in der römischen Zeit wohl vor allem – wie auch die Keramik – ein Artikel für den Massenverbrauch gewesen ist (Abb. 111). Hier wird man das Grundgewicht für die Existenzfähigkeit von Glasmanufakturen zu sehen haben. Unbestritten haben daneben Herstellung, Verkauf und Vertrieb von Sonderformen gestanden (Abb. 173–218).

Inmitten solcher Gesamtproduktionen – sie ließen sich leicht für andere Bereiche vermehren (Abb. 317, 318) – gewinnen die Sachgüter, die aus dem Rahmen der Serie herausfallen, ihren besonderen Wert. Solchen wurden ganze Vitrinengruppen gewidmet (Abb. 64). Dabei lassen sich eindeutig Kölner Produkte herausheben (Abb. 118), die zeigen, daß Glas- und Töpferwerkstätten auch Spezialbedürfnisse zu befriedigen wußten (Abb. 17). Auch leistungsfähige Bronzewerkstätten konnten nachgewiesen werden (Abb. 118).

Einige Töpferwerkstätten stellten außergewöhnlich schöne weiße Keramik her, wogegen die kleinen Kölner Terrakotten grob erscheinen (Abb. 117). Ebenfalls aus Kölner Werkstätten stammen weißtonige Gefäße, die mit grüner Glasur überzogen sind. Gute Beispiele dafür sind eine Gefäßbekrönung (Abb. 107) und ein Rhyton (Abb. 110). Die Vorbilder für solche Stücke sind bei Bronzegefäßen zu suchen.

Ein Stück von außergewöhnlicher Schönheit ist ein hoher Krug, der über einem straff geschnittenen Standring zwischen zwei Feldern mit einer Federmesserverzierung springende Tiere zwischen Bäumen zeigt (Abb. 106). Ein solches Stück kann belegen, wie entweder durch Import besondere Stücke nach Köln gelangten oder im Einzelfalle auch hier hergestellt wurden. Hier anzureihen ist ein großer rottoniger Teller von 25 cm Durchmesser, dessen glatten Rand ein aufgemaltes weißes Wellenband ziert. Dieser Teller wird einer Kölner Töpferei des 4. Jahrhunderts zugeschrieben. Das den Teller beinahe völlig einnehmende Bildfeld zeigt in der Mitte Orpheus, der seine Leier auf einen Altarblock lehnt, an dem ein Fuchs aufspringt. Er sitzt im Schatten eines Baumes, in seiner Rechten das Plektrum, mit dem er die Leier schlägt. Der Teller ist in neun Bildstreifen geteilt. Sie sind mit Tieren angefüllt. Man erkennt: Löwe, Auerochse, Hase, Pferd, Hirsch, Hund, einen Satyrn, Panther, Eber, Nashorn, Pelikan; kurzum alles mögliche Getier, einschließlich von Affen und Vögeln. Das ganze Tierreich ist diesem Heros der Sänger und Leierspieler untertan. Gebannt ist die Natur auf ihn zugeordnet. Der schöne Teller, mit seinen in den Einzelheiten allerdings verschliffenen Relief-Figuren – vermutlich hat der Produzent die Form für diesen Teller zu oft gebraucht – kann als ein beredtes Zeugnis dafür genommen werden, wie im 4. Jahrhundert Anregungen aus der kleinasiatischen Welt bis nach hier gelangt waren. Möglicherweise hat dem Produzenten eine silberne oder bronzene Schale als Vorlage gedient. Auch bei dem schönen grünglasierten Krug (Abb. 106) wird man an dergleichen Vorbild zu denken haben. Hieraus dürfte mit einiger Deutlichkeit hervorgehen, wie nachhaltig nicht nur importierte Waren die Formgestaltung im römischen Köln beeinflußt haben, sondern auf diesem Wege aus der Ferne gezogene geistige Vorstellungen sich mit denjenigen, die in Köln Tradition waren, verbanden.

Einheimische Gottheiten

Die Verehrung der Götter spielte in der römischen Welt eine große Rolle. Die Götter griffen nach der damaligen Vorstellung direkt in das Leben des Menschen ein. Glück und Unglück zu bemessen lag bei ihnen. Die Menschen suchten daher in Gebet, Gelübden und Opfern die Götter günstig zu stimmen. Wer Erfolg hatte, galt als von den Göttern gesegnet. Der Dank an die Götter wurde in Denkmälern sichtbar gemacht, die in der Regel Ausdruck für von den Göttern erfüllte Wünsche oder erwiesene Wohltaten sind. Eine große Reihe der im Museum befindlichen Denkmäler gehört zu diesen Zeugnissen. Auch Handel und Gewerbe waren ohne die Hilfe der Götter nicht denkbar. Deshalb wurde mit diesem Themenkreis jener der einheimischen Gottheiten verbunden (Abb. 114), aber auch auf der Insel »Gewerbe und Handel« Denkmäler des Gottes Mercur, des eigentlichen Beschützers der Kaufleute und des Handels (Abb. 117) aufgestellt.

Zu diesen Zeugnissen gehört auch ein Altar für die Göttin Virtus, den im 3. Jahrhundert ein Händler namens Fatalis hat errichten lassen, »da sie geholfen hatte« (Abb. 113). Auf dem schön gearbeiteten Altar ist die Göttin in einer von reich gezierten Pilastern gerahmten Nische als Amazone dargestellt. Einen Mercuraltar (Abb. 117) – er hat im letzten Kriege stark gelitten – haben am Anfang des 3. Jahrhunderts Iulius Tertius und Iulia Nativa gesetzt. Das Bildfeld zeigt um einen Opferaltar drei Personen. Der Mann in der Mitte, in einheimischer Tracht, trägt über dem Arm eine Opferbinde. Links und rechts stehen Frauen. Die rechte trägt eine Haube und ist damit als verheiratete Frau ausgewiesen. Solche Hauben, die auch die Matronen tragen (Abb. 116) waren Teile der einheimischen Tracht. Es wurden mithin die römischen Götter auch von den Landansässigen verehrt. Der Gott Mercur erfreute sich dabei besonderer Beliebtheit. Das mag mit darauf hinweisen, daß die einheimische Bevölkerung sich nicht nur den römischen Gewohnheiten gegenüber als aufgeschlossen erwies, sondern ebenso an Handel und Gewerbe tätigen Anteil nahm.

Ungewöhnlich viele Weihungen belegen die Wirksamkeit einheimischer Gottheiten, die auch von den Römern um Hilfe angerufen wurden und diesen zur Erfüllung ihrer Wünsche verhalfen (Abb. 114). Dies wurde deutlich zu machen versucht durch eine Montage der Bruchstücke von Weihungen und kleinen Dankaltären. Wenn auch bis heute ein eigenes Matronenheiligtum in Köln im archäologischen Befund nicht nachgewiesen ist, ließ sich so andeuten, daß ein solches wohl vorhanden gewesen sein dürfte. Deshalb steht in der Mitte der Sockelinsel das Fragment einer Basis mit Säulentrommel (Abb. 114). Diese Montage gibt darüber hinaus einen guten Maßstab für die Denkmäler selber. Diese werden entweder in dem Umgang eines Tempels aufgestellt oder in die Mauern dort, vielleicht auch in denen eines zugehörigen Gebäudes eingelassen gewesen sein. Manche dieser Weihesteine tragen nur Inschriften, andere waren mit Bildfeldern ausgezeichnet. Kleinere Schriftsteine sind oft vollständig erhalten, von größeren Stücken gibt es meist nur Bruchstücke (Abb. 114). Einige zeigen ausgesprochene Qualität in den Bildfeldern (Abb. 115, 118, 119).

Viele der einheimischen keltischen und germanischen Gottheiten wären vermutlich untergegangen, wenn sie nicht in römischer Zeit weiter verehrt worden wären. Dabei erhielten sie bildliche Darstellungen, die oft denen römischer Götter, mit denen sie identisch gesetzt wurden, gleichen. So wurde eine Terrakotte des Kölner Töpfers Servandus der keltischen Göttin Rosmerta zugeschrieben (Abb. 120). Die Göttin sitzt auf einem Thronsessel, dessen Lehnen von Füllhörnern gebildet werden. Diese Göttin kann aber durchaus auch schon dem verbreiteten Kreis der Muttergottheiten zugerechnet werden. Deren intensive Verehrung bezeugen die meisten Steindenkmäler, die auf der Sockelinsel »Einheimische Gottheiten« aufgestellt wurden (Abb. 114, 115, 116). Daneben genossen auch zwei niedergermanische Göttinnen besondere Verehrung und zwar Nehalennia und Vagdavercustis. Das Zentrum der Nehalennia-Verehrung lag vermutlich auf der Insel Walcheren in den heutigen Niederlanden. Von hier stachen die Schiffe der Britannienhändler in See, hier landeten sie auch. Man hat daher diese Göttin, von der gerade in jüngster Zeit in Walcheren viele neue Denkmäler gefunden wurden, als Handelsgöttin sehen wollen. Auch für Köln glaubt man ihre Verehrung nachweisen zu können. Man nimmt dafür das Bruchstück eines Weihesteines in Anspruch, auf dem in einer Nische auf einem Sessel eine Frau thront (Abb. 133). Sie trägt ein Gewand, das nach Art der ubischen Gewänder vor der Brust mit einer Spange geschlossen ist. In dem Korb, den sie in ihrem Schoß hält, befinden sich Opferkuchen. Zu ihrer Rechten hockt ein Hund. Unzweifelhaft ist eine einheimische Göttin dargestellt. Doch reichen die erkennbaren Attribute für eine Identifikation als Nehalennia nicht aus.

Klarer liegt der Sachverhalt bei einem Altar, den »Seine Eminenz der Gardepräfekt Titus Flavius Constans um 160 nach Chr. für die Göttin Vagdavercustis hat herstellen lassen« (Abb. 119). Dieser Constans war als Prätorianerpräfekt der Oberbefehlshaber der Kaisergarde. Er hatte damit den höchsten Rang erreicht, den ein Laufbahnbeamter in der römischen Verwaltungshierarchie erlangen konnte. Als Jahresgehalt erhielt er, der dem Ritterstande angehörte, 300 000 Sesterzen. Das ist 250mal soviel wie das Gehalt eines einfachen Soldaten.

Vermutlich hat sich Constans auf der Opferszene

seines Weihealtares als Opfernder selbst darstellen lassen (Abb. 119). Er ist dabei »offiziell« gekleidet. Den Mantel hat er über das Haupt gezogen. Auf dem Altar liegen Holzscheite, die brennen. In das Feuer gibt Constans eine Spende. Opferdiener bilden seine Begleitung. Einer hält einen geöffneten Kasten, der Opfergaben, vielleicht Weihrauch, enthält. Sein Nachbar bläst Flöte. Die beiden anderen rahmen den Opfernden. Während der außen Stehende auf den Opferaltar zuzublicken scheint, liegen die Augen des anderen auf dem Opfernden. Der Sockel des schönen Altares ist nicht erhalten (Abb. 119). Die Seitenflächen sind mit kraftvoll modellierten Lorbeerbäumen geschmückt, die auf die lebensspendende Kraft der Göttin ebenso hinweisen wie auf die Glückseligkeit eines immerwährenden Lebens nach dem Tode (Abb. 118). Auch dieser Altar ist ein sprechendes Denkmal dafür, wie trotz der Verbreitung des römischen Götterhimmels in allen Teilen des Reiches dabei die alten einheimischen Religionen nicht nur fortlebten, sondern auch die Römer selbst diese verehrten und sich von ihnen bedacht wußten.

Als besonders typisch für den niederrheinischen Raum können die Muttergottheiten, die Matronen, bezeichnet werden. Ihre verschiedenen Beinamen sollen sich auf Sippen oder Stämme beziehen, deren »Schutzgöttinnen« sie ursprünglich waren. Die Vielfalt dieser »Göttinnengattung« wird sofort klar, wenn man die allein aus Köln durch Weihungen und Altäre bekannt gewordenen Namen hintereinander reiht. Es sind folgende: aflische, aufanische, andrustehische, aumenahenische, autriahenische, axsinginehische, boudunnehische, fernovinehische, lubische, mahlinehische, malvisische, udravarinehische und vallabnehische. Auch die in einem Fall in Köln belegten Göttinnen medicinae sind noch in diesen Kreis zu setzen.

Aus der Reihe der vielen Zeugnisse seien nur drei herausgehoben (Abb. 115, 116):

Im 2. Jahrhundert nach Chr. setzte Dossonia Paterna für die boudunnehischen Matronen einen sehr lebendig durchgearbeiteten Altar, dessen Sockel und oberer Teil leider zerstört sind (Abb. 116). Über der Inschrift, die wie meist im unteren Teil des Altares angebracht ist, thronen über einem Podest in einer Nische, die ein Muschelgewölbe schloß, die drei Göttinnen. Zwischen ihnen ist die Bank, auf der sie sitzen, klar zu erkennen; auch deren gepolsterte Rückwand. Über den Gewändern tragen die Göttinnen Mäntel, die vor der Brust mit Broschen geschlossen sind. Während die seitlich Sitzenden auf dem Kopf mit großen Hauben versehen sind, die ein Charakteristikum der einheimischen Tracht waren, zeigt die mittlere ihre Frisur. Gleich welchen Namen diese immer als Dreiheit auftretenden Muttergöttinnen auch haben mögen: nur die äußeren tragen die Haube, das Zeichen der verheirateten Frau, während die mittlere immer barhäuptig ist (Abb. 122). Nur die rechte Matrone trägt in der linken Hand einen Korb mit Früchten. Einen solchen besaßen auch die beiden anderen. Doch sind diese zerstört (vgl. Abb. 122). Links und rechts schweben über Weltkugeln Victorien. Es sieht aus, als hielten sie mit dem erhobenen Arm das Muschelgewölbe (Abb. 116). Die Pilaster, die an den Seiten Podest, Nische und unteren Gewölbeteil rahmen, sind zwischen Basis und Kapitell in zwei Felder geteilt. In sie sind Tänzerinnen oder tanzende Schutzgötter gestellt.

Zwei andere Altäre sind den axsinginehischen und den aflischen Matronen gewidmet (Abb. 115). Beide Stücke werden dem 2. Jahrhundert zugeschrieben.

Mit dem einen Altar erfüllte ein Marcus Catullinius Paternus ein Gelübde. Auf der Frontseite rahmen vom Altarsockel an aufsteigende Pilaster Inschrift und Bildfeld darüber. Die drei Göttinnen thronen in einer Nische, an deren Vorderseite Pilaster angeordnet sind, die mit den Frontpilastern zusammen dem Rahmen Reichtum sichern. Das Muschelgewölbe ist elegant durchgebildet und schmiegt sich buchstäblich in den Giebel ein, der das Bildfeld beschließt und zugleich die Bühne für den eigentlichen Altar, der aus zwei Rollen und der Opferfläche dazwischen besteht, abgibt. Die Seiten dieses Denkmals sind gut erhalten. Kannelierte Pilaster setzen den Rahmen für das Bildfeld. Auf einem Sockel steht ein Opferdiener, einen Weinkrug in der Rechten, die linke Hand zur Brust erhoben. Zwischen den Kapitellen ist eine Girlande gespannt. An diesem Bildfeld kann man ablesen, eine wie ausdrucksvolle Gruppe durch die Beschädigung der Götterfiguren verloren ging.

Den anderen Altar errichtete Marcus Marius Marcellus »auf Befehl der Matronen«. Den größten Teil der Frontfläche nimmt über dem Sockel die Inschrift ein. Für die Matronen ist eine Art »Heiligenhäuschen« ausgebildet, das vor die Schriftfläche vorspringt. Auf der Bodenplatte stehen Pilaster, von denen die apsisförmig gebildete Nische, die ebenfalls von einem Muschelgewölbe beschlossen wird, ausgeht. Frei neben dem Bogen des Muschelgewölbes liegen die schuppengeschmückten und rosettenverzierten Altarpolster, zwischen ihnen die Opferschale. Die drei Matronen sind wie üblich gewandet und halten Früchtekörbe in den Händen. Auch hier sind die Seitenfelder mit je einem Opferdiener ausgestellt. Die Felder sind nur schlicht gerahmt, in sie einfache Sockel einmarkiert, darüber eine Nische für den Opferdiener angedeutet, der in sich versunken einen Fruchtkorb mit der linken Hand hält. Die rechte faßt an dessen Rand (Abb. 115).

In dem Nebeneinander beider Altäre wird das Typische dieser Weihegaben ebenso deutlich erkennbar, wie die Unterschiede. Man kann gut ermessen, wie lebendig die Umgebung der Heiligtümer, ausgestellt mit solchen Weihegaben, gewirkt haben muß.

Die Intensität in der Verehrung der Muttergottheiten mag der Grund dafür sein, daß in den Kölner Terrakottawerkstätten viele Bilder von Matronen gefertigt wurden. Neben den drei Göttinnen (Abb. 122) waren auch solche beliebt, die eine Muttergottheit mit Hund zeigen (Abb. 121). Hierbei fallen Bildprägungen auf, die später auch in ähnlicher Weise das christliche Kultbild kannte.

Reise und Verkehr

Für das Leben in einer Stadt war die Anbindung an Verkehrsnetze lebenswichtig. Nur dadurch konnte gesichert werden, daß die für das Leben notwendigen Güter in die Stadt gelangten und die in der Stadt produzierten Sachen, sofern sie nicht dem Bedarf in der Stadt selber dienten, als Handelsware auch in entfernte Orte gelangten. Zur Überwindung weiterer Entfernungen stand nicht nur beim Militär vorwiegend das Pferd zur Verfügung, auch Esel werden als Last- und Zugtiere verbreitet gewesen sein.

Die Möglichkeit, sich schnell von Ort zu Ort bewegen zu können, war bei der Größe des Reiches eine unabdingbare Voraussetzung für das Funktionieren von Herrschaft, militärischer Sicherheit, Verwaltung, für Handel und Gewerbe, aber natürlich auch für die Reisen von Privatleuten. Daher mußten Reisewagen vorhanden sein. Solche sind im archäologischen Befund in der Regel nur schwer nachzuweisen. Es fügte sich glücklich, daß das Museum vor langer Zeit einmal die Beschläge eines römischen Reisewagens hat erwerben können. Sie stammen aus einem Fund aus dem Wardatal in der Nähe von Saloniki.

Bei der Durchsicht der zugehörigen Funde schien es, daß sie ausreichend sein könnten, um eine Rekonstruktion des gesamten Wagens zu versuchen. Die Rekonstruktion gelang, obschon viele wichtige Teile aus Eisen bei der Ausgrabung des Fundes als offensichtlich nebensächlich nicht mit aufbewahrt worden waren. Gleichwohl enthielten die vorhandenen Bronzebeschläge so viele Anhaltspunkte für die Rekonstruktion, daß nun ein römischer Reisewagen des 2. Jahrhunderts nach Chr. wieder vor Augen steht. Solche Wagen sind in vielen Provinzen des Römischen Reiches in Gebrauch gewesen. Es ist daher durchaus erlaubt sich vorzustellen, diese oder ähnliche seien auch im römischen Köln benutzt gewesen. Der Reisewagen, für dessen Holzteile abgelagertes Eichenholz benutzt wurde, ist 2,60 m lang und 2,30–2,35 m hoch. Er hat eine Breite von 1,80 m. Alle an dem Wagen verwendeten Bronzeteile sind Originale. Nur Eisen, Leder, Wagenverdeck und die die Plane haltenden Kupferstifte sind nachgebildet. Dafür wurde auf Vergleichsstücke zurückgegriffen.

Bei der Rekonstruktion kommt zwei Gesichtspunkten besondere Bedeutung zu. Es konnte mit hinreichender Klarheit nachgewiesen werden, daß ein römischer Reisewagen des 2. Jahrhunderts nach Chr. eine drehbare Vorderachse besessen hat (Abb. 124). Diese Tatsache belegt, daß es in der römischen Zeit technologische Entdekkungen von erheblichem Gewicht gegeben hat. In den nämlichen Zusammenhang gehört, daß der Wagen gefedert war. Vier Bronzestatuetten von Victorien erzwangen diesen Schluß (Abb. 126, 127). Für die Rekonstruktion wurden Lederriemen verwendet (Abb. 124). Auch Federungen durch Seile wären möglich gewesen, doch schien die getroffene Lösung überzeugender (Abb. 126). Deutlich wird mit Hilfe der Rekonstruktion aber auch, daß die Figuren nicht irgendwelche schönen Dinge mit einem gewissen Eigenwert als Kunstwerk gewesen sind, sondern in einen Funktionszusammenhang gehörten. So waren die schönen Leoparden, deren Fell durch Silberintarsien gekennzeichnet ist, rahmende Begleitung auf den Lehnen des Kutschbockes. Den Wagenaufbau bekrönte eine kunstvoll modellierte Dreiergruppe: Dionysos-Bacchus zwischen Begleitern, von denen der linke einen Satyrn vorstellt (Abb. 124, 125). Von den Victorien war schon die Rede. Zusammen mit schön geschwungenen Fingern bilden sie nicht nur eine Gruppe von bezwingender kompositorischer Kraft (Abb. 127), sondern waren einfach neben der Tatsache, daß sie einen Reisewagen entsprechend »schmückten«, vor allem technisch notwendige Elemente. In ihren »Begleitfingern« hingen die ledernen Riemen, die dem Wagenkörper jene Bequemlichkeit liehen, die den Reisenden in dieser doch bei allem Komfort auf Mühsal gestellten Kutsche die lange Reise erträglicher machten.

Ist die Gruppe des Dionysos-Bacchus mit seinen Begleitern (Abb. 125) geradezu von malerischer Bewegtheit gekennzeichnet – sie ist eines der qualitätvollsten Stücke unter allen Bronzen, die das Museum besitzt – atmen die Körper der Leoparden eine schöne Kennzeichnung des tierischen Körpers (Abb. 123). Sie erscheinen außerordentlich statuarisch, wie sie zum Sprung bereit da stehen. Demgegenüber sind die Victorien von blockhafter Strenge (Abb. 126, 127), wobei nicht verkannt werden soll, daß die ihnen eignende Gestrafftheit aus ihrem Funktionsbezug gezogen ist. Ähnlich verhält es sich mit den Löwenköpfen, die die Radnaben zieren und diese aus dem Bloß-Funktionalen ins Belebte wenden (Abb. 124). Hervorgehoben werden muß schließlich, daß die rückwärtige Seite des Wagens durch vor den Kasten gesetzte »Lisenen«, die am Ansatz wie oben durch Bronzeschmuck hervorgehoben sind, diese Seite ins Festliche wenden. Insgesamt vermag die Rekonstruktion dieses Wagens darzulegen, daß mehr als gemeinhin angenommen wird die als künstlerische Eigenwerke gesehenen Miniaturbronzen als »Funktionswerkzeuge« in Gesamtzusammenhänge eingebunden waren.

Güterumschlag im Rheinhafen

Der Rheinhafen hatte für die römische Kolonie große Bedeutung. Hier gingen die Schiffe vor Anker, die alle möglichen Arten von Waren anlieferten, von hier wurden Kölner Produkte auf die Reise gebracht. Auch Kriegsschiffe dürften dann und wann im Hafen gelegen haben, selbst wenn die römische Rheinflotte bei dem Kastell auf der Alteburg über einen eigenen Hafen verfügte.

Ausdehnung und Beschaffenheit des römischen Rheinhafens sind nur ungefähr bekannt (Fig. 2). Gesichert scheint allein, daß schon zum Oppidum Ubiorum der Hafen als eine Grundlage für Handel und Sicherung der Rheinfront gehörte. Heute bilden Hafen und zugehörige Hafeninsel Bestandteile der mittelalterlichen Altstadt Kölns, des sogenannten Martinsviertels. Dieses Viertel hat der Kölner Erzbischof Bruno im 10. Jahrhundert anlegen lassen. Man gewann den Siedlungsplatz, indem man den alten römischen Rheinhafen, der zwischen Insel und Strom gelegen hatte, mit Erde auffüllte (Fig. 1, 2).

Ausgrabungen, die in den letzten Jahren im Rahmen der Stadtsanierung auf der römischen Hafeninsel möglich waren, haben erste konkrete Aufschlüsse über das Aussehen der Hafeninsel gebracht. Schon im 1. Jahrhundert nach Chr. standen hier Bauten, die mit dem Hafenbetrieb in Verbindung gebracht werden können. Im 2. Jahrhundert entstanden in dem Areal, wo heute die Kirche Groß St. Martin sich erhebt, große dreischiffige Hallen, die um einen Hof angeordnet waren. Diese bedeutende Kirche benutzt die Fundamente zweier dreischiffiger Hallen aus dem 2. Jahrhundert. Deren Architekturdetails waren so aufwendig, daß in Frage steht, ob die nachgewiesenen Gebäude als Lagerhallen bezeichnet werden können. Möglicherweise waren sie für andere offizielle Zwecke errichtet. Genaueres wird man dazu erst nach Abschluß der noch im Gang befindlichen Untersuchungen sagen können. Jedenfalls sind die Ergebnisse schon jetzt so bedeutend, daß die zutage tretenden Baureste unter der Kirche erhalten und zugänglich gemacht werden sollen.

So gut wie keine Kenntnisse bestehen bisher über das Aussehen des Hafenbeckens. Leuchttürme scheinen schon früh bestanden zu haben, sie markierten die Hafenein- und -ausfahrten. Man nimmt an, daß die Kaimauern aus Holzpfählen bestanden. Solche hat man bei Niedrigwasser des Rheins an der Stelle aus dem Strome ziehen können, wo im 4. Jahrhundert Constantin der Große eine steinerne Brücke über den Fluß schlug, um die Kolonie mit dem ebenfalls von ihm errichteten Kastell Divitia (Deutz) zu verbinden. Die steinernen Pfeiler dieser Brücke hatten Fundamentroste aus mächtigen Eichenholzpfählen (Abb. 131). Einige davon wurden in die Mitte der Sockelinsel »Güterumschlag im Rheinhafen« gestellt. Sie zeigen anschaulich, daß in römischer Zeit für Bauwerke auch Hölzer verwendet wurden. Aus solchen »Pfahlmauern« könnten die Hafenkais gebildet gewesen sein. Genaueres darüber wird zu erfahren sein, wenn in den nächsten Jahren durch Ausgrabungen das Hafenbecken selbst erkundet werden kann.

Das Holz für diese Pfähle wurde entweder in der Umgebung von Köln geschlagen oder aus dem rechtsrheinischen Gebiet, vielleicht aber auch aus der Eifel herbeigeschafft. In Köln werden die Baumstämme über Sägegruben in vierkantige Pfähle zugerichtet worden sein (Abb. 131). Am Ende wurden sie dann angespitzt und mit eisernen Pfahlschuhen versehen (Abb. 129). Dafür mußten neben Eisen auch leistungsfähige Schmiedewerkstätten zur Verfügung stehen. Ihr Standort ist noch unbekannt. Die eisernen Pfahlschuhe ermöglichten es, die Pfähle tief in den Hafen- oder Flußboden einzurammen. Hier blieben sie erhalten, dienten im Mittelalter noch zum Festmachen von Schiffen und waren sogar im 19. Jahrhundert benutzt, wie man an Eisenresten an den oberen Teilen der Pfähle erkennen konnte.

Mit einem der Pfähle wurden drei Kugelgewichte verbunden, die von einer römischen Standwaage stammen. Solche Standwaagen waren auf Großmärkten benutzt. Sie können auch im Hafengebiet verwendet gewesen sein (Abb. 129, 131). Die Ketten, mit denen die Kugeln befestigt sind, wurden nachgebildet.

Eine ganze Reihe von Personen, die in Kölner Inschriften genannt sind, lassen sich auf die eine oder andere Art mit dem Rheinhafen verbinden. Vorne anzustellen ist dabei eine mit schöner Schrift geschriebene schwarze Marmorplatte. Ihren einzigen Schmuck bildet ihr Rahmen, der aus drei wohlbemessenen Kehlen gebildet ist. Ein Caius Aurelius Verus, Freigelassener des Gaius, der als Britannienhändler (negotiator Britannicianus) tätig war, hat sie dem Apoll geweiht. Das Wort moritex in der vorletzten Zeile der Inschrift kann nicht übersetzt werden. Es kommt nur in dieser einen Tafel unter allen bekannten römischen Inschriften vor und ist auch sonst aus lateinischen Texten nicht bekannt. Die letzte Zeile lautet: L(oco) D(ato) D(ecreto) D(ecurionem) – Der Platz (für die Weihung) wurde vom Stadtrat angewiesen. Daraus ist zu schließen, daß diese bei St. Pantaleon zu Köln gefundene Inschrift an einem öffentlichen Gebäude angebracht gewesen ist. Dafür wie für die Aufstellung einer solchen oder eines Denkmals auf einem öffentlichen Platz mußte nämlich die Genehmigung des Stadtrates vorliegen.

Die Weihung des Britannienhändlers bezeugt, daß in Köln Kaufleute ansässig waren, die sich auf diesen Handel spezialisiert hatten. Es ist anzunehmen, daß sie im Hafenbereich ihre Stapelplätze besaßen, vielleicht sogar Besitzer eines eigenen Schiffes waren. Wie die meisten Kaufleute war auch Caius Aurelius Verus ein freigelassener Sklave.

Einige Grabsteine machen mit der Existenz von Marinesoldaten in Köln bekannt. Einer nennt den Matrosen Aemilius, der aus dem Südwesten Englands stammte. Er war im 2. Jahrhundert Soldat in der römischen Rheinflotte, der Germanica Pia Fidelis (Abb. 131). Ein anderer hält das Gedächtnis an den Untersteuermann Horus aus Alexandrien fest. Er starb im 1. Jahrhundert. Damals waren viele Ägypter und Kleinasiaten Mitglieder der römischen Rheinflotte. Zwei weitere Grabsteine des 2. Jahrhunderts (?) zeigen die Porträts von Untersteuermännern dieser Flotte in der römischen Bürgertracht (Abb. 131). Im unteren Teil zeigt das besser erhaltene Denkmal (Abb. 131) das Vorschiff von einem Kriegsschiff. Auf ihm hatte der Untersteuermann seinen Platz. Hier hatte er Ausschau zu halten und seine Beobachtungen an den Steuermann weiterzugeben, der so beim Navigieren des Schiffes Hilfe erhielt.

Über die Schiffe, die im Hafen der römischen Kolonie anliefen, ist aus dem archäologischen Befund bis heute nichts bekannt.

Einzig ein winziges Schiff kann im Besitz des Museums daran erinnern, daß zu einem Hafen eine Vielzahl von Schiffen gehört (Abb. 132). Das nur bis 7,5 cm hohe und bis 12 cm breite Stück ist aus einem Bernstein geschnitten. Das Rohmaterial dazu dürfte von der Nord- oder Ostseeküste importiert worden sein.

Natürlich ist dieses »Bötchen« kein richtiges Boot. Es wurde als Muschel gearbeitet. Mit der Muschelform ist eine Phantasiebootsgestalt verbunden: halb Ruder-, halb Segelboot. Sechs Ruder sind zu zählen, am Bug zwei Ruderer zu sehen. Am Achtersteven ist eine Kajüte für den Steuermann aufgesetzt, das muschelförmige Segel ist am oberen Rand eingeschlagen. Passagiere sind drei Eroten. Der mittlere schlägt den Takt, der linke bläst auf einer Flöte und der rechte schlägt die Leier (Abb. 132). Die Rückseite des köstlichen kleinen Stücks, das vermutlich im 3. Jahrhundert entstand, zeigt Meeresbewohner.

Mehrfach sind in Köln Flußgottmasken gefunden worden (Abb. 135, 136). Bei der Bedeutung, die der Rheinstrom für die Stadt hatte, liegt es nahe in ihnen Personifikationen dieses Flusses zu sehen. Flußgötter stellte man sich oft bärtig vor. Die beiden Reliefs, die dem 2. oder 3. Jahrhundert angehören, sind lebendig durchmodelliert. Kraftvolle Gesichter werden von wallenden Haupt- und Barthaaren gerahmt. Schon der römische Dichter Ausonius hat im 4. Jahrhundert nach Chr. den »Vater Rhein« besungen.

Als den Spender von Gaben, den Weg, der die Güter der Stadt zuführte, wird man den Rhein verehrt haben. Aber auch die Muttergottheiten wurden von denen, die Schiffahrt und Handel trieben, um Schutz angefleht (Abb. 133). Wichtig mögen auch die Quellnymphen gewesen sein, die zu bewirken vermochten, daß das Wasser des Stromes ausreichend und den Menschen freundlich gesonnen blieb (Abb. 134). Diese drei Nymphen setzen deshalb auch jeweils die Füße auf eine Flußgottmaske, die mittlere auf einen Jüngeren, die äußeren auf einen Älteren.

Der Rhein fließt in das Meer. Die Alte Welt sah die Meere von dem Gott Oceanus beherrscht. Eine vorzüglich gearbeitete Bronzemaske des 3. Jahrhunderts, die in einem Grab an der Luxemburger Straße gefunden wurde und die wahrscheinlich einen Schiffssteven zierte, gibt dessen Bildnis. Das feinnervig modellierte Gesicht wird von Haupt- und Barthaaren gerahmt. Sie sind in den Höhungen messerscharf zugeschnitten. Delphine und andere Fische wachsen aus den Haaren hervor. Die Ohren sind als Eselsohren ausgebildet. Zwei Krebsschwänze krönen das Haupt. Augen, Nase und Mund sind zu einer markanten Gruppe zusammengebunden und sichern dem Bildnis fesselnden Ausdruck.

Mit den Sockelinseln »Gewerbe und Handel«, »Einheimische Gottheiten«, »Reise und Verkehr« sowie »Güterumschlag im Rheinhafen« sind Vitrinenreihen in Zusammenhang zu bringen

(Abb. 64, 108, 111, 124, 131), in denen Sachgüter ausgestellt sind, die die einzelnen Themenbereiche vertiefen sollen. Viele dieser Gegenstände indessen könnten auch in andere Themenbereiche eingerückt werden.

Die straffe, schlanke rottonige Kanne (Abb. 138) ist von außerordentlicher Schönheit. Ihren Leib ziert ein aufgesetztes Rankenornament, das zusammen mit den weißen Punkten mit einem ausgebildeten Gespür für Wirkung auf den Körper der Kanne gesetzt ist. Mit dem Federmesser geschnittene Leisten grenzen das »Bildfeld« nach unten und oben ab. Auf diese Art wird Spannung erzeugt, die im Gegensatz zu dem geschmeidig glatten Gefäßkörper steht. Dieses Tongefäß, das sein Vorbild von einer Bronzekanne haben könnte, ist nicht in Köln hergestellt. Es wird um die Wende zum 3. Jahrhundert nach Chr. in einer Trierer Werkstatt entstanden sein, wo im 3. und 4. Jahrhundert nach Chr. wohl auch die Mehrzahl der schwarzgrundigen Trinkbecher verschiedenster Formen, die mit Rankenmustern und Sprüchen verziert sind (Abb. 152), produziert wurden. Solche Ware hat das römische Köln wohl vorwiegend auf dem Wasserwege über Mosel und Rhein erreicht. Die Kölner Händler werden solche Sendungen von den Stapelplätzen am Hafen haben abholen müssen. In diesen Kreis gehört auch das schöne flache rottonige Gefäß mit Ranken, wogegen die weißtonige Henkelkanne mit den roten Ringen auf dem Bauch sehr wohl in einer Kölner Töpferei hergestellt sein dürfte (Abb. 140). Ausnahmslos von auswärts, aus südgallischen aber auch aus mittelrheinischen Töpfereien, wie denen von Sinzig, gelangte das bessere Tafelgeschirr nach Köln: die Terra Sigillata (Abb. 148, 149, 150, 153). Neben den einfachen Formen der Frühzeit in dunkelrotem Ton, wovon einige Stükke sogar aus Norditalien stammen können (Abb. 150), machen die mit Bildfeldern und reichen Rankenornamenten versehenen des 2. und 3. Jahrhunderts (Abb. 148, 149) besonders auf sich aufmerksam. Für solche Stücke wurden Model verwendet, d. h., Ornamente, Bildfelder und Girlanden wurden durch Abdruck aus einer Negativform gewonnen. Das zeigt anschaulich ein solcher Model, der dazu bestimmt war, das kostbare Tafelgeschirr nachzuahmen. Dies gelang aber nur in Grenzen, wie ein Vergleich der ausgedrückten Form mit darüberstehenden Schalen auf einen Blick zeigt (Abb. 153, 154).

Ein Kölner Produkt ist ein Gefäß, dessen oberen Körper Fruchtzweige zieren (Abb. 139). Bänder sind durch kleine Punkte abgesteckt. Auf diese Art ist auch eine Girlande gespannt und es sind dreieckige Ornamentfelder aufgesetzt. Während dergleichen Gefäße im 2. und 3. Jahrhundert nach Chr. verbreitet waren, gehören andere noch der 1. Hälfte des 1. Jahrhunderts nach Chr. an (Abb. 141). Diese formstraffen Töpfe, entweder ohne oder mit sparsamen Ornament versehen, werden den ubischen Werkstätten zugeschrieben. Ihre Oberfläche ist tiefschwarz und ein stumpfer metallischer Glanz ist für sie kennzeichnend. Die auf der Scheibe gedrehten Gefäße verbinden in geglückter Weise das ubische Formgut mit den ersten Einwirkungen römischer Töpferware, die als Import in das Land gekommen war. Dabei wird auch erkennbar, daß sofort die Vermittlung technologischer Prozesse durch die Römer an die einheimische Bevölkerung eingeleitet wurde, denn römischer Einfluß ist ohne Zweifel in der Verwendung der Drehscheibe vorhanden. Nicht ganz auszuschließen ist sogar, daß römische Handwerker solche Gefäße für einheimische Kunden herstellten.

Dies spielte auch bei späteren Produkten noch eine ausschlaggebende Rolle. Aus rechtsrheinischen germanischen Gräberfeldern stammende Gefäße (Abb. 144) lehren, daß während des 3. Jahrhunderts nach Chr. römische Töpfereien für den Export in das rechtsrheinische Germanien Gefäße herstellten. Solche buckeligen Formen, wie sie das rechte Gefäß zeigt, das aus einem großen germanischen Gräberfeld von Leverkusen-Rheindorf stammt, mögen zwar dem Geschmack der Germanen entsprochen haben, wurden von ihnen selbst aber nicht hergestellt. Auch das linke Gefäß, eine sogenannte »Planetenvase«, das in einem Grab eines solchen Gräberfeldes in Bonn-Troisdorf gefunden wurde, ist eine römische Werkstattproduktion. Derartige »Planetenvasen«, die aus nordgallischen Werkstätten bekannt sind, tragen in der Regel sieben Köpfe. Auf dem Troisdorfer Gefäß sind es nur sechs, vier männliche und zwei weibliche. Es scheint nicht ausgeschlossen, daß eine Kölner Werkstatt diese im Gebiet von Maas und Sambre wie aus der Trierer Gegend aus Gräberfeldern bekannten Gefäße, deren Büsten man mit den römischen Wochen- oder Planetengöttern meinte gleichsetzen zu müssen, hergestellt hat.

Ganz anderen Ursprungs sind topfförmige Gefäße (Abb. 146), die, wie das linke, aus Syrien nach Köln importiert zu sein scheinen. Sie kommen im römischen Reich häufiger vor, wie eine Kanne in der Form eines trinkenden Affen belegt, die aus Tunesien stammt und sich als Dauerleihgabe im Besitz des Museums befindet. Möglicherweise muß eine solche Darstellung in Zusammenhang mit dem Bildnis einer »trunkenen alten Frau« gesehen werden (Abb. 242). Als ein eigenes Produkt einer Kölner Werkstatt des 2./3. Jahrhunderts nach Chr. kann wieder das in der Form eines zweihenkligen Kraters gehaltene grünglasierte Gefäß gelten (Abb. 143), das aus weißem Ton gefertigt ist. Auch hinter diesem dürfte als Vorbild ein Bronzegefäß stehen. Eine gewisse Verwandtschaft mit dem großen grünglasierten Gefäß (Abb. 106) ist offensichtlich, wenn auch dessen Qualität entschieden höher ist.

Die Neigung zur Nachahmung »besserer« Gefäße in gröberem Material ist überhaupt offensichtlich. Dafür lassen sich mehrere Belege anführen, so z. B. wie silberne Teller in Terra Sigillata-Geschirr nachgeahmt wurden (Abb. 142). An diesem Beispiel läßt sich immerhin noch der Rang dieses Geschirrs abmessen, wobei es den Produzenten sogar gelang, den feinen und dünngliedrigen Zuschnitt, den die Formen im Silbergerät nun einmal haben, in das dem Terra Sigillata-Geschirr eigenwertige Formengewicht umzusetzen. Entschieden weniger glückte das bei der Umsetzung einer Bronzeschale des 1. Jahrhunderts nach Chr., die vermutlich aus einem Produktionszentrum in Capua nach Köln importiert wurde. Diese formschlichte Schale, mit einem halbkugeligen Knopf in der Mitte, besitzt einen kannelierten Griff, an dessen Ende ein Widderkopf sitzt. Eine ähnliche Schale hat einem Kölner Töpfer als Vorbild vorgelegen. Was er daraus zu machen wußte, zeigt der Vergleich der beiden Gefäße (Abb. 145). In dem einen Falle handelt es sich um Gerät von beträchtlichem kunstgewerblichem Wert, in dem anderen um eine grobe Machart; darüber kann auch der Versuch, dem Stück mit Reliefierung durch Szenen an der Unterseite Rang zu geben, nicht hinweghelfen.

Noch schlagender ist der Vergleich zwischen einer 29,8 cm hohen Bronzekanne des 1. Jahrhunderts nach Chr., die ebenfalls aus einer Werkstatt in Capua stammen dürfte (Abb. 147) und einem Henkelkrug aus einer Kölner Werkstatt (Abb. 151). Dem Töpfer ging sogar das Gefühl für die elegante Form seines Bronzevorbildes ab. Er fertigte einen »gemütlichen« Krug, an dem allenfalls Randprofil und Henkelattache an ein Bronzekannen-Vorbild erinnern. Man muß sich wohl vorstellen, daß in ähnlicher Weise die Vorbilder des großen Kunstgewerbes in den Werkstätten der Provinzen verwässert wurden (Abb. 145, 147, 151). Unter diesem Aspekt wird man sogar die Spruchbecher (Abb. 152) sehen müssen, wie die Mehrzahl der Terra Sigillata-Gefäße (Abb. 148, 149, 153). Die Nachahmungen wird man dann zu nehmen haben als das, was sie sind: kaum geglückte Versuche (Abb. 154), und allenfalls gutheißen mit dem Verständnis, ein am Rande der Welt beheimateter Töpfer habe, weil die Originale nicht in der erwünschten Anzahl eintrafen, für den Absatz seiner Ware eine Marktlücke entdeckt und zu nutzen gewußt. Wendet man diesen Betrachtungsstandpunkt nur konsequent genug an, wird auch die Einschätzung der Kölner Glasproduktion eine andere und in wesentlichen Punkten erhellender sein (Abb. 173 bis 218), als dies bisher allein der Fall war. Sogar die Gesichtspunkte von »Kitsch« gewinnen dann für die Gesamtprobleme miterhellenden Charakter und Wert. Auch die »berühmten« Kölner Terrakotten wird man so nicht mehr unbedingt nur als Fleiß einiger Kölner Produzenten sehen, wie zum Beispiel des Servandus (Abb. 170, 171, 172; auch 38, 69, 236), sondern die Frage nicht nur stellen dürfen, sondern müssen: steht hier nicht »Kitsch« an? Haben hier nicht sehr kühl auf ein Markterfordernis spekulierende Handwerker, die von Kunst keine, aber von Geschäft alle Ahnung hatten, sehr scharf auf eine »Marktlücke« spekuliert?

Kein Kitsch ist sicher die bronzene Henkelkanne des 1. Jahrhunderts nach Chr. aus einer Werkstatt in Capua (Abb. 147), die im September 1930 im Garten des Wohnhauses des damaligen Kölner Oberbürgermeisters Dr. Konrad Adenauer an das Tageslicht trat. Sie war in Gesellschaft einer bronzenen Griffkanne (Abb. 145, links). Natürlich hat diese Kanne etrurische Vorbilder, doch besitzt sie einen hohen Rang, der der augusteischen Kunst und in Nachfolge derselben so vielem Gerät des 1. Jahrhunderts nach Chr. eignet. Über einer schmalen, aber deutlichen Standfläche erhebt sich schlank und gestrafft der Gefäßkörper wie in einem einzigen Atemzug. Aus dem Leib des Gefäßes wächst zwanglos der Hals, der in einem wohlmodellierten, knapp zugeschnittenen Halskragen mündet. In den Köpfen von Schwänen nimmt von diesem Rand der Henkel seinen Ausgang. Die Selbstverständlichkeit, mit der dies geschieht, belegt einen Handwerksmeister von Rang. Der Henkel wird buchstäblich aus dem Rand entlassen. Auf dem Henkel sind zwei Masken angebracht. Mit sicherem Gefühl sind sie in den zur Verfügung stehenden Raum eingepaßt. Ein Gefäß, aus dem drei Pinienzapfen sprießen und das mit schlichten Ringen punziert ist, gibt dem unteren Teil des Griffs, der als Medaillon ausgebildet ist, nach oben einen aus fließender Bewegung gezogenen Abschluß. Auf diesem Medaillon füllen zwei Gestalten prall den zur Verfügung stehenden Raum: ein trunkener Dionysos mit Thyrsosstab – schön in den charakteristischen Umrissen modelliert – stützt sich auf einen Satyrn. Besticht die gesamte Kanne durch die Schönheit der Form (Abb. 147), tritt in diesem Medaillon die Poesie ins Bild. Dies ist ein wahrhaftes Beispiel für ein ausgezeichnetes »Kunstgewerbe« und zugleich ein Beleg dafür, was für »Kunstwerke« bisweilen mit der Einverleibung dieses Teiles der Welt in den römischen Reichsverband nach hier gelangten.

Bauten und Kunst in der Stadt

In Köln sind einige bedeutende Baureste der römischen Zeit erhalten geblieben, die durch Ausgrabungen wieder ans Tageslicht kamen. Von ihnen ist das unter dem Rathaus gelegene Praetorium als ein sprechendes Beispiel eines römischen Staatsbaues weit über Köln hinaus bekannt geworden (Fig. 4, 5, 6). Aber auch dieses in der unmittelbaren Nachbarschaft des Museums gelegene Bauwerk ist überwiegend nur noch in seinen Fundamenten vorhanden. Besser steht es da mit einer Portikus, die zur Regia gehörte. Sie ist an der Westseite des alten Rathauses gelegen. Von ihr sind die Pfeiler und die Gewölbe erhalten.

Neben den Staatsbauten und den Tempeln wurde das Gesicht einer römischen Stadt entscheidend geprägt von den Wohnbauten. Es wurde bereits angemerkt (s. Seite 17f.), daß in diesem Punkte unsere Kenntnis sehr unbefriedigend ist. In den letzten Jahren wurden zwar einige Stadtquartiere in der Umgebung des Domes ausgegraben. Neben dem Haus mit dem Dionysos-Mosaik kennt man nun einige weitere Atriumhäuser und weiß auch, daß es daneben schmale Bauten gibt, die von der Straße weg tief in das Hintergelände reichten und vermutlich als Handelshäuser dienten. Aber zu einem vollständigen Bild der römischen Stadtgestalt fehlen die entscheidenden Grundlagen. Hieraus ergibt sich, daß es zur Zeit unmöglich ist, die Stadtgestalt der Kölner Kolonie in einem Modell vorzustellen. So kommt es, daß in der Museumsaufstellung das Kapitel Bauten nur in einigen Andeutungen vertreten ist. In den Gesamtkomplex führt indessen ein Audioprogramm ein, das mit dem Wissensstand bekannt macht und überdies versucht, die Baugestalt der römischen Stadt Köln mit der von Städten in anderen römischen Kolonien zu vergleichen.

Auch weist der schöne Grabtempelgiebel in den Bereich Bauten ein (Abb. 62). Es wird an die Phantasie appelliert, sich vorzustellen, daß die vielen Tempel in der Stadt ähnliche – wenn in den Maßen auch viel größere – Giebel besessen haben müssen. Basis und Säulentrommeln, die mit den Matronensteinen verbunden wurden (Abb. 114), sollen andeuten, daß in der Kolonie neben normalen Häusern größer dimensionierte vorhanden waren. Aufgestellte oder rekonstruierte und mit Gesimsen und Kapitellen beschlossene Säulenteile (Abb. 128), werden zu Maßstabgebern für die vorhandenen Denkmäler. Um anzudeuten, daß die Gebäude in der Regel gestrichen und die sie gliedernden Elemente farbig gefaßt waren, wurden auch die aufgemauerten Pilasterstücke und die rekonstruierten Säulen farbig gefaßt. Auch in diesem Falle fiel die Wahl auf eine Pompejanisch-rote Fassung, wobei allerdings die Fugen in Grau markiert wurden (Abb. 156). Auf diese Weise wurde es auch möglich, die Kapitelle so anzuordnen, daß sie in Untersicht gesehen werden. Überdies wird deutlich, daß sie die Bekrönung von Säulen und Pilastern gewesen sind (Abb. 173). Leider verbot es die Raumhöhe, die Kapitelle in der Höhe anzubringen, in der sie sich ursprünglich befunden haben. Es mußte also, wie so oft bei einer Aufstellung im Museum, auch in diesem Punkte ein Kompromiß geschlossen werden. Auf jeden Fall aber kommen die Stücke so zur Geltung und die akanthusblattreichen Kapitelle vermögen wenigstens in Grenzen die ihnen innewohnende Lebendigkeit zu entfalten (Abb. 156).

Der Bestand des Museums an Architekturgliedern ist außerordentlich mager, wenn man von den ausstellungsfähigen Stücken ausgeht (Abb. 62, 114, 128, 156, 162, 173, 248). Mehr als an Kapitellen ist an Basen und Gesimsen erhalten (Abb. 4, 7). Doch ist das Material gut geeignet, Grundlinien erkennen zu lassen. Bei Vorherrschaft der korinthischen Kapitelle ist im Bereich der Sockel ein entschiedener Wechsel der Formen zu beobachten. Endlich weisen vereinzelte Bruchstücke darauf hin, daß dieser oder jener Bau sogar mit einem Reichtum an Zierat aufzuwarten wußte (Abb. 155). Hierbei ist allerdings ein sehr grober Zuschnitt der Formen nicht zu übersehen.

Es stellt sich die Frage, warum der Bestand an Architekturgliedern so gering ist. Wenn auch die überwiegende Anzahl in der nachrömischen Zeit sicher als Baumaterial wiederverwendet wurde, anderes in die Kalköfen wanderte, um Mörtel für die Großbauten des Mittelalters zu gewinnen, müßte bei der Menge, die vorhanden gewesen sein muß, im Grund mehr erhalten sein. Vermutlich ist das nicht der Fall, weil lange an diesen Stücken kein Interesse bestand. Dies ist bedauerlich, denn auf diese Art sind ohne Zweifel zahlreiche Belege verloren gegangen, die dazu hätten verhelfen können, eine genauere Kenntnis vom Aussehen der verschiedenen Arten von Gebäuden der römischen Kolonie zu gewinnen.

Entschiedene Schwierigkeiten bereitet es auch, »Kunst« an den Bauten des römischen Köln vorzuzeigen. Sie wird sicherlich vorhanden gewesen sein und in gewisser Weise lassen sich für diesen Bereich die Mosaiken (Abb. 14, 17, 66, 67, 170) und die Wandmalereien (Abb. 171, 172) in Anspruch nehmen. Eine schöne Gediegenheit der Ausstattung der Häuser ist zu erkennen, vor allem aber auch, wie gering das Fundament für eine umfassende Beurteilung dieses Bereiches in Wirklichkeit ist. Von der Menge dessen, was hier vorhanden gewesen sein muß, ist fast alles zugrunde gegangen. Der außergewöhnlich überzeugend gearbeitete Kopf einer Athena Parthenos, der im 3. Jahrhundert nach Chr. entstand (Abb. 157, 158) bildet eine Ausnahme und einen Glücksfall zugleich. Diese Skulptur ist kaum in Köln hergestellt. Wie dieses Bildnis werden viele andere nach Köln eingeführt worden sein, so auch die Statue des Meleager (Abb. 225) oder die Büste der Aphrodite (Abb. 223).

Die Mehrzahl der Gegenstände, die »Kunst« veranschaulichen können, sind auf den Gräberfeldern geborgen worden (Abb. 159, 160, 161). Man wird argumentieren dürfen, daß ähnliche Skulpturen (Abb. 159, 161) oder Reliefs (Abb. 160) auch innerhalb der Stadt vorhanden waren, zumal aus dem Flottenkastell einige wirklich bedeutende Stücke (Abb. 65, 82, 83) des 1. Jahrhunderts nach Chr. stammen. Auch die schöne, etwas überlebensgroße Skulptur des Jupiter Optimus Maximus (Abb. 261) ist in diesem Zusammenhang zu rücken.

Es wird deutlich: eine wirkliche Vorstellung von den mit den Bauten und der Stadtgestalt verbundenen Kunstwerken ist nicht zu geben. Davon ist das meiste verloren. So kann auch in der getroffenen Ausstellung der Problemkreis nur angedeutet werden. Die Beispiele, die dafür ausgesucht wurden, hätten auch andere sein können. Sie stehen nur stellvertretend, um auf diesen schwierigen Problemkreis hinzuweisen.

Fast allen bildlichen Darstellungen, die in den Provinzen des römischen Reiches entstanden, fehlt die überragende Formulierung, die das Kennzeichen wirklich großer Kunst ausmacht (Abb. 160, 161). Eine gewisse Biederkeit ist prägend, bisweilen gar Unbeholfenheit mit im Spiel (Abb. 159). Oft liegt gerade darin die bezwingende Wirkung, die von diesen Gegenständen ausgeht. Sie sind sehr menschlich, machen erfahrbar, wie in den Grenzen des Vermögens das Mögliche zum Ausdruck gebracht wird. Die großen Vorbilder waren den Steinmetzen, die sie herstellten, durch Musterbücher bekannt. Der eine oder andere von ihnen mag auch dieses oder jenes besondere Stück persönlich gesehen haben. Mancher wird sogar aus größeren Zentren in ein kleines, wie es die Kölner Kolonie war, eingewandert sein, weil er hier einen besseren Absatz erwartete.

Von einem Grabbau an der Aachener Straße stammt das Bruchstück einer Skulptur, die einen Philosophen vorstellt. Der Bildhauer, der diese kleine Gestalt im 3. Jahrhundert nach Chr. schuf, hatte Kenntnis von Typus der Philosophenfiguren, wie er in griechischen Statuen ausgeprägt war. Es ist nicht auszuschließen, daß er sogar versuchte, den griechischen Philosophen Sokrates darzustellen, worauf der verbliebene Teil des Kopfes hindeutet (Abb. 159). Das Bruchstück stammt von einem größeren Grabdenkmal, vielleicht von einer Einfriedung. Darauf deutet hin, daß die Gestalt rückwärts an eine Stütze angelehnt ist.

Das Relief mit Eber und Hund (Abb. 160) wurde an einem Grabplatz an der Albertusstraße gefunden. Es muß Bestandteil einer Einfriedung gewesen sein.

Für die Herstellung dieser Bildplatte hat der Steinmetz im 3. Jahrhundert nach Chr. eine Kalksteinplatte verwendet, deren Rahmen ungleichmäßig ausgebildet ist. Er umzieht ein querrechteckiges Feld, in dem mit einigen wenigen Versatzstücken eine Landschaft vorgestellt wird. Links sind Sträucher angedeutet. Zwei Bäume füllen mit ihren Kronen den oberen Teil des Bildfeldes. Eber und Hund stehen sich frontal gegenüber. Der Hund, durch das Halsband als Haustier ausgewiesen, scheint den Eber zu bannen. Die Szene ist mit knappen Strichen überzeugend charakterisiert. Auf einem Grabmal überrascht diese Darstellung. Vielleicht sollte sie den Spruch des Ovid illustrieren: »Auch von einem kleinen Hund wird oft ein Eber festgehalten, und ein Schwächerer wird oft eines Stärkeren Herr.« Unter diesem Aspekt wäre die Szene auf einem Grabdenkmal verständlich, weil dann durch sie die Überwindung des Todes ausgedrückt wäre.

Von einem Grabplatz am Severinswall endlich stammt die ausdrucksstarke Gruppe, die den Kampf des Hercules mit dem Löwen darstellt (Abb. 161). Auf der Bodenplatte hat der Bildhauer einen Felsbrocken aufgerichtet, der den Beinen des Hercules Rückhalt bietet. Dagegen ist die Keule gelegt. Mit beiden Armen hat Hercules den Löwen im Genick gepackt. Von den zwölf Taten des Hercules war diese für die Bekrönung von Grabdenkmälern beliebt, weil darin die Überwindung des Todes durch die göttliche Kraft zum Ausdruck gebracht schien. Auch diese Gruppe, die vollplastisch ausgebildet ist, gehört dem 3. Jahrhundert nach Chr. an. Der Bildhauer hat überzeugend den Zweikampf in der zupackenden Geste des Hercules darzustellen gewußt.

Solche Bildwerke sind mit Sicherheit farbig gefaßt gewesen. Da aber davon an den Kölner Denkmälern fast alle Spuren verloren gegangen sind, kann nur mitgeteilt werden, daß dies so gewesen ist.

Schwierig ist es auch, sich die bisweilen prachtvolle Ausstattung der Bauten im Inneren und Äußeren vorzustellen. In der Regel muß dafür auf die Mosaiken (Abb. 14, 17) und Wandmalereien (Abb. 171, 172) verwiesen werden. Darüber hinaus war aber eine große Anzahl von Bauten mit Marmorinkrustationen versehen. Ein einziges Wandfeld haben wir rekonstruiert (nicht abgebildet) und in einem Fall aus diesem Grund auch ein Mosaik mit den im römischen Köln in Mengen verwendeten Marmorplatten gerahmt (Abb. 168).

Die Agrippinenser

Die Einwohner, die das Kölner Bürgerrecht besaßen oder erhielten, hießen Agrippinenses – Agrippinenser. Einer dieser Agrippinenser war Marcus Valerius Celerinus (Abb. 128), der sich auf seinem Grabstein zusammen mit seiner Frau beim Mahle darstellen ließ. Das Bildfeld wird von einem Muschelgewölbe beschlossen. Die Inschrift, von einer einfachen Leiste gerahmt, teilt mit, daß Celerinus: Papiria Astigi Cives Agrippine(nsis) – aus dem Bürgerbezirk Papiria, gebürtig aus Astigi und jetzt Bürger von Köln sei. Valerius Celerinus, der verabschiedeter Legionär der 10. Legion Gemina Pia Fidelis war, hat den Grabstein für sich und seine Frau zu seinen Lebzeiten setzen lassen, und zwar wohl kurz vor 100 nach Chr.

Andere Grabsteine belegen, daß nicht nur verabschiedete Soldaten in der Stadt lebten, sondern auch viele, die noch aktiv Dienst taten. Einmal stiftete ein Centurio Vettius Rufinus, der Befehlshaber über die Stallmeister war, ein Altärchen. Er war von seiner Truppe abkommandiert und »der Leibwache zu Fuß des Consularis (Statthalters) Allius Tuscus« zugeteilt. Der in Köln residierende Statthalter der Provinz Niedergermanien war ein Gouverneur 1. Klasse. Er hatte vorher in Rom das Amt eines Konsuls bekleidet, weshalb er in dieser Weiheinschrift als Consularis bezeichnet ist. Die Mitglieder seiner Leibwache – als Oberbefehlshaber der Truppen in der Provinz hatte er darauf Anspruch – kamen aus verschiedenen Einheiten.

Viele Bürger der römischen Kolonie ließen sich schon zu Lebzeiten Grabdenkmäler setzen. Von vielen blieben nur Teile übrig, von manchen allein Porträts. Davon gehörten einige zu Reliefs, andere waren Teile von Gewandstatuen. Die Bildnisse, die aus verschiedenen Jahrhunderten stammen, wurden zu einer Gruppe von »Kölner Bürgern« zusammengestellt (Abb. 162, 163, 164, 165, 166, 167). Unter diesen Bildnissen muß die Reliefplatte einer Frau mit Kind hervorgehoben werden (Abb. 162). Die Inschrift dieses Grabdenkmals ging verloren, erhalten blieb allein das Bildnis der Frau, die das Manteltuch über den Kopf gezogen hat. Im Arm hält sie ein in Windeln gewickeltes Kind. Eine solche Darstellung ist in römischer Zeit ungewöhnlich. Da die Inschrift fehlt, kann man nur annehmen, daß diese Grabplatte einer Mutter galt, die bei der Geburt zusammen mit ihrem Kind gestorben ist.

Kunst und Luxus

Im 2. und 3. Jahrhundert nach Chr. war das römische Köln eine blühende Stadt. Auch im 4. Jahrhundert nach Chr. stellte sich eine Blüte nach anfänglichen Schwankungen wieder ein. Zeugnisse dafür sind einige Denkmäler, die unter der Überschrift »Kunst und Luxus« zusammengestellt wurden (Abb. 168, 173). Andere ließen sich vielleicht noch hinzufügen. Sicher müßte dabei an erster Stelle das Dionysos-Mosaik stehen (Abb. 14), aber auch noch das eine oder andere Stück, das anderen Themenbereichen zugewiesen wurde. Worauf es uns ankam war, anzudeuten, daß es auch in einer römischen Provinzstadt Dinge gab, die über das bloß Alltägliche hinausgingen und daß einige Werkstätten vorhanden waren, die besondere Bedürfnisse und Ansprüche erfüllen konnten.

Bisweilen wird die Blüte des römischen Köln damit erklärt, daß hier im Jahre 257 nach Chr. vorübergehend Gallienus (253–268 nach Chr.) sein Hauptquartier aufschlug und vor allem der Ursurpator Postumus im Jahre 259 Köln zur Residenz seines gallischen Sonderreiches machte. Wenn auch damit Kölns Bedeutung vorübergehend gestärkt wurde, wird doch nicht alles über das alltägliche Hinausgehende allein durch diese Ereignisse zu erklären sein. Eher werden wohl die Auswirkungen einer überlegt und intensiv betriebenen Landerschließung darin faßbar, wie die Einbindung dieses Fleckens am Ende der damaligen Welt in die gesamte Reichskultur. Allein aus diesem Grund schon schien es unabdingbar, den Komplex von Kunst und Luxus inmitten der Gesamtdarstellung hervorzuheben.

Für die Behandlung des Themas wurde ein innerhalb des Gesamtraumes herausragender Platz ausgewählt, zwei Felder an der Ostseite des großen Ausstellungsraumes (Abb. 168, 173). Von der Raumkomposition her ist dieses Kompartiment schon vom Stadttorbogen aus zu erblicken (Abb. 48), und die in das Zentrum gerückten Vitrinen mit den Prunkgläsern (Abb. 173) setzen dabei ebenso wie die im Hintergrund aufscheinenden Farbflächen der Wandmalereien (Abb. 168, 171, 172) hinreichende optische Akzente.

Die Besonderheit des hier zu Sehenden wird überdies artikuliert durch die gewählte Art der Präsentationsmittel. Für die Prunkgläser wurden besondere Vitrinenelemente entwickelt (Abb. 173). Das Philosophenmosaik (Abb. 170) und die Wandmalereien (Abb. 171, 172) sind in eine eigene Raumsituation eingebunden (Abb. 168).

Die Wirkung des Arrangements beruht entschieden mit darauf, daß für die Rahmung des Mosaiks Marmorplatten verwendet wurden. Um die Tiefenwirkung zu stärken, wurden an den Seiten zwei aus Rom erworbene grüne Porphyrsäulen auf quadratischen Sockeln aufgerichtet, die mit Hermen aus dem Bestand des Museums gekrönt wurden (Abb. 168). Aus Sicherheitsgründen mußte die Bühne mit einem niedrigen Stützgitter umzogen werden.

Entstanden ist so zwar kein römischer Raum, sondern eine Situation, die anregt sich vorzustellen, wie ein römischer Raum wohl beschaffen gewesen sein könnte.

Im Zentrum liegt das Philosophenmosaik (Abb. 168, 170). Es ist bereits 1844 bei Bauarbeiten an der Stelle entdeckt worden, wo nach dem letzten Kriege die Kölner Kunsthalle errichtet wurde. Bei der Entdeckung fehlten zwei Bildfelder, die nach 1850 der Maler und Konservator J. J. Ramboux durch zwei von ihm hinzuerfundene ersetzte und zwar durch die Bildfelder des griechischen Philosophen und Metaphysikers Platon (geboren 342 vor Chr.) und des griechischen Philosophen und Naturwissenschaftlers Aristoteles (geboren 322 vor Chr.). Auch einige der Ornamentfelder sind ergänzt, doch ist die überwiegende Zahl, sowie die übrigen fünf Bildfelder originaler Bestand. Das mittlere Feld nimmt Diogenes ein, der bekannte kynische Philosoph (geboren um 323 vor Chr.). Um ihn sind (rechtsherum gelesen) angeordnet: der Staatsmann Cheilon von Sparta (6. Jahrhundert vor Chr.), Sophokles, der große

Dichter und Meister der attischen Tragödie (geboren 406 vor Chr.), Kleobulos von Lindos auf Rhodos, ein Seeherrscher (6. Jahrhundert vor Chr.), und Sokrates von Athen, der Schöpfer der praktischen Tugendlehre (geboren 399 vor Chr.).

Das Kölner Philosophenmosaik weicht in der Auswahl von den üblichen Philosophenmosaiken ab, bei denen als die »Sieben Weisen« in der Regel Thales, Bias, Cheilon, Myson, Pittakos, Solon und Kleobulos vorkamen. Vermutlich hat sich hier der Auftraggeber ausgedrückt, der sich aus Gründen, die wir nie kennen werden, für die im Bild vertretenen entschied. Hierbei werden er und der Meister, der die Bildfelder legte, auf die üblichen Musterbücher zurückgegriffen haben.

Der Reichtum des quadratischen Mosaiks beruht nicht allein auf den sechseckigen Bildfeldern, sondern mehr noch auf den darum angeordneten zwölfeckigen Ornamentfeldern. Sie sind in Vierecke und Dreiecke aufgelöst. Die verschiedenen Rahmenfelder greifen dabei kunstvoll ineinander. Der breite Rahmen bindet die lebendige Darstellung zusammen. In je zwei Seitenfeldern sind Speisetische dargestellt, womit dargelegt ist, daß die Weisen nicht nur miteinander diskutierten, sondern auch speisten. Ziemlich sicher diente dieses Mosaik als Boden in einem Speisezimmer.

Zu den wichtigen Neufunden aus dem Kölner Boden zählen Reste von Wandmalereien, die bei den Ausgrabungen an der Südseite des Kölner Domes 1968 in einem Wohnraum entdeckt und geborgen wurden. Um die Felder zusammenfügen zu können, mußten die zum Teil bis zu 10 cm dicken Wandputzreste an den Rückseiten abgeschliffen werden. Dann erst war es möglich, die Originale in vorgefertigte Rahmen einzupassen und die fehlenden Stellen beizuputzen. Dabei, wie beim Eintönen der Ergänzungen, wurde darauf geachtet, daß Original und Ergänzung mühelos voneinander zu unterscheiden sind (Abb. 169, 171, 172). Erst im Gesamtbild schließen sich die Teile zu einer Einheit zusammen (Abb. 168).

Die Reste sind so ausreichend, daß die Rekonstruktion in allen Punkten als völlig abgesichert gelten kann. Gewonnen wurde damit für die Vorstellung das Grundmuster eines gemalten Dekorationssystems, das im 3. Jahrhundert nach Chr. im römischen Köln wohl allgemeiner verbreitet war. Ältere bedeutende Kölner Malereifunde sind leider während des Zweiten Weltkrieges verlorengegangen.

Die aufgestellten Malereien stammen von vier Wänden. Davon hatten zwei eine Länge von annähernd 8 Metern und zwei schmale waren fast 4 Meter. Die Sockelzone ist etwa 0,80 cm hoch. Rote und schwarze Bildfelder wechselten. Davon ist nur eines erhalten. Zu sehen ist der Held Bellerophon. Von seinem Flügelroß Pegasus herunter bekämpft er das dreigestaltige Ungeheuer Chimeira, ein Löwe mit einem Ziegenkopf auf dem Rücken und einem Schlangenkopf an seinem Schwanzende (Abb. 168, Mitte unten). Auf der gegenüberliegenden Längswand (an der Rückseite des Philosophenmosaiks, Abb. 168) ist in das breite Mittelfeld oben eine Weinlese eingemalt (Abb. 169). Eroten pflücken die Früchte. Ein Satyr aus dem Gefolge des Dionysos-Bacchus weist auf sie hin. Nach den vorhandenen Resten sind diese Mittelfelder im übrigen mit Weinranken ausgefüllt gewesen.

Die Felder an den Seiten werden durch schmalere tiefblaue Streifen geteilt. Sie sind mit den für die gallischen und germanischen Provinzen typischen Schirmkandelabern ausgestellt. Auf einem steht die Göttin Pomona (Abb. 171), auf dem anderen der Gott Dionysos-Bacchus (Abb. 172). In dem oberen Streifen tummeln sich Tiere und Fabelwesen (Abb. 168). Man erkennt Schwäne und Sphingen. Erstaunlich ist die malerische Qualität, sowie die Lebendigkeit in den einzelnen Szenen.

Das römische Prunkglas

Das Römisch-Germanische Museum verfügt, wie angemerkt wurde, über einen außerordentlich reichen Bestand an Gläsern, die bis auf wenige Ausnahmen auf den römischen Gräberfeldern Kölns geborgen wurden. Doch wurden für das Museum auch Stücke angekauft, die aus Köln stammen, oder auch Stücke aus dem Mittelmeerbereich und aus Syrien, um Vergleichsmaterialien zur Hand zu haben und die Kölner Eigenarten besser herausarbeiten zu können.

Aus dem Gesamtbestand wurden die schönsten unter der Bezeichnung »Prunkglas« in einer Vitrinenreihe zusammengefaßt (Abb. 173).

Es kann hier keine Genealogie des kölnischen Glases aus römischer Zeit gegeben werden. Darüber liegen ausführliche wissenschaftliche Abhandlungen vor. Köln dürfte aber auch nur ein Glasproduktionsplatz unter vielen anderen gewesen sein. Das Vorkommen eines bestimmten Glases oder einer bestimmten Gläsergruppe in einem römischen Kölner Grab ist noch nicht unbedingt ein Kennzeichen für eine kölnische Produktion.

Im folgenden sei ein Überblick über die schönsten Gläser der Kölner Sammlung gegeben. Dabei fällt der Formenreichtum als erstes ins Auge (Abb. 174–218).

Als Import aus Italien sind die Millefiori-Schälchen zu bezeichnen (Abb. 188), die durch die vielfarbige Musterung wirken. Diese Musterung kommt zustande durch in Formen gepreßte Glasstückchen, die dann geschliffen wurden. Auf dem gleichen Wege gelangten ein dunkel-olivgrünes Kännchen mit Fadenverzierung (Abb. 174) und ein weißgeädertes Fläschchen aus braunem Glas (Abb. 175) nach Köln.

Von klassisch ebenmäßiger Form sind der azurblaue Kantharos (Abb. 182, 190) und der goldbraune Skyphos (Abb. 182), beide aus dem 1. Jahrhundert nach Chr. Bei dem Kantharos ist die Gefäßwand durch aufgesetzte kleine Glasstückchen belebt (Abb. 190). In einer solchen Verzierung wird man den Ausgangspunkt für die später beliebten Schnörkelverzierungen (Abb. 193) sehen können. In die frühe Zeit gehört auch eine kleine gebänderte Flasche (Abb. 209).

Es gibt ausreichende Anhaltspunkte dafür, daß bereits im 1. Jahrhundert nach Chr. in Köln selbst Glas hergestellt wurde. Bis in diesen Zeitraum reichen jedenfalls die auf dem Eigelstein 35–39 ausgegrabenen Glasöfen. Aus dieser frühen Zeit der Kölner Glasproduktion stammen die schönen Henkelkannen aus durchsichtigem klaren Glas (Abb. 211) und die formstrengen Urnen (Abb. 217, 216), ebenso wie die weit verbreiteten Rippenschalen (Abb. 200). Auch die elegante langhalsige Henkelkanne mit dem Medusenmedaillon am Henkelansatz gehört in diese Zeit (Abb. 197). In Blüte indessen trat die Kölner Produktion wohl erst seit dem 2. Jahrhundert nach Chr., um im 3. Jahrhundert nach Chr. schließlich mit den lebendigsten Produkten aufzuwarten. Trotz eines einsetzenden Niedergangs der Massenware sind für das 4. Jahrhundert nach Chr. dann in Einzelstücken noch ausgesprochene Höchstleistungen zu verzeichnen.

Im 2. und 3. Jahrhundert nach Chr. werden die Formen insgesamt üppiger und zugleich wohl auch weicher. Bei manchen Formen setzt sich dieser Zug bis in das 4. Jahrhundert nach Chr. hinein fort. Die genaue Datierung bereitet häufig Schwierigkeiten. Sie muß sich auf beigefundene Keramiken stützen und gewinnt in der Regel festeren Umriß nur, wenn in den Gräbern, aus denen die Gläser meist stammen, auch Münzen mitgeborgen wurden.

Beliebt werden in Formen geblasene Gläser. Typisch sind dafür zweihenkelige Traubenflaschen (Abb. 202), aber auch die Flaschen in der Form von Doppelköpfen (Abb. 181). An ihnen kann man besonders gut die Naht erkennen, die zeigt, daß die Stücke aus zwei Teilen zusammengefügt wurden. Gleichzeitig entstanden die völlig anders gearteten Formen der meist aus schwach gründgelbem Glas geblasenen Faßkannen (Abb. 207, 208). Sie gibt es mit einem und zwei Henkeln. Sie kommen auch noch im 4. Jahrhundert nach Chr. vor. Anzuschließen sind die ebenfalls meist grünlichen Viereckflaschen (Abb. 212) sowie die breiten und großen Viereckflaschen mit Bandhenkel (Abb. 218). In größerer Zahl treten in dieser Zeit auch die sogenannten »Mercur-Flaschen« auf, bisweilen fast farblos, manchmal mit weichem Blattornament, dann wieder auch ganz glatt (Abb. 215). Beliebt sind kugelige Flaschen, kleinere und größere (Abb. 214); selten genug findet sich auch einmal eine, in der der Inhalt erhalten ist. Elegantere Formen bleiben nicht ausgeschlossen (Abb. 213). Gegenüber den älteren (Abb. 211) erkennt man die Neigung zu verspielterem Dekor, wobei offenbar die Möglichkeiten, die der formbare Glasstoff bietet, mit spielerischem Vergnügen ausgekostet wurden (Abb. 213). Von hierher öffnet sich dann auch der Weg in die an mannigfachen Erscheinungen reiche Reihe der Parfumbehälter in Tierform (Abb. 201, 203, 204). Es gibt Delphine, andere Fischarten, Fabeltiere, Schweinchen und zum guten Schluß wachsen aus solchen Reihen auch dann noch Stücke wie die gläsernen Totenschuhe hervor (Abb. 52). Jeder, der einem Glasbläser einmal bei der Arbeit zugesehen hat, weiß, wie gefällig dergleichen Produkte aus dem Material zu zaubern sind. Man wird den Qualitätsunterschied zwischen solchen niedlichen Spielereien (Abb. 204) und den eleganten, formklaren Gefäßen (Abb. 205) sofort einsehen. Aber auch hier werden Spielereien nicht ausgeschlossen. Der linken Henkelkanne ist eine kleinere in den Leib gestellt (Abb. 205).

Der Phantasie der Glasbläser ist Tür und Tor geöffnet. Es entstehen eigentümlich verwunschene Gebilde, wie die aus entfärbtem Glas geblasene »Vier-Tauben-Flasche« (Abb. 183), wo die blauköpfigen Vögel durch die Öffnungen lugen und über die schmalen Wandungen bewegte blaue Bänder gezogen sind.

Kugelige Gefäße mit langen Hälsen werden üblich, entfärbtes Glas verwendet und darauf auch Schlangenfäden in mancherlei Windungen aufgebracht (Abb. 184). Becher und Kelche werden mit Hilfe von Fäden wabenartig gemustert (Abb. 185), die strenge Gefäßform damit aufgelöst. Die Gefäße in dieser und ähnlicher Art werden zahlreich (Abb. 196). Freude an Figurenspielen bleibt nicht ausgeschlossen, wie ein Figurengefäß belegt (Abb. 196). Die Wandungen der Kelche werden angezogen, aus ihnen Buchtungen, Tiere und Henkel ausgezogen (Abb. 198). Daneben entstehen schlanke Amphoren, auf deren Leib tropfenförmige Muster in Reliefschnitt aufgesetzt sind (Abb. 194), und man beginnt, dickwandige Schalen und Becher mit Kugelschliffmustern zu ornamentieren (Abb. 194). Dabei entstehen bisweilen Einzelstücke von besonderem Rang (Abb. 195). Schöne Schalen erhalten Schliffornamente, Glasbüsten werden aufgesetzt, Füße untergesetzt und kleine Henkelchen angefügt (Abb. 195).

Aufgelegte Fäden gewinnen in den Kölner Werkstätten nicht nur an Beliebtheit, sondern der Umgang mit ihnen setzt Meisterschaft voraus. Mit Recht ist daher von der Werkstatt des »Schlangenfadenmeisters« gesprochen worden (Abb. 189, 191). Zu erkennen ist, wie in der Regel die Gefäßkörper aus farblosem Glas geblasen werden. Flache Henkelkannen, schlanke Vasen und kleine Kännchen mit kleeblattförmigem Mund: also Gefäße der verschiedensten Form bieten Anlaß, den Zierat aus übergelegten Fäden an und zur Wirkung zu bringen.

Bei dem sogenannten »Meisterstück« (Abb. 191) sind die einzelnen Ornamente aus vorgeformten Elementen aufgesetzt und nur die weißen »Schnörkel« mit der freien Hand gearbeitet. Die ganze Gestaltungskraft dieses »Schlangenfadenmeisters« zeigen die beiden »Kölner Pokale«, wo aus Gold Kastenornamente aufgesetzt und weiße Schnörkel zwischen sie geschrieben sind (Abb. 193).

Ein Stück von ganz besonderer Schönheit stellt auch der aus entfärbtem Glas gefertigte Delphinrüsselbecher dar, der um 300 nach Chr. entstand. Aus der Gefäßwand sind die Fischformen als Rüssel herausgezogen (Abb. 187). Flossen sind aus tiefblauem Glas aufgesetzt. Ein barocker Zug eignet diesem Becher, der in der Reihe der offensichtlich sehr beliebten Konchylienbecher gesehen werden muß (Abb. 210), auf deren Wandungen Fische aller Arten »schwimmen«.

Gleichfalls Meisterwerke von außerordentlichem Reiz sind die beiden herrlichen Muschelpokale, die am Karthäuser Hof gefunden wurden und am Anfang des 4. Jahrhunderts nach Chr. entstanden sind (Abb. 206). Die frei um die Kelche gestellten Muscheln sind für beide Pokale aus der gleichen Formschere gepreßt. Während bei dem einen den Reiz das entfärbte Glas ausmacht, sind bei dem anderen auf den Kelch Schlangenfadenmuster aufgebracht.

Dem 3./4. Jahrhundert nach Chr. sind auch die zahlreich vorkommenden Gefäße mit Nuppenverzierungen zuzuschreiben (Abb. 176). Neben eher strengeren Formen waren auch bewegtere geschätzt (Abb. 186). Bisweilen ist auch ein Nachlassen der Formkraft nicht zu übersehen. Mehr spielerische Momente treten auf, wenn Trinkhörner mit Nuppen und Fäden verziert sind (Abb. 177).

Besondere Aufmerksamkeit beanspruchen die geschliffenen Gläser, die man auch als Gemmengläser bezeichnet hat (Abb. 178, 179, 180, 189). Unter ihnen ragt die »Zirkusschale« (Abb. 180) aus dem Anfang des 4. Jahrhunderts nach Chr. eindeutig heraus. Man hat lange gezweifelt, ob auch in Köln geschliffene Gläser hergestellt worden sind. Heute ist das nicht mehr bestritten. Allerdings erreichen die Kölner Produkte in keinem Falle den Rang derjenigen, die in Alexandria gefertigt wurden. Außerdem kommt in Köln diese Technik zu einem Zeitpunkt zum Zuge, wo eine allgemeine Rückläufigkeit zeichnerischen Vermögens in Gang gekommen war. Gleichwohl wird man der Zirkusschale einen überragenden Rang zubilligen müssen (Abb. 180). Er sticht buchstäblich ins Auge, wenn man die ebenfalls in der ersten Hälfte des 4. Jahrhunderts nach Chr. entstandene Adam-und-Eva-Schale (Abb. 178) vergleicht.

Den Mittelpunkt der Zirkusschale nimmt der Sonnengott ein (Abb. 180). Um ihn, der selber als Wagenlenker gekennzeichnet ist, galoppieren vier Quadrigen. Die Zeichnung ist mit Überlegenheit in das zur Verfügung stehende Bildfeld komponiert. Die Striche, die Wagen, Körper und Bewegung charakterisieren, sind mit Sicherheit und Gefühl für Wirkung gesetzt. Dem gegenüber ist die Adam-und-Eva-Schale (Abb. 178) grob, obschon andererseits auch an ihr zu bewundern ist, wie die Komposition in das Rund des Bildfeldes mit sicherem Gespür eingefügt wurde. Die groben Striche geben der bekannten Szene darüber hinaus einen eigentümlichen malerischen Reiz. Eine andere Variante des Zeichnens durch grobe Strichführung gibt der formklare konische Becher, der in Einzelfeldern Bewaffnete zeigt (Abb. 179).

Auf einer halbkugeligen Flasche des 4. Jahrhunderts nach Chr. endlich erscheint matt eingeschliffen ein Reigen (Abb. 199). Säulen, in immer nur einigen Strichen markiert, sind aufgerichtet; Bogen verbinden sie, in den Zwickeln schweben sternförmige Blumen. In den einzelnen Arkaden stehen »Strichmännchen«, die Stäbe und Blumen halten. Die bildliche Darstellung kann als »impressionistisch« bezeichnet werden. Mit Hilfe der wie verweht wirkenden Zeichnung wird die strenge Form des halbkugeligen Gefäßes überspielt. Eine solche Darstellung steht am Ende der römischen Bildwelt. Von hier nimmt die fränkisch-karolingische ihren Ausgang.

Unbestritten das Prunkstück unter allen Gläsern im Besitz des Museums ist das im Jahre 1960 in Köln-Braunsfeld in einem Grab gefundene Diatretglas, das der Grundbesitzer, Ehrensenator Wolff-Limper, großzügig der Stadt Köln geschenkt hat. Unter den 20 Diatreten, die bisher überhaupt nur bekannt geworden sind – darunter allein vier aus dem Kölner Boden – ist dieses ohne Zweifel das reichste und schönste (Abb. 192). Solche Diatrete sind, was lange strittig war, aus einem einzigen Glasblock herausgeschliffen worden. Den Rohling für dieses Kölner Diatret bildete ein kristallklar geblasener Becher. Über ihn waren drei Farbzonen in Glas übergezogen und zwar: Purpurrot für die Schrift, Goldgelb für den Kragen und Meergrün für das Netz.

Man weiß nicht, was man mehr bewundern soll: das technische Vermögen und die Geduld, die notwendig waren, um mit einem kleinen Schleifrad Schrift, Kragen und Netz aus dem Block zu schleifen oder das künstlerische Vermögen, das die einzelnen Zonen wohlbemessen aufeinander abstimmte. Hierbei wird dem Netz, das aus der gelben Kragenzone mit weißen Ansätzen in das Meergrüne übergeht, doch wohl der höchste Beifall gelten müssen. Von Reihe zu Reihe variieren die Größen, schmiegen sich die Kreise, um endlich in einem einzigen unter dem Gefäß zu enden. Aber auch der Kragen will beachtet sein. Nicht nur, weil er vorwölbt und dabei voller Spannung ist. Es beeindruckt auch nicht allein, wie in ihn eierstabähnliche ovale Öffnungen geschnitten sind, sondern beinahe mehr noch, wie berechnet das Goldgelb aus dem Farblosen hervorwächst: der Spruch im oberen Teil ist in Griechisch gegeben und sagt: »Trinke, damit du immer gut lebst«. Ein besonderer Reiz dieses Kölner Diatretglases liegt vor allem noch darin, daß die beim Schleifen auf dem Glas entstandenen kleinen Facetten nicht weggeschliffen wurden. So gewann der Leib des Glases eine glitzernde Haut, die die Unwirklichkeit der Gesamtkomposition noch bestärkt.

In die Gesellschaft mit anderen Kölner Gläsern gestellt – das Diatret lag im Grab zusammen mit zahlreichen einfachen Gläsern der Zeit – wird nicht nur die besondere Bedeutung dieses einen Glases deutlich (Abb. 187, 189, 192), sondern auch klar erkennbar, daß die Mehrzahl der anderen Gläser eher mehr oder weniger launige Auskostung des Werkstoffes Glas demonstrieren, während in dem Diatretglas ein eindeutiges Zeugnis höchstwertigen Kunstgewerbes der spätrömischen Zeit aufscheint.

Kulturbetrieb

Über das kulturelle Leben in einer Provinzstadt des römischen Reiches weiß man nur wenig. Über dasjenige des römischen Köln berichtet keine einzige schriftliche Nachricht. So muß man versuchen, aus dem archäologischen Fundmaterial Aufschlüsse zu gewinnen. Einzelne Denkmäler sind dafür geeignet.

Zu dem, was man Kulturbetrieb der römischen Zeit nennen könnte, sind verschiedene Bereiche zu zählen. Im Grunde fängt dies mit der Art an sich zu kleiden. Das Bruchstück eines großen Grabdenkmales, das im Rhein gefunden wurde, ist deshalb hier aufgestellt (Abb. 230). Erhalten sind von dem aus rotem Sandstein geschlagenen Relief allein die Oberkörper einer Frau und zweier Männer. Da die Frau eine Hand auf die Schulter des links von ihr stehenden Mannes legt, wird sie dessen Ehefrau sein. Dieser Mann trägt eine Toga mit Randstreifen, die sogenannte Toga Praetexta. Diese durfte nur von hohen Staatsbeamten getragen werden. Das Fragment stammt mithin von dem Grab einer einflußreichen Familie. Aber nicht nur die Menschen aus solchen Familien hatten Kultur, die sich in Kleidung, Gesittung und Bildung äußerte. Häufig waren gerade Sklaven als Schreiber, Lehrer, Ärzte und Anwälte tätig. Schulen an denen man sich ausbilden konnte, gab es indessen im römischen Köln nicht, allenfalls Privatlehrer. Doch dafür fehlen alle Zeugnisse. Wer eine Schule besuchen wollte, mußte dafür nach Italien oder nach Südgallien. In der spätrömischen Zeit verfügte auch Trier über solche Einrichtungen.

Da zur Kultur auch die Eßkultur gehört, wurde eine Mahlszene von einem Grabdenkmal, von dem nur jenes Relief erhalten ist, in diesen Zusammenhang eingefügt (Abb. 230). Natürlich zeigt das Relief – wie üblich – einen Verstorbenen beim Mahl im Totenreich. Gleichwohl kann die Darstellung für Lebende in Anspruch genommen werden. Charakterisiert ist nämlich die Art des Essens und Trinkens, wie sie in den bürgerlichen Kreisen üblich war. Aussehen und Kleidung des von einem Diener bedienten Mannes zeigen gepflegtes Äußeres und gehobene Lebensgewohnheiten. Auf einer solchen Mahlszene ist bei den Grabdenkmälern eine gewisse Bedürfnislosigkeit vorgestellt (Abb. 128). In diesen Rahmen könnten daher durchaus auch die Gedecke eingestellt werden, die beim alltäglichen Leben ausgebreitet sind (Abb. 25). Indem daraufhin gewiesen wird, wird deutlich, daß zu einem Thema immer wieder auch andere an anderen Stellen aufgestellte Denkmäler und Denkmälergruppen zugezogen werden könnten. So kann das an der Wand montierte Mosaik (Abb. 230), das im Mittelfeld den Philosophen Epikur zeigt und das aus dem Haus mit dem Dionysos-Mosaik (Abb. 14) stammt, dem Bereich der Eßkultur ebenso zugeordnet werden, wie demjenigen der Bildung. Epikur, der zwischen 341 und 271 vor Chr. lebte, lehrte, übertriebener Genuß störe den Seelenfrieden, die eigentliche Tugend liege in der Ausgeglichenheit der Seele. Die spätrömische Zeit verstand die

Lehre des Epikur in der Regel anders. Sie glaubte, er habe den Genuß als letzte Lebensweisheit vertreten.

Zum Bildungsgut gehörte auch im römischen Köln die Kenntnis der alten Mythen. In sehr eindrucksvoller Weise belegt dies der Kölner Hesione-Sarkophag (Abb. 230, 219, 220, 221, 222). Zwischen 100 und 150 nach Chr. hat Severinia Severina »ihrem lieben Vater unter Mithilfe des Freigelassenen Vitalinius Hilario« diesen Sarg anfertigen und aufstellen lassen. Gaius Severinus Vitalis war von seiner Truppe, der in Xanten stationierten 30. Legion Ulpia Victrix nach Köln kommandiert, wo er als Beneficiarier an einer Straßenwachstation Dienst getan hatte. Als Pensionär war er in Köln wohnen geblieben.

Die Bildszenen, die zum Bildungsgut der römischen Zeit gehören, machen mit einigen der Wundertaten des Herakles bekannt. Auf der Vorderseite ist im linken Bildfeld die Geschichte geschildert, in der Herakles die Tochter des Troerkönigs Laomedon befreit. Sie war an einen Felsen geschmiedet und wurde von einem Meerungeheuer bewacht. Sie sollte sterben, um den Gott Poseidon zu versöhnen. Das rechte Bildfeld stellt den Streit des Herakles mit dem Gott Apoll um den Dreifuß aus dem Heiligtum in Delphi dar. Auf der linken Schmalseite (Abb. 222) füllen zwei Bacchantinnen aus dem Gefolge des Gottes Bacchus das Bildfeld. Auf der rechten Schmalseite endlich (Abb. 219, 221) tötet der Königssohn Theseus aus Theben den Minotaurus (Abb. 212), ein Ungeheuer mit Menschenleib und Stierkopf. Die Szenen, die mit hohem handwerklichem Geschick aus dem Kalksteinblock herausgeholt sind, werden in der Steinmetzwerkstatt aus einem Musterbuch ausgesucht worden sein. Natürlich wurden sie im Hinblick auf die Überwindung des Todes durch göttliche Kraft und als Hoffnungsausdruck auf ein glückseliges ewiges Leben gewählt. Aber sprechend belegen sie eben darüber hinaus, wie geläufig jene Begebenheiten damals gewesen sein müssen.

Ein Grabstein wurde dem sechzehnjährigen griechischen Flötisten Ruphus gesetzt (Abb. 221, links), der möglicherweise bei einem »Gastspiel« in Köln irgendwann im 2. Jahrhundert nach Chr. gestorben ist. Sein Vater, aus Alexandria stammend, nun Bürger von Athen, war mit ihm in Köln, denn er setzte das Denkmal. Man weiß nicht, ob die Künstlerfamilie bei Kultfeiern oder im Theater spielte. Beides ist möglich. Erkennbar wird, in einer Andeutung wenigstens, daß dann und wann Künstlergruppen in die Stadt gelangten. Ein Theater wird vorhanden gewesen sein, auch wenn man seinen Standort immer noch nicht kennt. Bekrönungen von Grabdenkmälern, vielleicht auch von einem Haus, zeigen tragische Masken (Abb. 230), aus dem Flottenkastell auf der Alteburg stammt eine eindrucksvolle Tonmaske, die bei kultischen Spielen aber auch auf dem Theater verwendet gewesen sein kann (Abb. 237). Neuerdings sind Reste solcher Masken wieder bei Ausgrabungen am Kattenbug zutage getreten. Sie müssen ziemlich zahlreich gewesen sein. Darauf dürften auch kleine Maskenterrakotten hinweisen (Abb. 235, 236), die entweder Modelle für größere darstellen oder als Weihebildchen gedacht waren.

Ein schönes Grabgedicht (Abb. 221, rechts) beklagt den Tod zweier junger Leute, des Flötisten Sidonius und des Stenographen Xantias. Dieses Grabgedicht, das ein sprechendes Zeugnis für die Bildungsart im römischen Köln ist, lautet: »Dieses, dieses Grab sieh an, / der Du das Lied und die Künste liebst, / und lies unsere beklagenswerten Namen / auf dem gemeinsamen Grabstein. / Denn uns beiden jungen Sklaven / war das Alter gleich, die Kunst verschieden. / Ich bin Sidonius, der laut und in hohen Tönen auf der Doppelflöte blies. / Dieses Grabgedicht, dieser Grabaltar, diese Asche / ist das Grab des Sklaven Xantias, / der durch jähen Tod hinweggerafft wurde. / Er war bereits geschult, / so viele Kürzel von Buchstaben und Namen / mit eilendem Schreibstift aufzuschreiben, / wie viele auch eilige Sprache hervorbringen konnte. / Schon übertraf ihn niemand im Vorlesen. / Schon begann er, auf die Stimme seines Herrn / zu jeglichem Diktat eilend, / zum nächsten Vortrag berufen zu werden. / Ach, durch frühen Tod sank er dahin, der als einziger die Geheimnisse / seines Herrn wissen sollte«.

Hieraus ist zu lernen, daß bisweilen Herren ihre Sklaven gründlich ausbilden ließen. Xantias, der wohl der Geheimsekretär seines Herrn war, beherrschte Kurzschrift. Dies wird kaum ein Einzelfall gewesen sein.

Es gehörte unbedingt zur römischen Kultur, griechische Bildwerke zu kennen, zu schätzen und wenn eben möglich, wenigstens in Nachahmungen zu besitzen. Sie schmückten in den Häusern die Räume, sie standen in den Gärten. So stammt aus dem Haus mit dem Dionysos-Mosaik das Fragment einer Marmorskulptur des Meleager, die eine verkleinerte Nachbildung eines griechischen Originals aus dem 4. Jahrhundert vor Chr. ist (Abb. 225). Der Jäger Meleager, der Sage nach ein Sohn des Königs Oineus von Kalydon, hatte den Eber erlegt, der von der Göttin Artemis als Rache geschickt war und das Land um Kalydon verwüstete. In einem Streit um das Fell des Ebers erschlug Meleager auch seine beiden Onkel. Die »Kalydonische Jagd« war schon in der griechischen Kunst ein beliebtes Thema und blieb es in der römischen.

Auch das Bildnis der Göttin Aphrodite (Abb. 223) ist eine solche Kopie nach einem griechischen Original. Nicht ausgeschlossen ist, daß es ein Bildnis aus dem Schülerkreis des berühmten griechischen Bildhauers Praxiteles (um 350 vor Chr.) nachahmt. Während diese Skulptur in einer Kölner Werkstatt entstanden sein könnte, scheint ein Porträt, in dem manche ein Marmorbildnis des römischen Kaisers Hadrian (117–138 nach Chr.) zu erkennen glauben (Abb. 224), in einer römischen Werkstatt hergestellt und nach Köln eingeführt worden zu sein.

Mit unter den Kulturbetrieb sind die Kulte zu rechnen. Es wurden daher auch Altarfragmente und solche Zeugnisse, die Kulthandlungen schildern, aufgestellt. Von einem Altar blieb nur der Sockel erhalten (Abb. 226). Dessen Schauseite trägt eine Opfergesellschaft, die ein zum Opfer bestimmtes Schwein zum Altar bringt. Solche Prozessionen sind den Darstellungen offizieller Staatsopfer nachgebildet. Auf dem Wege zu den Tempeln werden sie im Straßenbild der Kolonie eine beinahe alltägliche Erscheinung gewesen sein. Die Seitenflächen des Fragmentes sind mit Opfergaben angefüllt. Auf einem Tisch liegen Früchte und Brote. Darunter stehen eine Amphora mit Wein und ein mit Kordeln umschnürtes Faß (Abb. 226).

Diesem Bereich sind auch zahlreiche kleine Bronzestatuetten Opfernder zuzuordnen (Abb. 239). In den Häusern standen vielfach die Bildnisse der Götter, wie die schöne Bronzefigur, die den Gott Jupiter Dolichenus zeigt (Abb. 238), der seit Vespasians Zeiten als besonderer Schutzgott des römischen Militärs besondere Verehrung genoß und im Rang später beinahe dem des Jupiter Optimus Maximus gleichkam. Diesem Zweck mag auch die Bronzefigur eines Asklepios, eine römische Arbeit des 1. Jahrhunderts nach Chr., die eine griechische des 4. Jahrhunderts vor Chr. zum Vorbild hat, gedient haben (Abb. 241). Allerdings stammt dieses etwas trockene Stück nicht aus Köln. Es wurde vor Jahren aus dem Kunsthandel erworben. Sein Herkunftsort ist unbekannt.

Im römischen Köln hat es auch Gladiatorenkämpfe gegeben. Ihre Existenz wird durch zwei Zeugnisse einwandfrei belegt: durch ein Mosaik (Abb. 255), das einen solchen Kampf schildert, sowie durch einen Grabstein, der für zwei Gladiatoren gesetzt wurde (Abb. 229).

Die Inschrift des Grabsteines, von dem nur das Bildfeld abgebildet ist (Abb. 229), lautet: »Aquilo, früherer Sklave des Gaius und des Marcus Versulatius, liegt hier begraben. Seine früheren Herren ließen ihm den Grabstein errichten – und für ihren Freigelassenen Muranus«. Auch mit freigelassenen Gladiatoren wußte der Herr, dem sie vorher als Sklaven gehört hatten, immer noch gute Geschäfte zu machen. Immerhin war er an ihren Einnahmen beteiligt. Dies mag auch für diesen Grabstein aus der 1. Hälfte des 1. Jahrhunderts nach Chr. gelten.

Übrigens gab es für den Zweikampf der Gladiatoren feste Spielregeln. Sie mußten streng beachtet werden. So kämpft z. B. auf der Bildplatte des Grabdenkmals (Abb. 229) ein Leichtbewaffneter mit einem kleinen Schild und einem Krummdolch gegen einen Schwerbewaffneten mit einem großen Schild und einem Langschwert. Obschon die Szene nur in Andeutungen gekennzeichnet ist, hat die Darstellung die Beobachtung eines solchen Kampfes zur Grundlage. Eindrucksvoll ist im Raum der Arena der Zusammenstoß von zwei kämpferischen Naturen gekennzeichnet. Weit ausholend füllen die jeweils linken Beine und die Helmbüsche, die wie im Ornament erstarrt sind, die Bildfläche.

Gladiatorenkämpfe waren so beliebt und allgemein bekannt, daß es Messergriffe gab mit den Darstellungen solcher Männer, die bereit waren, ihr Leben auf das Spiel zu setzen (Abb. 227), oder die Darstellung eines Gladiatorenkampfes auf einer Öllampe (Abb. 228). Natürlich gehört dieses Stück in die Reihe der Massenwaren.

Szenen aus einem Gladiatorenkampf, der auf Leben und Tod ging, zeigt auch eine schön gearbeitete sogenannte »Pilgerflasche« (Abb. 231). Groß herausgestellt ist der Schluß. Der Sieger tötet den Besiegten. Eine kleine Beinmarke mit der Aufschrift LRANDUS (Abb. 233) belegt, daß auch im römischen Köln Wetten bei Gladiatorenkämpfen üblich waren.

Andere Öllampen sind mit beschaulicheren Bildfeldern geziert. Eine Victoria verheißt Schutz (Abb. 234), zwei Fischer suchen auf einem Fluß vor dem Prospekt einer Stadt die Netze zu füllen (Abb. 232).

Wieder zu den Gladiatorenkämpfen führt das Kölner »Gladiatorenmosaik«. Es wurde bereits im vergangenen Jahrhundert in einem römischen Haus an der Lungengasse gefunden (Abb. 255). Während man es unmittelbar nach seiner Auffindung meinte in das 2./3. Jahrhundert nach Chr. datieren zu sollen, sprechen manche Indizien heute für eine solche in das 4. Jahrhundert nach Chr., wenn nicht gar für eine in den Beginn des 5. Jahrhunderts nach Chr. Der Boden, von dem nur ein Teil erhalten ist, gehört wahrscheinlich zu einem Raum, der mit 10 × 10 m quadratisch zugemessen war. Im Äußeren umzog diesen Steinteppich ein Rahmen, der durch Ornamente ausgefüllt war. In der Mitte bildeten ein Kreis oder ein Oval das eigentliche Zentrum der Darstellung. Es kämpften paarweise Gladiatoren gegeneinander. Ein Ornament gibt um die bewegte Darstellung den Rahmen und meint die Arena. Innerhalb der Arena aber saßen die Beischriften, die das ganze Geschehen erläuterten. Sie lauten: Ancitatus ad(venit ?) – Ancitatus greift an und Rosstu adventus – Rosstus greift an. Mit diesen Formeln sind die Sieger des konkreten Kampfes genannt, der irgendwann im Amphitheater von Köln im 4. Jahrhundert nach Chr. oder vielleicht auch erst im Anfang des 5. Jahrhunderts nach Chr. stattgefunden hat.

Im Hintergrund der Arena, vor einer Treppe, die zu den Rängen hochführt, stehen Männer; eine Szene, die von dem gesamten Mosaik am besten erhalten ist (Abb. 255). Während man früher in der Gruppe der sieben Männer Zuschauer sah, hat man sie jetzt als Manager der Spieler: Spielleiter, Organisatoren und Hilfskräfte, die für Ordnung im Stadion zu sorgen hatten, erklärt. Der mittlere vorne hat gar einen Fleischerhaken in seiner linken Hand, der unter dem Mantel hervorlugt. Vielleicht war er tatsächlich einer jener, die für das Abschleppen der in den Zweikämpfen der Gladiatoren bisweilen »anfallenden Leichen« zu sorgen hatten. Folgt man dieser Interpretation – und sie ist ziemlich überzeugend – liegt in diesem Mosaik tatsächlich ein sehr genaues Dokument für tatsächliche Ereignisse in Köln vor, die überdies einen wesentlichen Bestandteil im Kulturbetrieb der Kolonie ausgemacht haben.

Vergleicht man mit dem Gladiatorenmosaik (Abb. 170) das Dionysos-Mosaik (Abb. 14), so wird deutlich, daß das Gladiatorenmosaik tatsächlich zu einer anderen Zeit als das Dionysos-Mosaik entstanden sein muß. Bei dem Gladiatorenmosaik ist an die Stelle der in sich sehr bewegten Figuren (Abb. 16) eine strenge frontale Stellung aller dargestellten Personen getreten (Abb. 170). Die Gewänder sind mit nur einigen Strichen charakterisiert. Dies alles deutet darauf hin, daß das Gladiatorenmosaik im Laufe des 4. Jahrhunderts nach Chr. entstanden ist. Damit gewinnt es über den engeren Themenzusammenhang hinaus einen wichtigen Stellenwert für das kulturelle Leben im spätantiken Köln.

Eine andere Sportart, das Ringen, kann durch eine kleine Bronzegruppe illustriert werden (Abb. 240). Das Stück stammt nicht aus Köln. Es wurde 1916 aus dem Kunsthandel erworben. Sein Fundort ist unbekannt. Dem Hersteller wird ein griechisches Vorbild vor Augen gestanden haben, das den Pankration, den Allkampf, darstellte. Indessen – anstelle der Allansichtigkeit solcher Gruppen – geriet diese ihrem Produzenten in eine allein auf Frontalansicht gezogene Gruppe ohne besonderen künstlerischen Rang.

Eine Kopie nach einem hellenistischen Vorbild dürfte in dem Bildnis einer trunkenen alten Frau vorliegen (Abb. 242). Das ausdrucksstark gearbeitete Antlitz macht auf die sozialen Realitäten in der Kolonie aufmerksam. Der Schicht von Gebildeten stand die der Armen gegenüber, bisweilen auch die solcher, die völlig an den Rand der Gesellschaft geraten waren.

Wenigstens in Andeutungen ist zu belegen, daß man seine Vorstellungen in den verschiedensten Bildwerken ausgedrückt sehen konnte. Immer wieder begegnet man dabei griechischen Vorbildern. So ist auch eine zweite Aphrodite (Abb. 244) auf ein Bildwerk aus dem Umkreis des griechischen Bildhauers Praxiteles zurückzuführen (Abb. 223). Die Repliken solcher Bildnisse werden zahlreich gewesen sein wie auch die Abbilder von Philosophen (Abb. 243, 245), die jeder Gebildete nach seinen Neigungen in seiner Umgebung haben wollte, möglichst im Handformat. Vielleicht gab es dann wieder andere, die dem Bildhauer eines Genius den Vorzug gaben (Abb. 244) und dabei großen Wert auf künstlerische Qualität legten. Irgendwo in einem Garten mag auch der lebendig gearbeitete Panskopf gestanden haben (Abb. 247).

Neue Erlöser

Die Anzahl von Heiligen Bezirken, Tempeln und verschiedenartigen anderen Orten, an denen Götter in der römischen Kolonie verehrt wurden, muß beträchtlich gewesen sein. Immer noch treten aus dem Kölner Boden neue und überraschende Zeugnisse hervor. Neben den offiziellen Kulten und der Verehrung der einheimischen Gottheiten erzwangen seit dem 2. Jahrhundert nach Chr. in zunehmendem Maße neue Gottheiten Beachtung. Deren Kulte hatten fast alle im Orient ihren Ursprung. Händler und Soldaten brachten Kenntnisse von ihrem Wirken. Manche werden dazu angestiftet worden sein, bei den neuen Göttern Hilfe zu suchen. Die Sehnsucht nach Erlösung war dem Zeitalter eingeschrieben. Die vielfältigen Mysterienkulte entsprechen dem Verlangen nach der Vereinigung mit der Gottheit. Eine dieser neuen Mysterienreligionen war das Christentum, das am Ende der römischen Welt alle anderen Kulte in den Schatten zu stellen vermochte und als das wirksamste Erbe der römischen Welt das Mittelalter und auch noch die Neuzeit prägte.

Der Bestand des Museums an Götterdenkmälern ist groß. Den »neuen Erlösern« konnte eine ganze Sockelinsel eingeräumt werden (Abb. 248). In der Mitte wurden über rekonstruierten Säulen drei Kapitelle aufgestellt. Dasjenige mit den tief unterschnittenen Akanthusblättern (Abb. 248) stammt aus dem Atrium des spätrömischen Zentralbaues, der noch heute den Kern des glanzvollen Dekagons des 13. Jahrhunderts von St. Gereon ausmacht.

In Köln gewann seit dem 2. Jahrhundert nach Chr. der aus Kleinasien stammende Kult der Großen Göttermutter Kybele besondere Bedeutung. Daneben zog der Kult des ägyptischen Himmelsgötterpaares Isis und Osiris Anhänger an, außerdem die Kulte, die dem das Weltganze lenkenden Sonnengott galten. Den unbestritten stärksten Zulauf verzeichnete der Mithraskult.

Die Verschiedenartigkeit der religiösen Überzeugungen kommt in den Denkmälern sprechend zum Ausdruck. Man erkennt auf der Sockelinsel links (Abb. 248) ein hochrechteckiges Fragment. Es ist auf drei Seiten mit Figuren versehen. Sichtbar ist ein nackter Mann, dem eine weibliche Büste und der trauernde göttliche Jüngling Attis zugeordnet sind. Ziemlich sicher beziehen sich alle Figuren auf den Hirtengott Attis. In ihn hatte sich die Göttin Kybele verliebt. Sie wußte ihn so für sich zu entflammen, daß er sich entmannte und starb. Attis galt als ein Gott der Hoffnung. Wer an ihn glaubte, meinte den Tod durch Auferstehung überwinden zu können. Die auf der Säulentrommel daneben zu sehende Göttin kann nicht identifiziert werden. Das Bildnis stammt von einem Weihestein, der später in eine Säulentrommel umgewandelt wurde.

Ein kleiner Altar ist der Göttin Semele gewidmet (Abb. 248). Die Inschrift belegt die Existenz eines Geheimkultes des Dionysos. Die Göttin Semele war eine der Geliebten des Zeus und die Mutter des Gottes Dionysos. Der nächste Altar, von einem Wachtmeister aus dem Stab des Statthalters errichtet, ist »für den allerbesten und größten Jupiter und den Gott Serapis und den Schutzgeist des Ortes« aufgestellt. Dem Serapis gilt auch ein weiterer Weihestein, für den eine vorher in einem anderen Zusammenhang verwendete Kalksteinplatte benutzt wurde (Abb. 248).

Unter den Denkmälern, die sich mit der Verehrung der Götter verbinden lassen, nimmt ein Grabstein aus dem Gräberfeld bei St. Severin einen besonderen Rang ein (Abb. 249, 250, 251). Die nicht völlig erhaltene Frontseite (Abb. 250, 251) war über einem Sockel, der wohl auch die Inschrift trug, als Giebelarchitektur ausgebildet. In den Giebel ist ein Porträt des Verstorbenen als Medaillon eingelassen, darunter eingeschrieben: In memoriae – Zur Erinnerung. Aus dem Haus tritt ein Hirte, der einen Widder oder ein Schaf trägt. Zwei weitere Schafe begleiten ihn zu seinen Füßen. Der Mann trägt einen hochgegürteten Chiton. Die unbeschädigten Partien lassen eine begabte Hand als Verfertiger des Denkmals erkennen.

Der Hirte, der Menschenfreundlichkeit und Menschenliebe symbolisiert – in diesem Sinne wurde diese Bildform später auf Christus übertragen – muß mit den Bildern der Amme Severina auf den Seitenfeldern des Steines zusammengesehen werden (Abb. 249 und 250). Es wurde die ansprechende Vermutung geäußert, diese Severina sei eine Kölner Lokalgöttin. Ihre Fürsorge an ein Kind: sie nährt es (Abb. 250) und sie legt es in die Wiege (Abb. 249) würde sie mithin als eine fürsorgende Muttergöttin ausweisen. Sie geleitet den Toten, vielleicht ein Kind (?), in den ewigen Frieden.

Beliebt war die Verehrung des griechischen Gottes Priapos, der im Lateinischen Priapus hieß. Das Museum verfügt über zwei kraftvolle Bildnisse dieses Gottes (Abb. 254), die oft in Gärten, aber auch zur Abwehr böser Geister auf Gräbern aufgestellt waren. Priapus, ein uralter Fruchtbarkeitsgott, wird immer mit aufgerichtetem Geschlecht dargestellt. Darüber hält er im Schurz seines kurzen Gewandes einen gefüllten Fruchtkorb.

Ein anderes Denkmal (Abb. 253) macht mit einem der beiden Begleiter des persischen Lichtgottes Mithras bekannt. Cautes und Cautopates verkörperten in der Begleitung des Gottes den Wechsel von Tag und Nacht, von Licht und Finsternis. Ihre Attribute sind Fackeln. Sie können aber auch einzeln auftreten, wie das bei diesem im Rhein nahe der römischen Rheinbrücke gefundenen Götterbild der Fall ist.

Ein Bildnis des Gottes Mithras selbst, das im 3. Jahrhundert nach Chr. entstand, ist in einer mithräischen Kultstätte vor dem Südportal des Kölner Domes vor wenigen Jahren gefunden worden (Abb. 252). Dargestellt ist die Felsgeburt des jugendlichen Gottes. In seinen erhobenen Händen trägt er den Dolch, mit dem er den Himmel-Erd-Stier um des Weltheiles willen opfern wird und ein Ehrenbündel, das auf die Erneuerung des Kosmos durch Mithras hinweisen soll.

Ein wichtiges Zeugnis für die Mithrasverehrung im römischen Köln ist ein großes Kultgefäß (Abb. 272, 273). Auf seiner Wandung ist Mithras – eine Komposition, die sonst keine Entsprechung hat – als Sonnengott zwischen seinen Begleitern Cautes und Cautopates dargestellt (Abb. 273). Dieses seltene Gefäß wurde im Jahre 1958 an der Zeughausstraße Ecke Kattenbug, also vor der römischen Stadtmauer, gefunden. Aus diesem Gebiet stammen viele interessante Fundstücke.

In den Themenbereich »Neue Erlöser« wurde auch ein Bildnis des Bacchus einbezogen (Abb. 256), das in einer stadtrömischen Werkstatt entstanden sein dürfte. Es ist dem Museum als Dauerleihgabe aus ehemaligem Reichsbesitz zugewendet worden. Ein solches Stück könnte auch im römischen Köln vorhanden gewesen sein. Das Bildnis ist ein gutes Beispiel für die Art, wie in der römischen Kunst griechische Vorbilder bisweilen sehr frei fortgeschrieben und dabei in eine gewisse Glattheit gewendet wurden.

Bauten und Bilder der alten Götter

Es dürfte deutlich geworden sein, welche Bedeutung der Verehrung der Götter in einer römischen Kolonie zukam. Auf einer weiteren Sockelinsel (Abb. 258) wurden deshalb weitere kennzeichnende Zeugnisse zusammengestellt. Man erkennt auf einem Stein leicht die Göttin Diana (Abb. 258), sieht einen anderen, der wahrscheinlich Bestandteil eines größeren Denkmals war, dreiseitig mit Göttergestalten ausgestellt (Abb. 258), die sich als Jupiter, Hercules und Apoll identifizieren lassen.

Bedeutung kommt zwei Bauinschriften zu (Abb. 257). Die eine bezeugt die Existenz eines Tempels des Mercurius Augustus (Abb. 257, links), der zwischen 79–81 nach Chr., also zur Zeit des Kaisers Titus, gebaut wurde. Heute wird diese in der Nähe des Kölner Domes schon im vergangenen Jahrhundert aufgefundene Inschrift mit einem Tempelfundament in Verbindung gebracht, das nach dem Kriege unter dem Kölner Dom ausgegraben wurde. Die zweite, größere Inschrift entstand zwischen 392 und 394 nach Chr. (Abb. 257). Sie lautet: »Zu Lebzeiten unserer Herren und Kaiser Flavius Theodosius, Flavius Arcadius und Flavius Eugenius, wurde auf Befehl Seiner Exzellenz, des Oberkommandierenden Flavius Arbogastes, unter der ständigen Überwachung seiner Exzellenz . . ., Kommandeur von dessen Gardetruppen, das aus Altersschwäche zusammengefallene . . . von Grund auf erneuert. Für die Ausführung sorgte Aelius . . . Provinzialsteuerdirektor«.

Welcher bedeutende Bau von dem Comes Arbogastes errichtet wurde, ist nicht zu sagen. Daher bleibt unbekannt, ob es sich um einen Tempel oder um ein anderes wichtiges öffentliches Gebäude gehandelt hat.

Der Bauherr Arbogastes war ein Franke, der sich im römischen Heer bis zur Spitze hochgedient hatte. Als »Heermeister« besaß er außerordentliche Macht, die er zu nutzen wußte. Er beherrschte den Kaiser der Westhälfte des römischen Reiches, den schwachen Valentinian, völlig. Nach dessen Tod im Jahre 392 nach Chr. vermochte er es, seinen Günstling Eugenius als Kaiser einzusetzen. Im Jahre 394 nach Chr. nahm er sich das Leben, nachdem er dem Kaiser der östlichen Reichshälfte Theodosius unterlegen war.

Sehr häufig standen auf Straßen und Plätzen Jupiter-Giganten-Säulen. In Köln gab es auch Jupiter-Giganten-Pfeiler (Abb. 258, 269). Einer dieser Pfeiler war im 3. Jahrhundert nach Chr. mit guten Bildern geschmückt worden. Man erkennt zuunterst einen Mars (Abb. 264), darüber eine Fortuna und eine Juno. Auf den anderen beiden Seiten sind die Göttinnen und Götter Fortuna, Sol und Minerva sowie Venus, Vulcan und Ceres vorgestellt. Natürlich war ein solcher Pfeiler höher als das jetzt allein erhaltene Fragment (Abb. 264). Ein Bildnis des sitzenden Jupiter krönte ihn. Er wird der Skulptur, die allein von einem anderen Pfeiler übrig geblieben ist (Abb. 263), ähnlich gewesen sein.

Mit der Sockelinsel »Bauten und Bilder der alten Götter« ist eine Vitrinenwand zusammen zu sehen (Abb. 268, 272), in der nach römischen und orientalischen Gottheiten geordnete Zeugnisse von Götterbildern ausgestellt wurden. Die meisten der darin aufgestellten kleinen Figuren aus Bronze, Terrakotta oder Elfenbein stammen aus dem Kölner Boden. Einzelne, wie die schöne Fortuna (Abb. 267), die aus Norditalien stammt, wurden im Kunsthandel gekauft. In der Regel wird man für alle Statuetten einen Sockel zu ergänzen haben, wie ihn die Fortuna (Abb. 267) oder eine kleine Venus (Abb. 265) besitzt. Vielfältig sind die Bilderscheinungen (Abb. 265, 266, 269, 170), die immer ein großes Kultbild zum Vorbild haben. Während sich die kleinen Statuetten erhielten, sind die großen Kultbilder allerdings verlorengegangen.

Eine eigene Sockelinsel wurde endlich dem Jupiter Optimus Maximus gewidmet. Überblickt man die ganze Reihe der Weihungen an die Götter, über die das Museum verfügt, fällt auf, daß ihm als dem höchsten der Götter und dem eigentlichen Staatsgott zahlreiche Altäre und Weihesteine gesetzt wurden (Abb. 259). Das ist verständlich, denn als das Oberhaupt des römischen Götterhimmels verkörperte er auch die weltliche Macht des römischen Reiches und der Kaiser in den Provinzen. Ihm opferte die staatstragende Schicht der hohen Beamten und Militärs, aber auch die Bevölkerung ganz allgemein. Der Kölner Capitoltempel lag, wie man heute durch Ausgrabungen weiß, an der Stelle der Kirche St. Maria im Kapitol. Darüber hinaus werden aber überall in der Stadt auf Straßen und Plätzen, wie angemerkt, die Jupiter-Giganten-Säulen gestanden haben. Alle die kleinen Jupiter-Sitzbilder stammen von solchen (Abb. 259, 263). Neben dem Haupttempel scheint Jupiter auch in anderen Tempeln der Stadt verehrt worden zu sein. Darauf weist ein etwas überlebensgroßes Bildnis dieses Gottes hin, das in einem Turm der Stadtbefestigung an der Ecke Bopp- und Clemensstraße gefunden wurde. Diese Statue, die im 2. und 3. Jahrhundert nach Chr. entstand (Abb. 161, 162), dürfte als Kultbild gedient haben. Sie ist auf Untersicht berechnet. Jupiter sitzt auf einem Thron, der bis in Einzelheiten vom Bildhauer charakterisiert wurde (Abb. 262). Über die Schulter hat der Gott einen Mantel gelegt. Der Oberkörper liegt bloß (Abb. 261). Die streng auf Frontalsicht gestellte Darstellung gewinnt an Kraft durch die Art, wie die Falten des Gewandes gelegt sind. In der einen Hand hielt der Gott den Blitz, in der anderen ein lanzenförmiges Szepter. Leider waren Arme, Hände und Kopf nicht mehr aufzufinden. Aber auch dem Fragment ist noch anzusehen, daß es sich um eine bedeutende Darstellung handelt, deren Ausdruckskraft sicher durch die ehedem vorhandene farbige Fassung noch gestärkt wurde.

Wie überhaupt bisweilen das plastische Ausdrucksvermögen bei den Denkmälern überrascht. Hierfür ist das Grabdenkmal des Titus Flavius Bassus aus dem Ende des 1. Jahrhunderts nach Chr. ein besonders eindrucksvolles Beispiel (Abb. 260). Er hat in Verbindung mit der ganzen römischen Götterwelt Aufstellung gefunden, um anzudeuten, daß mit dem Glauben an die Götter auch die Hoffnung verbunden war, nach dem Tode in einem Reiche des Glücks wie die Götter unsterblich leben zu können.

Das Bildfeld dieses Grabdenkmals zeigt in einer muldenförmigen Nische einen Hilfstruppenreiter im Galopp. In der linken Hand hält er den Schild. Mit der rechten stößt er an dem Langschwert, mit dem er gegürtet ist, vorbei mit der Lanze auf einen Gegner, der unter ihm am Boden liegt. Dieser Gegner wird durch eine struppige Haartracht als Barbar charakterisiert. Im linken Bildfeldrand begleitet ein Fußsoldat mit geschulterter Lanze die Szene. Gemeint ist wohl der Diener des Bassus.

Das Grabdenkmal, das der Erbe dem aus Thrakien, dem heutigen Bulgarien, stammenden Reiter, der mit einer Hilfstruppe (Ala) vermutlich im heutigen Worringen oder Dormagen stationiert gewesen war, setzte, folgte einem alten Bildschema. Es gelangte bereits am Beginn des 1. Jahrhunderts nach Chr. aus dem nordgriechisch-thrakischen Bereich in das Rheingebiet. Die Darstellung feiert die militärische Tüchtigkeit des Verstorbenen. Das Relief besitzt plastische Kraft und fußt auf genauer Beobachtung, die sich in der präzisen Wiedergabe der Details äußert.

Plastisches Vermögen endlich wird in der lebendigen Gruppe eines Löwen, der einen Eber schlägt, sichtbar (Abb. 271, 272). Der Löwe steht dabei für den raffenden Tod. Diese kraftvolle Darstellung, die im 2. Jahrhundert nach Chr. entstand, gehört zu einem römischen Grabdenkmal am Severinswall. Dem Löwen wurde wie den Sphingen außerdem die Kraft zugeschrieben, die Gräber der Toten zu bewachen und Grabräuber abzuwehren.

Die Gruppe solcher »Grabwächter« beschließt die Aufstellung in der großen Ausstellungshalle und leitet thematisch wie kompositorisch zu dem Grabdenkmal des Poblicius über (Abb. 13).

Die Schatzkammer

Das Museum besitzt eine außerordentlich reiche Schmucksammlung (Abb. 274–315). Darin bilden diejenigen Gegenstände einen beachtlichen Grundstock, die aus den Ausgrabungen des Museums stammen. Die zweite erhebliche Komponente basiert auf der Sammlung des Kölner Konsuls C. Niessen, der auch dem römischen Schmuck seine besondere Aufmerksamkeit zuwandte. Er erwarb nicht nur Kölner Bodenfunde, sondern griff weit über den engeren Umraum hinaus. Den Rang einer wirklich bedeutenden Schmucksammlung indessen erhielt das Museum durch den Erwerb der Sammlung des Barons J. von Diergardt. Dieser erfolgreiche Kaufmann hat um die Jahrhundertwende einen gewichtigen Teil seines Vermögens in den Erwerb von Goldfunden investiert, die meist aus Südrußland stammen.

Von dieser Schmucksammlung des Museums sind bisher nur einige Teile veröffentlicht.

Aus dem Gesamtbestand ist für dieses Buch eine kennzeichnende Auswahl getroffen worden. So wird wenigstens ein erster Überblick möglich.

Für die Präsentation der Schmucksammlung schien eine Raumsituation unverzichtbar, die aus dem Gesamtraum auszusondern war. Dafür bot sich eine Fläche in der Nordostecke der großen Ausstellungshalle an (Fig. 12). Sie war dafür ursprünglich nicht vorgesehen (Fig. 11).

Durch den Einbau einer Zwischendecke war es möglich, jene Intimität zu erwirken, die für die Ausbreitung von Schmuck wünschenswert ist (Abb. 315, 276). Dadurch wurde außerdem ein Obergeschoßraum für spezielle Sammlungsbestände gewonnen (Abb. 318).

Es wurde Wert darauf gelegt, einen fließenden Übergang aus dem Gesamtraum des Obergeschosses (Abb. 230) in die Schmuckzone (Abb. 315) zu gewinnen. Das wurde dadurch erreicht, daß der östliche Teil derselben in der Höhe des Gesamtraumes belassen wurde. Daran schließt sich die eigentliche »Schatzkammer« an (Abb. 315). Sie ist als eine Art »Ladenstraße« ausgebildet (Abb. 315, 276).

Die gewählte Raumsituation verlangte die ausschließliche künstliche Beleuchtung aller ausgestellten Schmuckstücke. Vorherrschend ist dafür eine Grundbeleuchtung gewählt worden. Sie verzichtet in der Regel auf Ausstrahlung. Nur in den Schaufenstern wurden mit Hilfe des Lichtes zusätzliche Akzente gesetzt. Auf diese Art sind bedeutende Stücke hervorgehoben, aber auch Gruppen voneinander geschieden.

Leider ist bei manchen Stücken die Fundlage so, daß darüber zur Zeit vielfach nähere Angaben nicht möglich sind.

Aus dem 2.–1. Jahrhundert vor Chr. stammt die kreisrunde Platte, die den Mittelteil einer Halskette bildet, wie die seitlichen Ösen erkennen lassen (Abb. 275). Zugehörig sind zwei Ohrgehänge in der Form von Amphoren. Kleine Amphoren bilden auch zusammen mit runden und tropfenförmigen Almandineinlagen das Rosettenmuster auf der aus flachem Goldblech gearbeiteten Rundscheibe (Abb. 275).

Mehrere Stücke gehören dem 1. und 2. Jahrhundert nach Chr. an. Verschiedene Kulturkreise sind vertreten. Neben einer schönen, aus immer gleichen Elementen gebildeten Halskette mit einem Verschluß aus Masken (Abb. 285) treten zwei zierliche Halsketten (Abb. 288), von denen die eine in ungleichmäßigen Abständen zwischen die einfachen Goldglieder Perlen eingefügt zeigt, wogegen die andere allein aus einem feingliedrigen in sich geschlungenen Kettennetz besteht.

In die gleiche Zeit gehören zwei bronzene Gürtelschnallen, die aus dem Kaukasus stammen (Abb. 295). Einfache mit einer Art Kerbschnittmuster versehene Rahmen, an deren Enden runde Knöpfe sitzen, umziehen durchbrochene Bildfelder. Die Tiere kommen in ihren Bewegungen wie in ihren plastischen Volumen durch den dahinter gelegenen Gürtel überzeugend zur Wirkung. Während bei dem oberen Beschlag die Augen der Tiere durch Höhlungen gegeben sind, in die vielleicht Glasfluß eingelassen war, sind in dem unteren die Augen durch aufgesetzte Rundknöpfe markiert.

Dem sarmatischen Raum kann ein besonders schönes goldenes Halsband zugeschrieben werden (Abb. 297). Der Bildausschnitt läßt erkennen, wie aus dem einfachen Goldstab über kapitellähnliche Verdickungen zwei aufeinander zugerichtete Tierköpfe gegeneinander geführt sind. Die zahnreichen Münder sind eben geöffnet, offene Augen gut markiert, Ohren eben angedeutet. Aus Südrußland stammt ein Goldring in der Form einer Schlange (Abb. 312). Neben dem wie züngelnd aus den Windungen vorschnellenden Kopf sind in eine schön gearbeitete Fassung zwei Almandine gestellt. Die äußeren Ringwindungen heben sich durch Punzen von den blanken mittleren ab. Zur Darstellung des Endes des Schlangenleibes windet sich neben dem Reif in kleinem Fragezeichen das Schwanzende, um gegen einen tropfenförmigen Almandin, der dem äußeren Reif aufgesetzt ist, anzuschwingen. Das Stück gewinnt seinen Reiz aus dem Kontrast von abstrakter Grundform und naturalistischen Teilen.

Aus dem 2.–3. Jahrhundert nach Chr. stammen die beiden römischen Ohrringpaare, die ein sprechendes Zeugnis dafür sind, wie mit wenigen Handgriffen bisweilen die damals beliebte farbige Wirkung erzielt werden konnte (Abb. 282). Gute Beispiele für goldene Fingerringe dieser Zeit stammen aus Köln (Abb. 309). Bewegten Formen ist der Vorzug gegeben. Schrift wird eingegraben, Aufbrechungen sind beliebt. Es kommen auch schwere Goldringe mit Gemmen vor (Abb. 310). Beide stammen aus dem Rheinland. Das Bildfeld des linken zeigt einen Mars, auf dem rechten fährt ein von Ruderern bewegtes Schiff. Dagegen bieten drei Ringe aus Südrußland (Abb. 314) schöne Beispiele dafür, wie Almandine für Ringe verwendet wurden und überdies durch Granulation zusätzlicher Reichtum bewirkt werden konnte.

Stücke von besonderem Reiz sind die hervorragend gearbeiteten Schnallen und Gürtelbeschläge aus Köln (Abb. 293), die im 3. Jahrhundert nach Chr. entstanden. Sie gehören einem Fundzusammenhang an. Die inneren Felder werden von feinnervig gearbeiteten, stark stilisierten Blattmustern in Durchbruchstechnik eingenommen. Feste, knapp formulierte Rahmen fassen sie. Darum legen sich schöne lanzettförmige Blätter und Voluten. Es ist nicht auszuschließen, daß diese Silberarbeiten in Köln entstanden sind.

Ein noch weitaus lebendigeres Stück ist der schöne silberne Schwertscheidenbeschlag (Abb. 294), der dem 4. Jahrhundert nach Chr. angehört und ebenfalls in Köln gefunden wurde. Auf dem Mittelsteg steht: AUSONI VIVAS – Ausonius möge leben.

Der Beschlag überzeugt durch die Sicherheit, mit der das Grundmuster bemessen und dazwischen die Rankenfelder voller Souveränität gesetzt sind. Man schwankt, ob man von »Maßwerken« oder von stilisierten Akanthusblättern inmitten von Musterfeldern sprechen soll. Sollte das Stück aus einer Werkstatt im römischen Köln stammen, läge mit ihm ein Zeugnis für vorzügliche Werkstätten und ein Beweis für das Vorhandensein von durch Meisterschaft ausgewiesenen Goldschmieden vor.

Die Schmuckstücke des 3. und 4. Jahrhunderts nach Chr. geben sich in der Regel durch eine gewisse Üppigkeit in den Einzelformen zu erkennen. Bei unverminderter Vorliebe für strenge Grundformen kommt eine Neigung für das Überwuchern mit Zierelementen in Übung. Man kann ohne Einschränkung von einem malerischen Zug sprechen, der kennzeichnend wird. Das Paar kleiner römischer goldener Ohrringe aus gedrehtem Draht mit den Tierköpfen ist dafür schon ein bezeichnendes Beispiel (Abb. 279). Dagegen bleiben auch Elemente des klassisch Schönen mit im Angebot. Ein überzeugendes Beispiel ist die schöne, beinahe klassisch ausgewogene goldene Halskette des 4. Jahrhunderts nach Chr. aus Südrußland, die im Maikos gefunden wurde (Abb. 281). Granatapfelförmige Goldperlen wechseln mit Almandinperlen sowie mit Anhängern. In Goldblechen sind libellenförmig Almandine eingebracht. Die Augen gewinnen Ausdruckskraft. Das mittlere Anhängerstück zeigt Zellenschmelze. Die Ohrgehänge des 3. Jahrhunderts nach Chr. aus Südrußland, die über Goldblechen mit Filigran gefaßte Almandine zeigen, sind demgegenüber geradezu aufgeregt bewegt (Abb. 284), obschon die dreieckige Grundform des Hauptfeldes eine ruhige Gesamterscheinung gewährleistet. Mit Eleganz wachsen die tropfenförmigen oberen Gelenke aus den Dreieckspitzen heraus, von den Filigranrahmen zierlich gemacht und in zarten Filigranbekrönungen mündend. An ihnen hängen glockenförmige Goldbleche, die ursprünglich ebenfalls mit Almandinen ausgelegt gewesen sein dürften.

In den gleichen Zusammenhang weist ein zarter goldener Halsschmuck (Abb. 286). Er besteht aus einem hauchzarten gedrehten Kettendraht, an dem Perlen mit goldenen Blumenrosetten gereiht sind. Dazwischen sitzen gerahmte Rundfelder mit Emailleeinlagen und beinahe frei schwebenden Zungenfeldern. Von besonderem Reiz sind dazwischengereihte breitförmige Blätter, die in ihrem Kern Blütenknospen mit perlenähnlichen Kernen zeigen. In dieser Kette wird eine ausgesprochene Sensibilität faßbar und ein außerordentliches Vermögen zu differenziertem Formenvortrag. Man spürt geradezu die ungewöhnliche Feinnervigkeit des Goldschmiedes, aus dessen Werkstatt diese Halskette stammt.

Von ähnlichem Zauber ist die gediegene geflochtene Halskette des 3.–4. Jahrhunderts nach Chr. (Abb. 289). Die Herkunft aus dem südrussischen Raum ist offensichtlich. Sie äußert sich in dem perlenähnlichen Besatz am unteren Rand des gewirkten Goldbandes ebenso wie in den Kettenösen, an denen die durch Riefelornamente reich gemachten Tropfen hängen; darüber hinaus aber auch in der feinnervigen Gestaltung der oberen Enden. Ornamente, Liniengefüge und kleine Büstenköpfe sind aus dem Modell gepreßt. Unvergleichlich ist die Art, wie aus den linienüberzogenen Rechtecken in gestraffter Goldfassung die Almandintropfen wachsen, an denen die Verschlußösen ansetzen.

Von kraftvoller Geschlossenheit ist ein schlichter goldener Armreif, den ein einfacher Cabochon-Almandin schmückt (Abb. 290). Dieses aus einer römischen Werkstatt des 3.–4. Jahrhunderts nach Chr. stammende Stück kann belegen, daß geschlossene Grundformen neben allem Wechsel der Moden unverdrossen in Übung blieben.

Im römischen Rheinland und damit auch im römischen Köln war Schmuck aus Gagat besonders beliebt und geschätzt (Abb. 291, 292). Es gibt Anhaltspunkte dafür, daß dieser schwarze Speckstein in der Gegend von Nideggen (Kreis Düren) anstand und abgebaut wurde. Er wurde in vielerlei Weise verwendet. Es gibt kleinperlige Halsketten, solche mit Medaillons, und zwar mit Einzelfiguren wie mit denjenigen von Ehepaaren (Abb. 291). Aus Gagat wurden auch Ringe gefertigt, vielfach Haarnadeln (Abb. 292). Der weiche Stein erlaubte dabei die Herstellung simpler Grundformen ebenso wie die Ausbildung kleinteiliger Zierate (Abb. 291, 292).

Wiederum aus einer südrussischen Werkstatt des 3.–4. Jahrhunderts nach Chr. stammt die goldene Halskette, die ihren Reiz aus dem Wechsel von Goldblechrhomben und Perlen mit verschiedenformatigen Karneolperlen zieht (Abb. 296), wogegen die drei Armreifen des 4. Jahrhunderts nach Chr. aus Köln (Abb. 299) ihre Wirkung einesteils aus ihrer Schlichtheit ziehen, dann wieder aus dem Raffinement, mit dem bei dem linken Armband die blanken eckigen perlenförmigen Teile mit den von Zierat überwucherten in Kontrast gesetzt sind. Dem neuzeitlichen, auf Einfachheit gezogenen Empfinden kommt das Gagatarmband, um dessen kantige Riefelungen ein dünner Goldfaden gezogen ist, besonders entgegen.

Als ein Meisterwerk des römischen Kunstgewerbes muß der hervorragend gearbeitete goldene Armreif, den man gerne für das römische Köln in Anspruch nehmen möchte, mit seinen grünen Smaragden bezeichnet werden (Abb. 300). Man ist versucht, ihn mit der Werkstatt der hervorragenden Schwertscheide aus Köln in Verbindung zu bringen (Abb. 294). Ähnlichkeiten in der Art, die Blattgeranke in ein stilisiertes Dickicht zu wenden, sind offensichtlich; auch die Art, wie die Rahmenstreifen ausgebildet sind.

Bei dem Armband (Abb. 300) fällt darüber hinaus der Phantasiereichtum auf, wie in die Rahmenstege die wechselnden Blattornamentfelder aneinandergefügt sind. Natürlich haben in den Rundöffnungen ursprünglich auch rund zugeschliffene Smaragde gesessen, wodurch der Eindruck der Spannung zwischen gebändigten Ornamentfeldern und der plastisch kugeligen Wirkung der Steinbesetzung noch weitaus eindringlicher war.

Aus dem 3.–4. Jahrhundert nach Chr. stammen einige Kettenanhänger mit Goldmünzen (Abb. 308). Man erkennt, daß nicht nur beinahe prägefrisch erhaltene Münzen für Schmuck verwendet wurden, wie diejenige des Septimius Severus und des Antoninus Pius, sondern auch verschliffene wie die der Faustina Diva und sogar mit Goldblech überzogene Silbermünzen wie diejenige des Antoninus Pius. In der Regel wurden um die Geldstücke wohlmodulierte Rahmen gesetzt, wodurch die Bildwirkung der Porträts gestärkt wurde. Die äußeren Ränder sind jeweils von durchbrochenen Ornamentstreifen gebildet, die den kleinen Innenfeldern einen Zug ins Monumentale garantieren.

In diesen Zusammenhang ist ein (nicht ausgestellter) Kontorniat eingestellt, der vor wenigen Jahren in dem Keller eines römischen Hauses an der Südseite des Kölner Domes gefunden wurde (Abb. 311). Er stammt aus dem 4. Jahrhundert nach Chr. Solche Medaillen, deren besonderes Kennzeichen ihr erhöhter Rand (Contorno) ist, schenkte man u. a. seinen Freunden zu Neujahr. Es gibt die ansprechende Vermutung, der Kölner Kontorniat könne sich auf ein Kölner Sportereignis des 4. Jahrhunderts beziehen. Dies würde bedeuten, daß irgendwo in oder bei der römischen Stadt auch eine Rennbahn bestanden haben muß. Davon sind jedoch bis heute keine Reste gefunden.

Die eine Seite der Medaille (Abb. 311) zeigt eine Quadriga. Der Wagenlenker hat die Pferde zum Halten gebracht. An dem Hauptpferd, das Heliodromos hieß, wie aus dem eingeschriebenen Namen zu ersehen ist, läßt sich auf der Hinterbacke die Gestütsmarke erkennen. Der Wagenlenker, dessen Namen, Filarmatius – Wagenfreund, die andere Medaillenseite überliefert, ist der Sieger des Rennens, an dem, wie üblich, vier Quadrigen teilgenommen haben werden. Genau im Moment des Anhaltens hinter der Ziellinie – der Fahrer hebt die Peitsche hoch – steigt hinter ihm der Spielleiter, in eine Toga mit Streifen und Medaillenbesätzen gekleidet, auf den leichten Wagen. Er hält den Siegerkranz hoch erhoben in seiner rechten Hand, um ihn im nächsten Augenblick dem Filarmatius auf das Haupt zu setzen. Auf der anderen Seite der Medaille ist Filarmatius selber dargestellt, in der einen Hand die erhobene Peitsche, in der anderen die Siegespalme. Während zu seiner Rechten in einem Behälter weitere Palmenzweige stehen, die den silbernen Lorbeerkranz rahmen, ist neben ihn ein zweiter Wagenlenker gestellt, der, etwas kleiner von Statur, ebenfalls in der erhobenen Rechten eine Peitsche schwingt, während er in der ausgestreckten linken Hand eine Amphore hält.

Der Entwurf für diesen Kölner Kontorniat stammt aus der Hand eines begabten Medaillenschneiders. Bei einer eindeutigen »impressionistischen« Grundhaltung eignet ihm das Vermögen, alle wesentlichen Elemente der Darstellung präzise vorzutragen. Das Stück kann als Beispiel dafür genommen werden, wie auch in einer römischen Provinzstadt hier und da Handwerker vorhanden waren, deren Kraft ausreichte, besondere Aufträge souverän auszuführen.

Für das 5. Jahrhundert nach Chr. enthält die Sammlung eine Reihe besonders kennzeichnender Schmuckstücke. Mit Recht hat das reich mit Almandinen besetzte Golddiadem aus Kertsch in Südrußland besondere Aufmerksamkeit gefunden (Abb. 274). Über der längsrechteckigen Stirnplatte, die durch Unterteilung in zwei Felder gegliedert ist, erhebt ein Vogel Kopf und Schwingen. Die gebogenen Seitenfelder sind reich durch vier Reihen von Almandinen. Durch den Wechsel von mehr quadratischen, vieleckigen und dreieckigen ist für Belebung des schmückenden Besatzes gesorgt. Seitliche Rahmungen mit Filigranstäben sichern dem Reif und dem Vogel beschwingte und feingliedrige Fassung. Hier anzuschließen ist das nicht so hervorragend erhaltene Golddiadem mit Karneolen und Almandinen aus Tiligul in Südrußland (Abb. 278). Über einen (erneuerten) Kern sind zwei dünne Goldbleche gezogen, auf die die Fassungen für die in der Mitte auffallend großen Karneole, die kugelig geschliffen sein werden, aufgesetzt sind. Der gesamte Besatz ist darauf zu komponiert.

Dem gleichen Kulturkreis ist ein goldener Ohrring mit Filigranverzierung zuzuschreiben (Abb. 277). In der Mitte des dünnen Goldbleches, das vielleicht noch dem 4. Jahrhundert nach Chr. angehört, ist ein durch einen schlichten Rahmen gefaßtes Frauenporträt zu erkennen. An dünnen Kettchen hängen Perlen, in der Mitte deren zwei.

Außergewöhnlich reich erscheinen die Halsschmuckstücke (Abb. 280), die aus Warna in Bulgarien stammen und vermutlich noch dem 4. Jahrhundert nach Chr. angehören. Im Vergleich mit den Diademen (Abb. 274, 278) erkennt man, wie in der älteren Stufe noch die Überwucherung der Goldbleche mit Granulation beliebt war. Fester Untergrund ist kaum vorhanden. Auch die Almandine wachsen aus Filigranhöhungen und auch die Ränder sind durch angesetzte aus lauter Kügelchen gebildete Dreiecke im festen Umriß verwischt.

Wohl aus einem römischen Fundzusammenhang des 4.–5. Jahrhunderts nach Chr. stammen die beiden schönen Bergkristallketten (Abb. 283). Zwischen jeden der vielkantig geschliffenen Bergkristalle ist eine kleine Goldperle gesetzt. Durch Schlichtheit empfehlen sich zwei massive goldene Halsreifen, die ebenfalls dem 4.–5. Jahrhundert nach Chr. zugeschrieben werden müssen (Abb. 298). In schöner Abkürzung wachsen bei dem einen aus dem gedrehten Goldstab zwei aufeinander zugerichtete Schlangenköpfe.

Eine außerordentliche Freude an Prunk lassen einige sämtlich aus dem südrussischen Raum stammenden Stücke erkennen (Abb. 302, 303, 304). Das reich mit Almandinen und von Ornamenten überzogene silberne Bügelfibelpaar dürfte um 400 nach Chr. entstanden sein (Abb. 302). Der kleine aus Almandinen gebildete Doppelvogel (Abb. 303), der von einem Gürtelbeschlag stammt, gehört dem fortgeschrittenen 5. Jahrhundert nach Chr. an, ebenso der prachtvolle Schwertscheidenbeschlag in der Form eines RO (Abb. 304).

Auch das 6. Jahrhundert nach Chr. ist in der Schmucksammlung mit guten Beispielen vertreten. Die schöne Halskette (Abb. 287) aus Bernsteinen und durchbrochenen wie mit Filigranmustern überzogenen Goldperlen gibt eine gute Anschauung dafür, wie im 6. Jahrhundert nach Chr. einerseits alte Schmucktechniken in leistungsfähigen Werkstätten noch beherrscht wurden, wie sich aber andererseits Elemente gröberen Zuschnitts damit mischten.

Aus Italien stammen die goldene Gürtelschnalle mit Almandinen (Abb. 305) sowie die silberne Gürtelschnalle (Abb. 306), die in Nortia gefun-

den sein soll, wogegen die schöne feuervergoldete bronzene Gürtelschnalle, die aus cloisonnierten Almandinen und Glaseinlagen gelegte Blumenmuster zeigt, um 600 nach Chr. in ein Grab in Monceaule-Neuf in Nordostfrankreich gelegt wurde (Abb. 307).
Dem 6. Jahrhundert nach Chr. gehört die kraftvolle silberne Gürtelschnalle mit Almandinen und Glassteinen an, die in Nikopol in Südrußland gefunden wurde (Abb. 301). Diese Schnalle stellt einen Adler dar. Aus dem mit Almandinen und Glassteinen verzierten »Leib« wachsen nach rechts Hals und Kopf. Der Dorn der Schnalle ist unter einem Schlangenkopf verborgen. Ebenfalls aus Südrußland stammen die noch dem 4.–5. Jahrhundert nach Chr. zuzuschreibenden beiden Fingerringe mit Almandineinlagen (Abb. 331). Im Vergleich mit der Gürtelschnalle (Abb. 301) belegen sie ansprechend den »Stilbruch« vom 5. und 6. Jahrhundert nach Chr. auch in diesem Teil der damaligen Welt.

Das Studienkabinett

Große kulturgeschichtliche Museen verfügen in der Regel über reiche Spezialsammlungen. Oft sind sie nur für Fachleute interessant. Sie werden daher in den Magazinen und in den Studiensammlungen aufbewahrt, wo die Sachgüter auf Anfrage für Interessenten zugänglich sind.
Die großen Magazinbestände des Römisch-Germanischen Museums sind aus den Ausgrabungen, die das Museum im Stadtgebiet von Köln durchführt, hervorgegangen. Neben zahllosen Fragmenten von Steindenkmälern enthalten die Magazine vornehmlich Kleinfunde. Sie bestehen aus Massen an Scherben, die sowohl zur Datierung von Bauperioden innerhalb der einzelnen Ausgrabungen unverzichtbar sind wie sie darüber hinaus Material für eine in den Einzelzügen noch erst zu schreibende Wirtschaftsgeschichte der Stadt Köln in der römischen Epoche bereithalten.
Zur Zeit liegt ein Schwerpunkt der wissenschaftlichen Arbeit in der Erfassung dieses Gesamtbestandes an Schuttmaterial aus dem römischen Köln. Schon jetzt zeigt sich, daß bei der Aufarbeitung immer wieder neue und oft verblüffende Gegenstände anfallen. Manche werden dabei sogleich aus den Fundzusammenhängen gelöst und denjenigen Spezialgruppen zugeführt, die ausstellungsfähiges Material enthalten. Unter ihnen ist an erster Stelle die Münzsammlung des Museums zu nennen, die außerordentlich reich ist. Vor allem enthält sie einen der größten Bestände an Goldmünzen der römischen Zeit nordwärts der Alpen. Davon ist zur Zeit kein einziges Stück ausgestellt, da an einem wissenschaftlichen Gesamtkatalog gearbeitet wird. Aber auch danach werden immer nur einzelne Stücke ausgelegt werden. Interessenten können die Stücke während der Dienstzeit der Wissenschaftler in der Studiensammlung des Museums vorgelegt bekommen.
Die große Sammlung des Museums an Gläsern, Keramik und Terrakotten ist, soweit die Stücke nicht im Museum ausgestellt sind, in die Studiensammlung aufgenommen. Diese befindet sich in einem eigens neben dem Museum errichteten Studiengebäude. Dort werden zur Zeit in Spezialvitrinen einerseits gesamte Fundkomplexe zusammengestellt wie andererseits Typenreihen für die einzelnen Gattungen erarbeitet.
Einen besonderen Schwerpunkt bilden innerhalb der Gesamtsammlung zwei Sonderbereiche. Das Museum erwarb vor langer Zeit eine Lampensammlung, die den Bereich der gesamten Alten Welt abdeckt. Diese sogenannte »Sammlung Wollmann« hat bis zur Einrichtung des Museums im Grunde nur in Kisten gelegen.
Der Raum über der Schatzkammer schien nun geeignet, im Wechsel wenigstens Teile der Sammlungen zu zeigen (Abb. 315, 316, 318).
Eine weitere Spezialsammlung des Museums enthält Bronzeteile. Bisher noch nicht wissenschaftlich aufgearbeitet finden sich darin sowohl aus Kölner Boden wie aus dem weiteren Bereich des römischen Reiches alle möglichen Arten von Bronzegeräten. Eine erste winzige Auswahl davon wurde in drei großen Vitrinen mit kennzeichnenden Beispielen zu geben versucht (Abb. 317): Mengen von Löffeln aller Arten und Größen, Glöckchen und Glocken, Truhengriffe, Schlüssel und Beschläge. Eine geradezu riesige Sammlung medizinischer Instrumente stellt einen weiteren Sonderbereich innerhalb dieser Bronzeteilesammlung dar. Nach der erfolgten wissenschaftlichen Katalogbearbeitung wird es möglich sein, aus dem reichen Fundus des Museumsbestandes eindringliche weitere Einsichten über den Alltag des Menschen in der römischen Epoche bekanntzumachen.

Die Ursprünge

Das Museum verfügt über eine interessante Sammlung urgeschichtlicher Funde, neben kölnischen und rheinischen Stücken auch Materialien von vielen Fundplätzen im übrigen Europa. Ausgestellt wurden überwiegend die kölnischen und rheinischen Funde. Alle anderen Stücke sind in einer eigenen urgeschichtlichen Studiensammlung aufbewahrt, wo sie für Interessenten auf Anfrage zugänglich sind.
Während in der Umgebung der heutigen Stadt Köln noch mit weiteren Aufschlüssen zur Urgeschichte des Kölner Raumes zu rechnen ist, werden für das Stadtgebiet nur noch in Ausnahmefällen neue Ergebnisse zu erwarten sein. Die Baumaßnahmen der römischen Zeit, des Mittelalters und der Neuzeit haben leider alle Zusammenhänge zerstört. Allenfalls Einzelfunde können im Stadtgebiet noch an das Licht treten. Sie bestätigen, was Siedlungsfunde aus dem Umland belegen: Auch das Areal des heutigen Stadtgebietes war schon in vorrömischer Zeit besiedelt, was bei der Gunst der naturräumlichen Lage nicht verwunderlich ist. Allerdings bereitet es Schwierigkeiten, die Siedlungsanfänge wirklich verläßlich zu bestimmen. Durch Zufall ist ein altsteinzeitlicher Kernstein aus Köln-Dellbrück (Iddelsfelder-Hardt) bekannt geworden, der über 100 000 Jahre alt zu sein scheint. Man wird ihn einer altsteinzeitlichen Wohnstelle zuzuschreiben haben. Zwischen 100 000 und 40 000 vor Chr. scheinen im Gebiet von Porz-Heumar Menschen gelebt zu haben, die man als Zeitgenossen des Neandertalers bezeichnen kann. Aus dieser Zeit besitzt das Museum eine große Anzahl von Steinwerkzeugen aus der Kartsteinhöhle (Kreis Euskirchen), die eines der wichtigsten urgeschichtlichen Denkmäler nicht nur des Rheinlandes ist.
Auch in der Zeit zwischen 40 000 und 8000 vor Chr., in der sogenannten jüngeren Altsteinzeit, wurde sowohl die Kartsteinhöhle noch von Menschen benutzt wie solche auch im Kölner Raum lebten. Anhand der Funde ist zu belegen, daß die Jagd den Lebensunterhalt sichern mußte. Neben Steinen werden auch Geräte aus Knochen und Horn angefertigt, Harpunenköpfe und Widerhaken, Speerspitzen und Speerschleudern. Als um 8000 v. Chr. die letzte Eiszeit einsetzt, ist das Ende der Altsteinzeit gekommen.

Auch für die folgende Mittelsteinzeit wird die Anwesenheit des Menschen im Kölner Raum durch Funde belegt. Kleinste Steine, sogenannte Mikrolithen, die die Einführung von Fernwaffen belegen, zeigen, wie der Mensch sich den neuen Jagdbedingungen anzupassen wußte. Zufolge der Klimaveränderung waren die Großtiere endgültig ausgestorben. Rehe und Hirsche besetzten jetzt die wasserreiche Flußlandschaft. Auch Vögel wurden gejagt und Fische gefangen.

Ein entscheidender Wandel in der Siedlungsweise vollzog sich im Niederrheingebiet zwischen 5000 und 3000 vor Chr.

Das Dasein des Sammlers und Jägers, das von vielen Zufällen, namentlich aber von den Unbilden des Klimas abhängig gewesen war, wurde jetzt durch eine Ackerbaukultur abgelöst.

Im Orient hatte seit 9000 vor Chr. die Zähmung wilder Tiere begonnen. Das Haustier kam in Übung. Durch die Kultivierung von Wildgräsern wurde dort das erste Getreide gewonnen. Ackerbauwirtschaft wurde seit 7000 vor Chr. üblich. Damit verbunden kam das Wohnen des Menschen in Häusern auf. Der Jäger wurde seßhaft. Vorratswirtschaft wurde möglich und üblich. Die Erfindung des Tontopfes, der erst durch das Brennen im Feuer zu einem festen Gefäß wird, ist mit diesen Vorgängen ursächlich verbunden.

In nur wenigen Jahrtausenden haben sich diese Erfindungen des Menschengeistes vom Orient bis nach Mitteleuropa verbreitet. Eines dieser ersten Dörfer, das um 3500 vor Chr. entstandene linienbandkeramische Dorf von Köln-Müngersdorf, das 1928 entdeckt und in den folgenden Jahren ausgegraben wurde, belegt, daß damals auch im Kölner Raum die Menschen seßhaft geworden waren und Ackerbau betrieben. Es fanden sich neben den Grundrissen der Häuser Gefäße und Werkzeuge (Abb. 321, 322).

Auch die folgenden Epochen: Bronzezeit (seit 1800 vor Chr., Abb. 319, rechts) sind ebenso wie die Eisenzeit (seit 600 vor Chr., Abb. 323) mit Hilfe der Materialien, die die urgeschichtliche Sammlung enthält, zu belegen.

Der Darbietung des Fundmaterials liegen zwei wichtige Aspekte zugrunde: Zum einen soll der Besucher des Museums in den Stand versetzt werden, die Grundzüge der Urgeschichte von der Altsteinzeit bis zum Auftreten der Römer in Köln in einem Epochenüberblick kennenzulernen (Abb. 319). Zum anderen werden dabei die mit Köln zu verbindenden konkreten Situationen besonders herausgestellt (Abb. 320) und überdies die Situation unmittelbar vor dem Beginn der römischen Epoche Kölns ausführlich dargestellt (Abb. 323). Auf den römischen Einfluß auf die rechtsrheinischen »Germanen« wird natürlich hinreichend hingewiesen (s. S. 53, Abb. 144). Entstanden ist auf diese Art ein »Museum im Museum«, das einen Überblick über die urgeschichtlichen Epochen ermöglicht und die speziellen Kölner Belange dabei gebührend herausstellt.

Besonderer Wert wurde innerhalb der Gesamtkonzeption der Museumseinrichtung darauf gelegt, den siedlungsgeschichtlichen Stand des Kölner Raumes in dem Augenblick zu zeigen, in dem die Römer diesen Raum und darüber hinaus in das Rheingebiet kamen. Das wurde dadurch erreicht, daß eine ganze Sockelinsel (Abb. 58) für Gefäße aus der frühen Eisenzeit (700–400 vor Chr.) in Anspruch genommen wurde. Das Niederrheingebiet war damals allein agrarisch erschlossen, die Siedlungen nach dem Kleinkammerprinzip in Hofesgemeinschaften organisiert. Überfluß gab es nicht, aber auch keine Armut. Die Menschen konnten leben.

Die den Römern vorausgehende Epoche, der sich die latènezeitliche mit ähnlicher Schlichtheit anschloß, war am Niederrhein eher durch Genügsamkeit gekennzeichnet, doch fehlt auch den einfachen Zeugnissen eines bedürfnislosen, doch auskömmlichen Lebens nicht ein Abglanz der Formenschönheit, wie sie sich im Reichtum der von Natur her üppiger ausgestatteten Landschaften Süddeutschlands oder des Mittelrheingebietes eignet. Sprechend wird allerdings dieser »Befund« (Abb. 58) erst in der optischen Konfrontation mit dem Mitteltorbogen des römischen Nordtores (Abb. 59), mit dem schönen Grabtempelgiebel des 1. Jahrhunderts nach Chr. (Abb. 58, 62) und ebenso mit der Sockelinsel »Agrippa vermißt das Land für die Ubier« (Abb. 61). Wer diese Bilder (Abb. 57, 58, 59, 61) zusammen sieht und mit den »Stationen der Urgeschichte« vergleicht (Abb. 58, 319, 321, 322, 323), wird den Kreislauf abmessen können, der in diesem Museum sichtbar gemacht werden sollte und ist. Aus dem Kreislauf des geschichtlichen Wechsels ist die Epoche des römischen Köln zwar herausgehoben, indessen doch auch als Teil eingebunden in den gesamten geschichtlichen Prozeß.

Anmerkungen zu dem didaktischen System im Römisch-Germanischen Museum

Alle Museen leben von der Aussagekraft der in ihnen bewahrten und ausgestellten Sachen. Dementsprechend sind Museen zunächst Orte, in denen Erleben durch Sehen erfolgt. Indessen werden beim Sehen in einem Museum nicht nur Seherfahrungen möglich, sondern in der Regel auch Neugier bewirkt, die wissen wollen auslöst. In dem Maße, wie die Museen sich allen Kreisen der Bevölkerung gleichermaßen öffnen, um als Bildungsinstitute in Bürgernähe wirksam zu werden, stellt sich das Problem der Wissensvermittlung in den Museen.

Bei der Einrichtung des Römisch-Germanischen Museums wurde diese Aufgabe sehr ernst genommen. Leider liegen auf diesem Gebiet nur wenige überzeugende Lösungen vor. Zu lange hat man nur auf den Kunstwert der in den Museen bewahrten Sachen gesetzt. Die Museumsleitung entschied sich für ein didaktisches System, das aus einem ganzen Fächer besteht: aus einer kurzen sachlichen Objektbeschriftung, aus Audioprogrammen, aus der Handbibliothek für Besucher, der Kölner Römer-Illustrierten, den Taschenbüchern, wissenschaftlichen Katalogen und Monographien, auf die verwiesen wird.

Da es klar war, daß die lexikonartige Beschriftung für viele Besucher zu knapp sein würde, wurde mit der Einrichtung ein audiovisuelles System verbunden. Dieses ist konsequent in die gesamte Ausstellungskonzeption integriert (Abb. 315, 326).

Da die auf dem Markt gängigen Audiogeräte bei der Planung des Museums den Ansprüchen nicht genügten, wurde ein auf unsere Zwecke bezogenes Gerät entwickelt, das sich klaglos in das Gesamtdesign einpaßt (Abb. 315, 325, 326, 327). Insgesamt wurden 26 Geräte aufgestellt. Sie enthalten »Diavorträge« von 15–22 Minuten Dauer. Jeweils eines der Themen, das im Museum aufgestellt ist, wird darin behandelt. Die Texte wurden sowohl von Wissenschaftlern des Museums als auch von anderen Fachkollegen geschrieben. Fast alle Bilder wurden für diese Programme neu angefertigt, ebenfalls die notwendigen Graphiken.

Die Texte wurden von einer Wissenschaftsredakteurin des WDR überarbeitet, um sicherzustellen, daß sie eine verständliche Sprachform erhielten.

Berufssprecher des WDR haben die Texte auf Band gesprochen. Inzwischen verfügt das Museum außerdem über zwei in der Eingangshalle aufgestellte Einführungsprogramme in den Sprachen: Englisch, Französisch, Italienisch, Griechisch, Spanisch und Serbo-Kroatisch. Gerade die letzteren Sprachen werden viel benutzt und dies lehrt nicht nur, wie wichtig die Entscheidung für die Audioprogramme als zweite Grundsäule des didaktischen Systems war, sondern wie gerade auch Bürger aus anderen Staaten in unserem Lande von Bildungsangeboten, wenn sie nur vorhanden sind, Gebrauch machen.

Die Audioprogramme sind insgesamt außergewöhnlich beliebt. Gruppen benutzen sie (Abb. 326), einzelne Besucher (Abb. 325), vor allem aber auch Kinder außerhalb der Schulzeit (Abb. 327). Sehr viele Besucher nehmen die Texte der Audioprogramme mit Tonbandgeräten auf. Das ist der Museumsleitung nur recht. Beweist dies doch nicht nur das rege Interesse bestimmter Gruppen der Bevölkerung, sondern damit wird erreicht, daß die auf neuen Einsichten der Forschung basierenden Kurzvorträge in die breite Öffentlichkeit gelangen.

Die Texte der Audioprogramme ordnen die im Museum befindlichen Gegenstände nicht nur in den Kölner Gesamtzusammenhang ein, sondern darüber hinaus in den allgemeinen geschichtlichen Prozeß der römischen Epoche. Sie gewährleisten mithin, daß über den örtlichen Bezug hinaus der allgemeine hergestellt wird. Insoweit wird Ortsgeschichte in diesem Museum zum Spiegel für die allgemeine Geschichte. Es bewährt sich damit von neuem der alte Lehrsatz, daß wie in einem Brennglas die Ortsgeschichte die Grundzüge der allgemeinen Geschichte zu spiegeln vermag. Kritiker, die dem Römisch-Germanischen Museum vorgeworfen haben, es sei zu wenig ein historisches Museum, haben entweder das Wesen eines Museums nicht begriffen oder sich nicht die Zeit genommen, diese Hilfsmittel zu benutzen.

Die Audioprogramme haben darüber hinaus weitere wichtige Funktionen übernommen. Sie ermöglichen es zum Beispiel, auf Modelle zu verzichten. So geeignet und wünschenswert Modelle für die Veranschaulichung historischer Tatbestände sein können, ihre Herstellung verlangt einen außerordentlichen Arbeitsaufwand und die Investition sehr hoher Geldmittel. Modelle sind nämlich nur dann überzeugend in ihrer Wirkung, wenn neben der genauen wissenschaftlichen Detailgrundlage ihre künstlerische Qualität eine außerordentliche ist. Abgesehen davon, daß der wissenschaftliche Bearbeitungsstand zur Baugeschichte des römischen Köln sehr unbefriedigend ist, wurde auch aus anderen Gründen auf die Herstellung solcher Anschauungsmittel vorerst verzichtet. Es schien nämlich gewinnreicher für das neue Museum, ganz auf die Aussagekraft der Denkmäler, Fragmente und Sachen selbst zu setzen. Andererseits bedarf es zur Darstellung bestimmter Zusammenhänge der bildlichen Verdeutlichung konkreter Zustände. An dieser Stelle erlauben es die Audioprogramme mit Hilfe von Graphiken, die den momentanen Kenntnisstand wiedergeben, die Vorstellung zu beleben. Diese Graphiken sind nicht nur kostensparend herzustellen und auf die Sehgewohnheiten von heute abzustimmen gewesen. Sie sind im Bedarfsfalle mit wenig finanziellem Aufwand auf einen veränderten Kenntnisstand fortzuschreiben.

Ein weiterer Gesichtspunkt ist in Verbindung mit den Audioprogrammen die Wirkung des fotografierten Gegenstandes. Die Mehrzahl der Menschen neigt dazu, das durch die Fotografie oder die filmische Aufnahme gegebene Bild für die Realität schlechthin anzusehen. Es ist damit weitverbreitet eine Vorstellung von Realität entstanden, die nicht unbedingt mehr der Realität entspricht. Diese Feststellung ist sehr ernst zu nehmen, denn auf diese Art wird nicht nur Realität verzerrt, sondern es stellen sich Bildvorstellungsgewohnheiten ein, die die tatsächlichen Wahrnehmungen gefährden. Mithin wurden die in den Audioprogrammen enthaltenen Abbildungen, die sämtlich Verfälschungen der wirklichen Realität sind, mit voller Überlegung in den Dienst eines Erziehungsprozesses gestellt, von der Überlegung ausgehend, daß wahrscheinlich eine große Anzahl der Besucher von den Bildprogrammen ausgehen würde. Sie werden dabei mit der für real gehaltenen Bildwelt konfrontiert. Beim anschließenden Rundgang durch das Museum indessen entdecken sie dann auf dem Wege des vergleichenden Sehens, daß sich ihnen das für real Gehaltene in einer ganz anderen Weise als tatsächliche Realität darstellt. Umgekehrt ist natürlich ebenso von Interesse, wie manche vom realen Gegenstand auf die Bildveränderung desselben stoßen können.

Viele Zuschriften an das Museum sagen nun, es wäre besser, diese Bild-Ton-Programme in abgesonderten Räumen zu zeigen, die Konzentrationsfähigkeit würde durch sie gestört, oder: diese »Lautdinger« sollten verschwinden und damit zugleich das viele Volk, das sich in dem Museum herumtreibe und doch nur störe. Denn es seien solche Museen schließlich für diejenigen da, die von den Sachen etwas verstünden und nicht für alle möglichen Leute.

Abgesehen davon, daß dergleichen Vorwürfe, die in einer Bildungsbürgergesellschaft des späten 19. Jahrhunderts begründet scheinen, völlig absurd sind und nicht ernst genommen werden können, äußert sich in dergleichen Zuschriften, daß offensichtlich mit der Einrichtung des Audiosystems gegen ein allgemeines Tabu verstoßen wurde. Mit Hilfe dieses Instrumentes wurde nämlich die in den Museumsräumen bislang waltende Stille der Andacht zerstört und damit jenem Alltagsraum die Artikulation gestattet, aus dem die Mehrzahl unserer Besucher stammt. Anders ausgedrückt: Mit der Herstellung eines Lautpegels, wie er von Einkaufsstraßen her heute üblich ist, wurde mit Hilfe der Audioprogramme eine der Mehrzahl der Menschen vertraute Umwelt bewirkt. Gerade sie scheint in erheblichem Maße mit dafür verantwortlich zu sein, daß sich die Besucher in diesem Museum völlig ungezwungen bewegen. Wenn dies – wofür manches spricht – tatsächlich der Fall sein sollte, haben diese Audiogeräte über ihren reinen Lehrzweck hinaus eine überaus wichtige Funktion übernommen. Sie stellen schlicht und einfach eine gemütliche Stadtatmosphäre her, von der unsere Städteplaner meist nur träumen können. Zwanglos geführte und sogar lautstarke Gespräche, die miteinander geführt werden, stören nun nicht mehr, sondern sind möglich. Man kann sich benehmen, wie man es gewohnt ist, und mithin, wie man mag. Man stört andere nicht, und wer will kann, ohne belästigt zu sein, einem Vortrag zuhören oder sich in den Anblick einer Sache versenken. Um ihn ist dabei nur die Welt, die er täglich gewohnt ist. André Malraux hat einmal gesagt: Keiner der Gegenstände der gewesenen Zeit könne für uns mehr das sein, was er in der Zeit war, in der er entstand. Man müsse daher, so meinte er, die Dinge eine Metamorphose erleiden lassen, um sie zum Bestandteil des gegenwärtigen Lebens werden zu lassen. Dazu leisten in der Tat die Audioprogramme, wie sie für das Museum konzipiert wurden, einen entscheidenden Beitrag.

Eine Ergänzung zu den Audioprogrammen ist die Handbibliothek für Besucher, die in dem Abguß des römischen Stadtturmes (Abb. 59) untergebracht ist. Sie enthält neben allgemein verständlicher Literatur zur alten Geschichte, zur römischen Archäologie und Kunstgeschichte auch einschlägige Lexika.

Mit der Handbibliothek in Zusammenhang zu sehen sind die in der Eingangshalle des Museums ausliegenden örtlichen und überregionalen sowie bedeutenden ausländischen Tageszeitungen und Wochenzeitungen. Gerade in einem Museum, das ganz der Darstellung einer längst vergangenen Epoche gewidmet ist, sollten die Besucher nicht vergessen, was in der Welt, in der sie leben, vorgeht.

Beschriftung und Audioprogramme werden durch ein weiteres wichtiges Hilfsmittel ergänzt: die Kölner Römer-Illustrierte. Dieser liegt eine sehr einfache Überlegung zugrunde. Allgemein ist bekannt, daß die unbestritten unverzichtbaren wissenschaftlichen Kataloge nur das Interesse eines begrenzten Besucherkreises finden. Auch die üblichen Auswahl-Bildkataloge, so sehr sie von manchen Besuchern geschätzt sind, erfüllen nicht das bestehende Informationsbedürfnis. Andererseits ist bekannt, daß immer noch vor dem Buch für viele eine gewisse Sperre aufgerichtet ist. Dagegen ist es eine weit verbreitete Gewohnheit, Illustrierte zu kaufen und zu lesen. Die Kombination von Bild und kurzem Text kommt der Lesegewohnheit der Menschen von heute offensichtlich entgegen. Hier stellt sich die übliche Barriere vor dem Buch nicht ein. Der Käufer geht davon aus, er könne das in einer Illustrierten Geschriebene verstehen. Die Höhe der Auflage ermöglicht es außerdem, das Produkt zu einem verbraucherfreundlichen Preis abzugeben. Inzwischen hat sich gezeigt, daß mit dieser Publikation tatsächlich die Neigung der Museumsbesucher richtig eingeschätzt wurde. Der Absatz, den diese Publikationen finden, zeigt deutlich, ein wie großes Interesse an kulturgeschichtlicher Information besteht, wenn sie nur richtig angeboten wird. Offengelegt ist auf diese Art aber auch, wie wenig die Museen auf diesem Gebiet ihre Möglichkeiten bisher ausgeschöpft haben.

Gegen die Römer-Illustrierte wird gelegentlich vorgebracht das Format sei zu groß, das Papier zu schlecht, der Umschlag müsse fester sein. Dies alles ließe sich natürlich ändern. Aber bei der getroffenen Bemessung von Format und Ausstattung wurde mit Überlegung verfahren. Obschon eine Illustrierte angestrebt war, sollte das Format sich von denjenigen der üblichen Illustrierten unterscheiden. Ein fester Umschlag hätte unverhältnismäßig höhere Kosten erfordert. Dadurch wäre das Blatt unverantwortbar teurer geworden, und wer sich die Illustrierte auf Dauer aufbewahren will, wird sie sich binden lassen. Die Entscheidung darüber sollte dem einzelnen überlassen bleiben.

Andere Einwände lauten, die Ergebnisse wissenschaftlicher Forschung dürften nicht in dem Gewand einer Illustrierten angeboten werden. Hier gebricht es der Forschung leider immer noch an dem richtigen Selbstverständnis. Die Meinung, Ergebnisse kulturgeschichtlicher Untersuchungen wären nur für den kleinen Kreis der Fachleute von Belang, ist falsch. Wäre diese Haltung allgemein, dürften für dergleichen Unternehmungen in Zukunft bald keine öffentlichen Mittel mehr zur Verfügung stehen, denn die Geldgeber, und dies sind alle Bürger ohne Ausnahme, haben ein Recht auf Rechenschaft über das, was mit ihren Mitteln unternommen wird. Mithin müssen derartige Berichte auch so abgefaßt sein, daß jeder Interessierte sie verstehen kann. Darunter braucht die Wissenschaftlichkeit keineswegs zu leiden. Entscheidend dürfte sein, daß die kleinen Aufsätze in der Illustrierten ein breites Publikum direkt erreichen, weil die Fachleute gezwungen werden, sich hier verständlich auszudrücken.

Dem zunehmenden Interesse der Bevölkerung an sachgerechter Information über geschichtliche Prozesse wird außerdem entsprochen, indem das Angebot um Taschenbücher erweitert wurde. Einzelne in sich geschlossene Problemkreise werden von ausgewiesenen Fachleuten abgehandelt. Der Umfang ist so bemessen, daß die Lektüre nicht mehr als drei Stunden in Anspruch nimmt. Für ausreichende Bebilderung ist gesorgt. Literaturhinweise ermöglichen ein selbständiges Weiterstudium.

Verzichtet wurde dagegen auf die Herausgabe der in vielen Museen üblich gewordenen Führungsblätter. Zeitweilig aus Anlaß spezieller Ausstellungen unternommene Versuche waren nicht befriedigend. Die Zettel wurden zwar bereitwillig in übergroßen Mengen mitgenommen, aber zum großen Teil vor der Museumstüre wieder weggeworfen.

Problematisch ist auch der Absatz der wissenschaftlichen Kataloge. Das Publikum für diese unverzichtbare Grundlagenarbeit wird auch in Zukunft auf den kleinen Kreis der Fachleute und die an den unmittelbaren wissenschaftlichen Problemen Interessierten beschränkt bleiben.

Gleichwohl gehören die wissenschaftlichen Kataloge unverzichtbar zum Gesamtfächer des didaktischen Systems, ebenso die wissenschaftlichen Monographien, in denen die neuen Ergebnisse der archäologischen Forschung des Institutes vorgelegt werden. Um hier möglichst alle Interessenten auch international zu erreichen, werden diese in der Reihe der wissenschaftlichen Publikationen des Rheinischen Landesmuseums Bonn »Rheinische Ausgrabungen« herausgegeben. Zu den wissenschaftlichen Veröffentlichungen gehört auch das vom Museum in Zusammenarbeit mit der Kölner Archäologischen Gesellschaft (Gesellschaft der Freunde und Förderer des Römisch-Germanischen Museums) herausgegebene »Kölner Jahrbuch für Vor- und Frühgeschichte«.

Selbstverständlich gehört auch ein reich sortiertes Angebot an guten Postkarten in den didaktischen Fächer, ebenso das Angebot an Diapositiven. Sehr begrüßt wird es, wenn die Besucher selber fotografieren. Auch Aufnahmen mit Stativ und Blitzlicht sind gegen einen leicht zu erlangenden Erlaubnisschein gestattet.

Die beste Einführung in einen Museumsbestand ist jedoch immer noch unbestritten die Führung durch einen Fachmann. Allerdings werden in der Regel Gesamtführungen durch das Haus abschlägig beschieden. Dafür werden Führungen zu bestimmten Themenkreisen angeboten. Die Hauptlast der Führungen wird von dem Außenreferat der Kölner Museen getragen, das über einen Stab ausgebildeter Pädagogen verfügt. Natürlich führen auch die am Museum tätigen Wissenschaftler selbst. Zum didaktischen Fächer gehören ausschließlich von ihnen gehaltene Sonntagsvormittagsführungen. Bei diesen wird entweder ein Denkmal behandelt oder ein bestimmter Themenkreis. Es wird Wert darauf gelegt, dabei neue Forschungseinsichten zu vermitteln.

Diese Sonntagsführungen werden ergänzt durch Vorträge, die an beinahe jedem Donnerstagabend, außer den Ferienmonaten Juli–September, im großen Hörsaal des Museums veranstaltet werden. Wissenschaftler von auswärts, vorwiegend jedoch die am Hause tätigen, berichten darin entweder über neue Forschungsergebnisse oder behandeln Themen, die in weitere Zusammenhänge der alten Geschichte und Archäologie einführen. Endlich bietet das Museum auch in Verbindung mit der Kölner Archäologischen Gesellschaft Exkursionen zu den archäologischen Denkmälern des Rheingebietes und darüber hinaus an.

Ein besonderes Arbeitsfeld ist die Betreuung der Schulen. Die Hauptlast für diese wichtige Arbeit liegt zwar beim Außenreferat der Kölner Museen, aber auch Wissenschaftler des Museums engagieren sich hier besonders.

Faßt man zusammen, muß betont werden, daß das im Römisch-Germanischen Museum praktizierte didaktische System zwar bisher nur als Versuch anzusehen ist, der dringend der Fortschreibung bedarf, doch hat sich erwiesen, wie wichtig der Ansatz ist: Durch Sehen wird Verwunderung und Neugier erweckt. Direktinformationen sind ausreichend vorhanden. Audioprogramme, Kölner Römer-Illustrierte, Taschenbücher, wissenschaftliche Kataloge, Führungen und Vorträge ermöglichen hinreichende Vertiefung und erlauben es, die geweckte Neugier in fundiertes Wissen auszuweiten. Der gesamte didaktische Fächer ist darauf abgestellt, nicht eine bestimmte Meinung – die es in einer offenen Gesellschaft auch gar nicht geben kann – zu vermitteln, sondern Hilfen zu bieten, um überhaupt Meinungen auf abgesichertem Fundament auszubilden. Damit dürfte dem vorrangigen Bildungsauftrag der Museen für das Römisch-Germanische Museum eine solide Grundlage gesetzt worden sein.

Wir hoffen, daß diese Art zur Ausbildung sehr individueller Vorstellungen beitragen wird. Wir sehen darin die besondere Kraft, die von den Gegenständen in einem kulturgeschichtlichen Museum ausgeht, wirksam werden.

Anmerkungen zur Museumseinrichtung

Einige der Grundzüge, die bei der Einrichtung des Museums ausschlaggebend waren, wurden bereits skizziert. Gleichwohl scheint bei der Aufmerksamkeit, die inzwischen das Museum bei Fachleuten und vor allem auch in weiten Kreisen der Öffentlichkeit gefunden hat eine zusammenfassende Darstellung der der Einrichtung zugrundeliegenden Grundsätzen nützlich zu sein. Dies ist darüber hinaus auch notwendig, weil in der neueren, oft temperamentvoll geführten Diskussion über Museumseinrichtungen und Aufgaben eines Museums heute auch scharfe Kritik an dieser Einrichtung laut geworden ist.

Für die Einrichtung des Museums wurden zwei Ausgangspunkte für wesentlich erachtet: Es galt, das römische Köln darzustellen und es galt, das Haus für die gesamte Bevölkerung so offen wie nur eben möglich zu machen.

Es gibt bis heute leider kein Lehrbuch für den Bau und die Einrichtung von Museen. Aber selbst wenn dies vorläge, könnte es nur einige Grundregeln enthalten. Es gibt einfach kein alleinseligmachendes Rezept, ein Museum einzurichten. Vielmehr ist jedes Museum ein in sich geschlossenes Individuum. Nicht nur die Sammlungsbestände sind von Fall zu Fall verschieden wie die Geschichte der einzelnen Häuser, sondern für jedes Museum gibt es unverwechselbare Bedingtheiten, die bei der Einrichtung berücksichtigt werden müssen. Im Falle des Römisch-Germanischen Museums mußte um jeden Preis bedacht werden, daß die römische Epoche Kölns für die Kölner Bevölkerung nicht einen abstrakten Wert besitzt, sondern einen Wesensbestand der Stadt und ihrer eigenen unmittelbaren persönlichen Geschichte ausmacht. Die Erwartung, die die Bevölkerung auf dieses Museum beseelte, war außerordentlich hoch gespannt. Erwartet wurde weniger Belehrung als das Sichtbarwerden des Römischen mitten im Köln von Heute. Außerhalb Kölns kann das nur derjenige verstehen, der weiß, wie intakt das allgemeine Geschichtsbewußtsein in dieser Stadt noch ist. Dies gilt ganz besonders für die sehr breite Schichte der allgemeinen Bevölkerung. Jeder, der die Museen benutzen möchte, um die Gesellschaft mit ihnen zu verändern, sollte an diesem Punkt sehr aufmerksam werden. Die Bevölkerung ist nämlich weitaus kritischer als die diversen Kritiker ihres Wissenstandes wahrhaben wollen.

Es mußte aber nicht nur einer Erwartungshaltung entsprochen werden, sondern es galt zu versuchen, dieser ein Gesicht zu geben, das einerseits überzeugte und andererseits auch Überraschung auslöste. In diesem Sinne allerdings sollte schon auf das Bewußtsein auch verändernd eingewirkt werden.

Um abzumessen, wie weit und wie sehr dies gelang, muß man zwei Dinge kennen: Die bisher vorhandene Vorstellung von den »Römern« in Köln und den Stand der wissenschaftlichen Bearbeitung der Kölner archäologischen Forschung.

Manches von der herrschenden Vorstellung über die Römer in Köln ergibt sich aus der eingangs abgehandelten Museumsgeschichte. Nie war wirklich Gelegenheit gegeben gewesen, die überlieferten Reste des römischen Köln in Gänze zu sehen. Vor allem aber hatte sich eine buchstäbliche Fehleinschätzung ausgebreitet. Man hielt das römische Köln für das Rom des Nordens, schätzte die aus den Gräberfeldern stammenden Kleinfunde hoch und maß den Steindenkmälern weniger Wert bei. Die Kölner Archäologie unternahm lange fast alles, um diese Wertvorstellung zu stärken. Kölns Römervorstellung hatte begonnen, eine Kunstgewerbevorstellung zu sein. Mit der Entdeckung des Dionysos-Mosaiks, des Praetoriums, das erhalten und zugänglich gemacht wurde, und mit der Entdeckung großer Teile der römischen Stadtmauer und ihrer Erhaltung war schon eine wesentliche Änderung des Bewußtseins eingeleitet worden. Die berühmt gewordene Ausstellung »Römer am Rhein«, mit der im Jahre 1967 die Kölner Kunsthalle eröffnet wurde, schärfte das Bewußtsein weiter, machte Zusammenhänge klar. Die aus Köln gezeigten Kostproben mußten die Erwartung auf die Darstellung des römischen Köln aber auch entschieden steigern.

O. Doppelfeld, unter dessen Direktion, wie bereits angemerkt, die Planung des Museums betrieben worden ist, wollte in der Art der Ausstellung »Römer am Rhein« auch das Museum einrichten und legte dafür ein Konzept vor. Auch er hat bezeichnenderweise die große Ausstellungshalle in ihrem Charakter, wie er sich ausdrückte, als »Messehalle« angenommen. Nach seiner Vorstellung sollte sie der Aufnahme der schönen Fundgegenstände dienen. Die Randzonen sollten für didaktische Zonen oder für Spezialsammlungen sowie für Ruhezonen genutzt werden. Im Untergeschoß sollte auf das Dionysos-Mosaik zu eine in sich geschlossene

Abteilung für Schnellbesucher eingerichtet werden.

Bei der Berufung des Autors zum Direktor des Museums im Juni 1970 wurde ihm gestattet, ein eigenes Konzept zu entwickeln. Auf den bis zum Kellergeschoß gediehenen Bau konnte noch Einfluß genommen werden. Die Analyse des Bauentwurfs zeigte, daß mit dem Grundentwurf der Architekten auszukommen war. Jedoch ließen sich für den Innenausbau entschiedene Änderungen durchsetzen. Auch eine Klimaanlage konnte noch eingebaut werden. Die Gespräche mit den Architekten erwiesen sich als für das Ganze gewinnreich. Es muß angemerkt werden, daß die Bauherrschaft voll wahrgenommen wurde. Das ist um so belangreicher, als für die Inneneinrichtung auch diejenigen Punkte, die heute vor allem kritisiert werden, der Museumsleitung angelastet werden müssen.

Es muß ganz grundsätzlich angemerkt werden, daß bei Museumsbauten und Museumseinrichtungen die Museumsleute die Bauherrschaft mit Nachdruck wahrnehmen müssen. Zwar ist de jure nicht der Museumsmann der Bauherr, sondern diejenige Behörde, die das Museum trägt. Indessen ist es in der Regel so, daß die Bauherrschaft delegiert wird. Es wurde dankbar empfunden, daß der zuständige Kulturdezernent K. Hakkenberg nach der Vorlage eines umfassenden und genau gearbeiteten schriftlichen Konzeptes, das auch die Finanzpositionen bis in Einzelheiten umfaßte und das mit ihm und dem damaligen Generaldirektor der Kölner Museen G. von der Osten ausführlich durchdiskutiert war, der Museumsleitung völlig freie Hand gelassen hat. Dieses freie Arbeiten wurde ebenso genossen wie Verständnis dafür aufgebracht wurde, daß das Gesamtunternehmen aus kulturpolitischen Gründen in einem denkbar knappen Zeitraum durchgezogen werden mußte. Auch dieses gehört kurz und bündig zur Praxis und Einrichtung eines Museums heute. Dabei gilt es einzusehen, daß öffentliche Verwaltung keine Obrigkeit mehr ist, sondern Dienstleistung.

Nicht jeder Architekt hat schon einmal ein Museum gebaut. Er kann damit nicht ohne weiteres mit den besonderen Gegebenheiten eines solchen Schaubetriebes vertraut sein. An diesem Punkt setzt bereits die unmittelbare Einwirkung der Bauherrschaft ein. Vorhaben, Aufgaben und Ziele müssen ebenso unmißverständlich artikuliert und zur Auflage gemacht werden, wie die unverzichtbaren konservatorischen Belange zur Geltung gebracht werden müssen. Lange nämlich bevor der Schaucharakter des Museums wirksam werden kann, sind die konservatorischen Fragen zu klären und zu sichern. Weitgehend ist tatsächlich, wie G. von der Osten das ausgedrückt hat, jedes Museum eine Klinik, in der sehr empfindliche Patienten sich auf einer Dauerintensivstation befinden. In diesem Sinne hat in der Tat das Bewahren der Sachen den völligen Vorrang vor allem anderen. Wenn auch nicht alle Güter eines archäologischen Museums so empfindlich sind wie die Kunstwerke in einem Kunstmuseum, mehr als nur anfällig ist die überwiegende Mehrzahl auch von ihnen.

Während ein Architekt aus dem Selbstverständnis seines Berufes heraus darauf bedacht sein muß, seinen Entwurf und seine Raumvorstellungen zu realisieren, muß der Museumsmann um jeden Preis der Anwalt für die ihm anvertrauten Sachen sein. An ihm liegt es, den Architekten dazu zu überreden, daß in einem Museum nicht Architektur, sondern Denkmäler, Sachen und Kunstwerke bewahrt, gezeigt und vor allem anderen gesehen werden müssen. Solche Ansprüche muß der Museumsmann mit liebenswürdiger Unnachgiebigkeit durchsetzen. Leider lassen zu viele Museumsleute zu sehr die Architekten die Häuser bauen, um dann einzuziehen, wenn die Gegenstände nur mehr als Applikation angebracht werden können. Die immer noch verbreitete Neigung, Präsentation der Denkmäler und Design der Ausstattungsmittel als nebensächlich abzutun, wirkt sich zum Schaden der Sache Museum aus. Man kann ein Museum nicht mit Theorie machen.

Deshalb hat zusammen mit dem Architekten ein Team von Museumsleuten die wichtigsten europäischen archäologischen und kulturgeschichtlichen Museen besucht. Es wurden nicht nur neuere Einrichtungen, sondern auch ältere kritisch angesehen. Außerdem wurden in langen Sitzungen die Einrichtungen vieler weiterer westeuropäischer kulturhistorischer Museen im Lichtbild vorgeführt und kritisch diskutiert. Hierbei schälten sich Zug um Zug Grundzüge der verwirklichten Präsentation heraus.

Ein besonderes Problem boten die Bestände des Museums selbst. Seit dem Beginn des 2. Weltkrieges waren die nach Zehntausenden zählenden Kleinfunde in Kisten verpackt. Nach dem Kriege war nur eine flüchtige Bestandskonstolle möglich gewesen, ein Gesamtüberblick niemals. Erst im März 1971 konnte das Material im Studiengebäude des Museums ausgepackt, ausgebreitet und gesichtet werden. Die Steindenkmäler lagen über verschiedene Auslagerungen verstreut, zum Teil vielfach gebrochen Während ab Herbst 1971 mit dem Aufbau des Pobliciusdenkmals begonnen wurde, verwandelte sich die Umgebung des im Bau befindlichen Museums in eine riesige Lagerstätte für Steindenkmäler, der im Rohbau stehende große Hörsaal in eine Restaurierungswerkstätte. Noch im Nachhinein ist das Engagement aller Mitarbeiter zu bewundern, die in einem an keinerlei Dienststunden gebundenen auch die Wochenenden miteinschließenden Arbeitsprozeß sortierten, zusammenfügten und den gesamten Denkmälerbestand im Maßstab 1:10 maßstabgerecht aufzeichneten.

Diese Aufnahmen bildeten die konkreten Unterlagen für die Museumsaufstellung. Das Wissenschaftlerteam plante theoretisch die Zusammenstellung der Denkmälergruppen. Inzwischen war die Entscheidung für die Sockelinseln als Präsentationsmittel gefallen. Alle Beteiligten hatten sich einhellig dafür entschieden. Lange Diskussionen hatten den Prozeß begleitet.

Nachdem die Unterlagen Zug um Zug zusammenkamen, erfolgte mit dem Architekten eine Abstimmung über die Größe der Sockelinseln. Hier mußten Absichten mit den Realitäten in Übereinstimmung gebracht werden. Gesichtspunkte der statischen Sicherheit waren zu akzeptieren. Da das Konzept von O. Doppelfeld Belastung durch Denkmäler für die große Halle nur an einer Stelle vorgesehen hatte, jetzt aber der Gesamtraum für deren Präsentation in Anspruch genommen wurde (Fig. 12, Abb. 64) und in Einzelfällen besonders hohen Belastungen ausgesetzt werden mußte (Abb. 59, 62), waren sehr sorgfältige Abwägungen unvermeidlich und langwierig.

Zunächst war die Verteilung und Größe der Inseln allein unter dem Gesichtspunkt der Themen, ihrer Zuordnung zueinander und im Hinblick auf die Anzahl der Denkmäler entworfen worden. Hier wurde mit dem Architekten buchstäblich um Zentimeter gerungen.

Dem vorausgegangen war von der Museumsseite her eine genaue zeichnerische Besetzung aller Sockelinseln mit Denkmälern. Dafür dienten die steingerechten Aufnahmen unserer Techniker als unerläßliche Grundlage. Es wurden die Grundrisse und Ansichten gezeichnet und Raumabwicklungen hergestellt.

Da an diesem Punkt Diskussionen nicht mehr geführt werden konnten, hat der Autor es auf sich genommen, die Aufstellung der Denkmäler im Maßstab 1 : 10 zu entwerfen und zu zeichnen. Diese Arbeit kann der verantwortliche Museumsmann niemand anderem überlassen, wenn eine Museumsdarbietung aus einem Guß sein soll. Es war unumstößliche Absicht, die monumentalen Denkmäler aus der Epoche des römischen Köln vollständig in den Mittelpunkt zu rücken.

Dafür wurde das Museumsinnere einerseits als eine große konservatorische Glocke aufgefaßt und zugleich eine platzähnliche Situation angestrebt. Die einzigen Fachgesichtspunkte, die galten, waren die konservatorischen. Die Themen selber ergaben sich natürlich aus dem derzeitigen wissenschaftlichen Bearbeitungsstand. In den Vordergrund wurde gestellt, mit welchen Fragen und Vorstellungen wohl die Besucher in das Museum kämen. Hierbei schien weniger der vorgebildete Besucher als Zielgruppe angesprochen werden zu sollen, als vielmehr gleichermaßen die Bevölkerung in ihren gesamten Schichten. Dafür schien eine Präsentation, die zwangloses Flanieren zuließ, und eine Objektaufstellung, die von fast allen Seiten her lohnende Blickpunkte ermöglichte, eine unverzichtbare Voraussetzung. Dabei kommt übrigens auch der Fachmann auf seine Kosten, denn er kann in diesem Museum jedes Denkmal von jeder Seite, von den Standflächen abgesehen, besichtigen. Für das Publikum sind die Rückseiten der Denkmäler auch interessant. Abgesehen davon, daß durch die neueste Kunst die Sehweisen verändert sind und nicht nur den »Schauseiten« ästhetische Reize abgewonnen werden, ist es durch diese Art der Aufstellung möglich, zum Beispiel die Arten der antiken Steinbearbeitung in diesem Museum in allen Facettierungen zu studieren.

Diese Darbietungsart wurde in einem Aufsatz scharf kritisiert. Für den Kritiker ist das verschulte Museum das einzig noch vertretbare Ideal, wie es z. B. im Frankfurter Historischen Museum eingerichtet wurde. Dabei wird aber offensichtlich übersehen, wie stark und unmittelbar die Wirkung von Originalen auch auf den nicht mit Bildung ausreichend versehenen Zeitgenossen ist. Deshalb setzt das Römisch-Germanische Museum voll auf die Aussagefähigkeit der Denkmäler selbst. Der erhobene Zeigefinger sollte nicht nur für die Schule ausgestorben sein, sondern auch für die Museen. Nur wer einschlägige Erfahrungen auf Baustellen oder in Fabriken gesammelt hat und weiß, wie schwer sich Mitbürger, deren Leben sich auf praktische Arbeit ausrichtet und durch sie bestimmt ist, beim Lesen tun können – bis zu 20 Minuten wird von vielen an Zeit für die Lektüre einer Zeitungsseite aufgebracht! – kann sich ausrechnen, welche Zumutung die an manchen Stellen üblichen Beschriftungswände darstellen. Durch sie werden abschreckende Barrieren aufgerichtet.

Bestritten wird ein breites und bohrendes Informationsbedürfnis gerade der allgemeinen Bevölkerung nicht. Im Gegenteil, es ist immens! Jedoch scheint man ihm mit dem in Köln praktizierten Angebot menschlicher begegnen zu können. In einem Museum sollte die Sache, das Denkmal, und erst recht, sofern vorhanden, das Kunstwerk den absoluten Vorrang haben. Es wird dann auch die Kraft besitzen, sich selbst mitzuteilen.

Dem haben sich alle Präsentationsmittel unterzuordnen. Hierbei dürfte zudem entscheidend sein, daß die Einrichtung eines Museums auf einen längeren Zeitraum Bestand haben muß. Früher rechnete man dafür 25 bis 30 Jahre. Heute, wo sich die Sehgewohnheiten schneller verschleißen, wird man für ein kulturgeschichtliches Museum 8 bis 10 Jahre in Anschlag bringen können. Nach diesem Zeitraum wird entweder eine Fortschreibung notwendig oder, besser noch, eine völlig neu zugeschnittene Einrichtung unerläßlich sein. Sonst besteht die Gefahr, daß Sehgewohnheiten und Präsentationsart so auseinanderklaffen, daß nicht mehr die erwünschte Zeitgenossenschaft erreicht wird. Eine einmal getroffene Einrichtung kann somit auf keinen Fall endgültig sein. Daraus folgt, daß die Präsentationsmittel nicht nur so unauffällig wie möglich zu gestalten sind, um die Wirkung der Denkmäler nicht zu beeinträchtigen, sondern auch so flexibel, daß ihre Wiederverwendung auch in einem neuen Konzept weitgehend möglich ist. Dies gebietet sich schon allein deshalb, weil die zur Verfügung stehenden Geldmittel öffentliche sind, und mithin ihre sparsame Verwendung unter Erreichung eines höchstmöglichen Nutzens selbstverständlich sein sollte. So massiv die Sockelinseln auch aussehen mögen, ihre jederzeitige Veränderung ist möglich. Sie bestehen aus ein Stein starken Bimssteinwänden, die mit Kalkmörtel verlegt sind. Darauf sind monierte Betonplatten gelegt, die abgenommen werden können. Die Kerne bestehen aus Porestablöcken. Die Tuffplattenverkleidung (Abb. 65, 230) ist mit Klammern befestigt und kann abgenommen sowie wieder versetzt werden. Dies alles ist mit hauseigenen Kräften und mithin ohne großen finanziellen Aufwand möglich.

Eine Aufstellung der Denkmäler an den Außenwänden vorbei wäre übrigens aus statischen Gründen nicht möglich gewesen (Abb. 64).

Die Vorbereitung der Aufstellung der Steindenkmäler war durch die Montagepläne so vorbereitet, daß die gesamten Arbeiten mit Ausnahme des Stadttorbogens (Abb. 59) und des Tempelgiebels (Abb. 62) in 31 Arbeitstagen durchgeführt werden konnte. Auch ästhetische Probleme lassen sich also nach Organisationsplänen abwickeln. Das Versetzen der Denkmäler erfolgte unter der Aufsicht eines wissenschaftlichen Mitarbeiters und mit Hilfe einer Versetzkolonne von drei sachkundigen technischen Mitarbeitern. Gleichzeitig wurde am Ort eine letzte Restaurierung durch Mitarbeiter der Werkstätten vorgenommen. Es versteht sich, daß die Tuffverkleidung vor dem Versetzen aufgelegt sein mußte. Nur die U-Eisen (Abb. 61) waren vorher einzusetzen.

Dem Architekten schwebte vor, seinen Bau (Fig. 11) mit weißen Wänden zu fassen. Eine ebenso weiße sehr flache Rasterdecke mit reiner Neonbeleuchtung war geplant. Die Museumsleitung setzte eine sepiafarbene Wandtönung der vorgehängten hölzernen Wandpaneele durch (Abb. 65, 230). Diese Farbe läßt den Raum vollständig zurücktreten. Die Denkmäler haben vor diesem Farbton die völlige Herrschaft (Abb. 65, 230). Alleine deshalb versinkt der Raum, auch nach oben, wie einige Kritiker anmerken. Das ist so gewollt.

Ungünstig sind die unterschiedlich verteilten Oberlichter (Abb. 114, 131), die einerseits Zonen sehr grellen Licheinfalls, andererseits beim Fehlen von Oberlichtöffnungen in allen Bereichen um den Innenhof sowie in zu kleiner Bemessung der Oberlichter an den westlichen und nördlichen Seiten auch in den Außenfeldern Mischlichter verursachen. Hier liegt eine der wenigen Mängel des Baues vor, der aber nicht mehr abzustellen war. Es mußte daher ein Ausgleich gefunden werden. Er bot sich in einer eigens für das Museum in Zusammenarbeit mit dem Architekten entwickelten Rasterdecke an, die überdies die von uns gewünschte Flexibilität des Raumes in Verbindung mit einem Stromschienensystem in jeder nur denkbaren Weise erlaubt (Abb. 64, 114, 131, 230). Die Oberlichtfelder (Abb. 114, 131) wurden außerdem durch eingelegte Raster gemildert (Abb. 131) und dadurch dem Raum die allein erträgliche Ausgeglichenheit beschert (Abb. 230). Wenn man dem Museum einen »Warenhauscharakter« vorwirft, so fühlt sich die Museumsleitung dadurch in keiner Weise gekränkt, vielmehr bestätigt. Dieser Aspekt wurde bereits begründet. Ein weiterer ist hier hinzuzufügen. Er ergibt sich nämlich aus dem Bau selbst.

Besonders deutlich wird dies bei einem Blick in den Rohbau (Fig. 11). Zu erkennen ist, was auch der Grundriß verrät (Fig. 12), wie mit knappem Abstand vor den Außenwänden die Reihe der den Gesamtbau tragenden Rundstützen entlanggereiht ist. Dies ist einer der schwersten Mängel des heute üblichen Stahlbetonbaues überhaupt. Zugunsten einer glatten Außenhaut (Abb. 1) werden häufig die Stützelemente nach innen verlegt. Das Stadtbild rangiert vor dem Innenraum. Dagegen wußten bekanntlich frühere Epochen Innen- und Außenraum adäquat zu formulieren. Selbst bei den Kathedralen waren die Stützgerüste nicht nur in eine erträgliche, sondern in eine Kunstform gesetzt (Abb. 1). Die gereihten Stützelemente (Abb. 64) waren für die Inneneinrichtung ein außerordentliches Problem. Sie mußten buchstäblich ins Nebensächliche gezwungen werden. Dies ist weitgehend gelungen (Abb. 58, 59, 62, 65, 258). Einen ganz entschiedenen Beitrag dazu leistet das Vitrinensystem (Abb. 64, 65, 124, 230).

Kenner werden bemerken, daß für die Vitrinen die von F. Bornemann für die Museen der Stiftung Preußischer Kulturbesitz in Berlin-Dahlem entwickelten Vitrinen das Vorbild abgegeben haben. Sie wurden für die Kölner Zwecke fortgeschrieben. Gefordert waren (s. S. 46) Vitrinenkörper, die sich voll in den Raum integrierten und möglichst wenig als Möbel in Erscheinung traten (Abb. 18, 28, 64, 65, 96, 108, 230). Daher wurden Sockel und Deckel mit der Raumfarbe versehen. So gehen diese Präsentationsmittel in den Gesamtraum auf. Dieser schien ästhetisch befriedigend und gewährleistet, daß wichtiger als die Vitrinen die in ihnen bewahrten Gegenstände sind. Da auch die Audiogeräte in dieses System eingebunden sind, dürfte die Einheitlichkeit der Präsentationsmittel weitgehend erreicht (Abb. 57) und für die Sachen ein optimaler Rahmen für ihre Wirkung aufgerichtet sein.

Um eine Umordnung der Vitrinen jederzeit möglich zu machen, wurden Elemente aus Zweier- und Dreiergruppen gebildet. Die Möglichkeit zur Reihung der Einzelelemente wurde mit Bedacht hergestellt. Wenn dadurch der Charakter einer Ladenstraße an manchen Stellen des Museums entstanden ist (Abb. 64), so war das beabsichtigt, abgesehen davon, daß der von den Architekten entworfene Raum andere Lösungen nicht zugelassen hätte; es sei denn, man hätte den Gesamtraum in Einzelkabinette unterteilt, was abgelehnt wurde.

Die Vitrinen erlauben das Einbringen von Tableaus in allen möglichen Formaten und Größen in jeder gewünschten Höhe (Abb. 96, 102, 157, 158). Dies wird für unverzichtbar gehalten. Auf diese Art wird der in der Regel übliche Wandschrankcharakter der Vitrinen überwunden. Die Herstellung aufeinander abgestimmter kleiner und größerer Bühnen ist möglich. Gruppen lassen sich zusammenfassen, mit einem Blick zu erfassende Arrangements werden möglich und gleichwohl wird der Einzelbetrachtung eines Gegenstandes kein Hindernis in den Weg gestellt (Abb. 157). Da alle Vitrinen frei im Raum stehen, erhalten die Sachen auch Raum, um sich zu entfalten. Sie erscheinen nicht abgestellt.

Da es darauf ankommen mußte, die Sachen vor allem anderen wirken zu lassen, mußten die Tableaus in den Vitrinen möglichst einheitlich gehalten werden. Man entschied sich aus diesem Grunde für weißes mit Sandstrahl mattiertes Plexiglas, das in Metallrahmen gefaßt wurde (Abb. 157, 158). Nur in wenigen Ausnahmefällen wurden auch braune Plexiglasplatten verwendet (Abb. 28). Es ließ sich auf diese Weise nicht nur die angestrebte Einheitlichkeit der Präsentationsmittel herstellen, sondern eine Wirkungsfolie gewinnen, die das klare In-Erscheinung-treten der Sachen garantiert. Außerdem ist es auf diese Art möglich geworden, von Vitrine zu Vitrine eine genau abgestimmte und in sich stimmige Darbietungsspannung zu erzeugen. Sie ist keineswegs zufällig, sondern mit Bedacht herbeigeführt. Darauf wurde viel Mühe verwendet. Die von den Wissenschaftlern nach den Themen aus dem Gesamtbestand ausgewählten Stücke wurden in einer Probesituation aufgestellt, diskutiert, festgelegt, fotografiert und gezeichnet. Die danach in Kisten verpackten Vitrineninhalte konnten auf Grund dieses Verfahrens in nur 21 Arbeitstagen im Museum aufgestellt werden. Diskussionen waren dabei ebensowenig mehr notwendig wie zeitraubende Umstellungen. Nach den Ausstellungsplänen ist darüber hinaus der Ausstellungsbestand jederzeit überprüfbar, und nach dem Reinigen der Vitrinen bereitet die Wiedereinrichtung keinerlei Probleme. Natürlich erfordert diese Ausstellungsmethode sensible Hände und das Ergebnis ist hochempfindlich. Schon kleine Abweichungen von der getroffenen Anordnung können Störungen des Gesamtbildes verursachen. Doch wird dieses Verfahren für angemessen gehalten. Das Gesehenwerden stärkt die Sachen. Überdies dürfte es wichtig sein, die Präsentation mit Geschmack zu treffen. Auch in diesem Punkt haben die Museen eine Erziehungsaufgabe.

Um die Gegenstände klar in den Mittelpunkt zu rücken, wurde in die Vitrinen eine wohl überlegte Beleuchtung eingebracht. Jede der Normvitrinen bezieht ihr Licht von unten und oben. Dadurch werden Dunkelzonen und Schlagschatten gleichermaßen vermieden. Spots erlauben die Heraushebung einzelner Stücke. Schaltstufen ermöglichen, das Licht zu regulieren. Auch in den Vitrinen wurde jede Effektbeleuchtung vermieden. Dramatik ist ausgeschaltet, Sachlichkeit angestrebt und nur gewissermaßen unterschwellig eine ausgewogene, behutsam abgestimmte Lichtspannung erzeugt, für deren Herstellung der stetige Rat des erfahrenen Lichtingenieurs H. T. von Malotki zur Verfügung stand.

Wo es notwendig war, wurden Sondervitrinen, Formen, wie beschrieben, verwendet. Es ist leicht zu erkennen, daß diese konsequent in das Grundsystem eingepaßt wurden (Abb. 173, 268, 272, 276, 315, 318, 319, 322, 323), selbst da wo sie zugleich raumordnende Funktionen zu übernehmen hatten (Abb. 173, 268, 318, 322, 323). Entschieden erwies sich mehrfach die gute Verwendbarkeit von hochwertigen Plexigläsern für Vitrinen (Abb. 315, 316, 317, 318, 319, 322). Auch die

großen Vitrinenkörper aus diesem Material (Abb. 111) haben sich bewährt, wie sich Plexiglasscheiben auch für konservatorische Abschrankungen als überaus dienlich erwiesen (Abb. 18, 25).
Insgesamt erlaubte es die getroffene Einrichtung innerhalb der Gesamtinszenierung Themengruppen zu bilden, wobei Steindenkmäler und Kleinfunde in den Vitrinen zueinander in Bezug gesetzt werden konnten (Abb. 64, 131, 168 und 173, 230, 258, 272). Eben dies aber wurde für wesentlich gehalten und allein aus diesem Grunde alles daran gesetzt, zusammen mit dem Architekten ein in sich schlüssiges Präsentationssystem zu entwerfen. Wenn in manchen Kritiken geäußert wird, hier herrsche eine Warenästhetik, so vermag die Museumsleitung diese Meinung nicht zu teilen. Verkannt wird allerdings nicht, daß die heute möglichen technischen Hilfsmittel konsequent in den Dienst der Präsentation gestellt wurden und daß sich das Römisch-Germanische Museum damit in völligem Einklang mit Museen wie denen der Stiftung Preußischer Kulturbesitz zu Berlin-Dahlem oder der Glyptothek zu München befindet.

Menschen im Museum

Museen sind Einrichtungen, in denen empfindliche Sachen aus den Bereichen der Natur-, Kultur- und Kunstgeschichte unter konservatorisch optimalen Bedingungen verwahrt und zugleich für Menschen sichtbar gemacht werden sollen. Es muß daher bei der Konzeption eines Museums in der gebotenen Weise an die Benutzer dieser Einrichtung »Museum«, an die Menschen, gedacht werden. Das wurde versucht und bei allen Überlegungen davon ausgegangen, es müsse ein reines Vergnügen sein, dieses Museum zu besuchen und in ihm sehend zu verweilen. Es sollte ein offenes Museum entstehen für Menschen aller Bildungsgrade gleichermaßen interessant und ergiebig. Mit in Bedacht gezogen werden mußte auch, daß hohe öffentliche Mittel für Bau und Einrichtung dieses Museums von der Stadt Köln und dem Land Nordrhein-Westfalen zur Verfügung gestellt worden waren. Auch von daher war eine gewisse Garantie dafür anzustreben, diese Mittel in vollem Umfang zur Amortisation zu bringen. Deshalb genügte es nicht, die Museumsräume allein schön zu gestalten (Abb. 64, 65, 230), sondern sie so einzurichten, daß Abschreckungsbarrieren erst gar nicht auftreten, somit auch nicht empfunden werden. Hier liegt der erste Grund für die Öffnung des Museums in den Freiraum der Stadt (Abb. 1–8), sogar die kräftig dimensionierte Beschriftung des Hauses (Abb. 1, 9) zielt in diese Richtung. Die übliche vornehme Zurückhaltung schien hier nicht am Platz. Auch die Einblickmöglichkeiten von außen nach innen (Abb. 8, 10, 13, 37) wurden in diesem Sinne ausgenutzt.
Die Raumkomposition wurde von vorne herein sowohl auf Einzelbesucher wie auf Besucherströme angelegt. Von Anfang an wurde darauf gesetzt, das Museum könne zu einer Agora für die Bürger der Stadt und die Besucher derselben werden. Darauf ist die gesamte Einrichtung zugeschnitten. Beim Durchblättern dieses Bandes wird sich immer wieder zeigen, wie die frei im Raum stehenden Sockelinseln ein Versammeln und Unterrichten von Gruppen möglich machen (Abb. 326). Noch bei starkem Besucherbetrieb lassen sich die Audioprogramme benutzen. Davon machen Gruppen (Abb. 326) ebenso Gebrauch wie einzelne Besucher (Abb. 325). Die frei im Raum verteilten, formal nicht schönen, aber nützlichen Hocker erlauben es sich zu setzen, wo man will (Abb. 327). Die Handbibliothek bietet eine Ruhezone (Abb. 328) und selbst bei sehr starkem Besuch ist der einzelne nicht gehindert genau hinzusehen, wo er will. Es kann sogar wahrgenommen werden, daß das Köln von heute aus den beiden Wurzeln der römischen und mittelalterlichen Vergangenheit (Abb. 1) hervorgegangen ist.
Es ist kritisch angemerkt worden, das Museum lasse wie in einem Warenhaus den Besuchern die Auswahl, statt sie zu führen und dabei über die Bedingtheiten historischer Prozesse aufzuklären. Es zeige eine zu schöne Geschichte.
Eine solche Beurteilung kann nur aus einem sehr eingeengten Blickwinkel heraus erfolgen und aus der Verwechslung eines Museums mit einem Lehrbuch. In der Tat sollten die Besucher die Freiheit behalten, selber zu entscheiden, was sie aus dem großen Angebot sehen wollen. Es ist befriedigend festzustellen, wie ganze Familien und Gruppen, aber auch immer wieder einzelne Besucher durch das Museum schlendern, sehen und oft staunen.
Hier gewinnt auch die dem Museum eigene Fülle des Ausgestellten ihren Wert. Sie setzt nämlich einen Zwang des Wiederkommens. Das Museum soll ja nicht in einem Besuch abgehakt werden, gewollt und erwünscht ist die ständige Beschäftigung und Auseinandersetzung damit. In diesem Sinne sind die befriedigenden Besucherzahlen ein Beweis dafür, wie richtig das gewählte Konzept ist. Das Experiment, ein Museum für alle Bürger zu machen, zeigt Erfolg. Dieses Museum ist Besitz aller Bürger geworden, ihr und der Fremden Spazierplatz in die Geschichte und sogar ein wenig ein geschichtlicher Festraum. Bewiesen ist damit: das bürgerliche Museum des 19. Jahrhunderts läßt sich zu einem Lernort ohne erhobenen Zeigefinger für die offene Gesellschaft des 20. Jahrhunderts fortschreiben.

Literaturverzeichnis

Die nachfolgend angegebene Literatur ist die neuere. Sie enthält hinreichend weiterführende Hinweise.

P. La Baume, Das römische Köln – Bonner Jahrbücher 172, 1972, 271 ff.

Ders., Glas der antiken Welt (wissenschaftliche Kataloge des Römisch-Germanischen Museums Köln) Band 1, Köln 1973.

Ders., Römisches Kunsthandwerk in Köln – Convegno internazionale renania Romana (Atti dei convegni Lincei 23), Rom 1976, 176 ff.

H. Borger (Herausgeber), Kölner Römer-Illustrierte 1, Köln 1973.

Ders., Kölner Römer-Illustrierte 2, Köln 1975.

J. Bracker, Neue Entdeckungen zur Topographie und frühen Geschichte des römischen Köln – Jahrbuch des Kölnischen Geschichtsvereins 45, 1976, 111 ff.

O. Doppelfeld, Kölner Wirtschaft von den Anfängen bis zur Karolingerzeit – Zwei Jahrtausende Kölner Wirtschaft Band 1, Köln 1975, 13 ff.

H. Gabelmann, Die Typen der römischen Grabstelen am Rhein – Bonner Jahrbücher 172, 1972, 65 ff.

Ders., Römische Grabmonumente mit Reiterkampfszenen – Bonner Jahrbücher 173, 1973, 132 ff.

B. und H. Galsterer, Die römischen Steininschriften aus Köln (wissenschaftliche Kataloge des Römisch-Germanischen Museums Köln) Band 2, Köln 1975.

H. Hellenkemper, Oppidum und Legionslager in Köln. Überlegungen zur frührömischen Topographie – Kölner Jahrbuch für Vor- und Frühgeschichte 13, 1972/73, 59 ff.

Ders., Delubrum Martis und die mittelalterlichen Überlieferungswege – Kölner Jahrbuch für Vor- und Frühgeschichte 13, 1972/73, 102 ff.

Ders., Architektur als Beitrag zur Geschichte der Colonia Claudia Ara Agrippinensium – Aufstieg und Niedergang der römischen Welt (herausgegeben von H. Temporini – W. Haase) II, 4, Berlin 1975, 783 ff.

D. Hoffmann, A. Junker, P. Schirmbeck, Geschichte als öffentliches Ärgernis – oder: Ein Museum für die demokratische Gesellschaft, Steinbach-Wißmar 1974.

H. G. Horn, Mysteriensymbolik auf dem Kölner Dionysos-Mosaik (Beihefte der Bonner Jahrbücher 33) Bonn 1972.

A. Linfert, Römische Wandmalerei der nordwestlichen Provinzen, Köln 1975.

I. Linfert-Reich, Römisches Alltagsleben in Köln, Köln 1975.

W. Meier-Arendt, Die Steinzeit in Köln, Köln 1975.

P. Noelke, Aeneasdarstellungen in der römischen Plastik der Rheinzone – Germania 54, 1976, 409 ff.

G. von der Osten, Das Museum für eine Gesellschaft von morgen, Köln 1971.

H. von Petrikovits, Das römische Rheinland. Archäologische Forschungen seit 1945, Köln 1960.

Ders., 15 Jahre Rheinisches Landesmuseum Bonn – Bonner Jahrbücher 173, 1973, 335 ff.

G. Precht, Die Ausgrabungen um den Kölner Dom, Vorbericht über die Untersuchungen 1969/70 – Kölner Jahrbuch für Vor- und Frühgeschichte 12, 1971, 52 ff.

G. Precht, Die Ausgrabungen im Bereich des Castellum Divitia – Kölner Jahrbuch für Vor- und Frühgeschichte 13, 1972/73, 120 ff.

Ders., Baugeschichtliche Untersuchungen zum römischen Praetorium in Köln (Rheinische Ausgrabungen Band 14), Köln 1973.

G. Ristow, Religionen und ihre Denkmäler in Köln. Zur Religionsgeschichte des römischen Köln, Köln 1975.

J. Rohmeder, Methoden und Medien der Museumsarbeit. Pädagogische Betreuung der Einzelbesucher im Museum, Köln 1977.

Ch. B. Rüger, Germania inferior, Untersuchungen zur Territorial- und Verwaltungsgeschichte Niedergermaniens in der Prinzipatszeit (Beihefte der Bonner Jahrbücher 30), Köln-Graz 1068.

Ders., Einige Aspekte des römischen Rheinlands – Convegno internazionale renania Romana (Atti dei convegni Lincei 23), Rom 1976, 9 ff.

E. Spickernagel/B. Walbe, Das Museum. Lernort contra Musentempel, Gießen 1976.

Dank

Beim Schreiben des Buches halfen mir Kollegen und Mitarbeiter des Römisch-Germanischen Museums durch ihren Rat.

Ich habe zu danken Frau Diplom-Archäologin I. Damm, den Herren Dr. P. La Baume, G. Biegel, M. A., Dr. G. Hellenkemper, Prof. Dr. W. Meier-Arendt, P. Noelke, M. A. und Dr. G. Ristow.

Herr G. Biegel, M. A. nahm die Mühe des Korrekturlesens auf sich, wofür ihm besonderer Dank gebührt.

Den größten Teil des Textes schrieb ich im Deutschen Archäologischen Institut zu Rom. Für die Arbeitsmöglichkeit dort habe ich den beiden Direktoren, Herrn Prof. Dr. Th. Kraus und Herrn Dr. H. G. Kolbe, zu danken.

H. B.

Photonachweis

Den Aufnahmen von Helga Schmidt-Glassner, Stuttgart, wurden noch folgende hinzugefügt:

Dombauverwaltung des Metropolitankapitels Köln Fig. 9

Isolde Luckert, Köln Abb. 321

N. H. Loose, Köln Abb. 324, 326, 327, 328, 330

Die Zeichnungen Fig. 7, Fig. 10, Fig. 12 und Fig. 16 fertigte Astrid Becker, Köln.

Der Außenbau

1 Das Römisch-Germanische Museum neben dem Kölner Dom, von Südosten gesehen

2 Die römische Hafenstraße an der Südseite des Museums

3 Pinienzapfen und Säulentrommeln vor dem Studiengebäude des Museums

4 Überdachte Freizone mit Steindenkmälern am Museumseingang

5 Sockelinsel mit römischen Denkmälern in der Freizone an der Nordseite des Museums

6 Die Freizone an der Ostseite des Museums; im Hintergrund das Studiengebäude

7 Denkmälercollage mit Architekturfragmenten in der Freizone am Museumseingang

8 Sarkophage und Sockelinseln mit römischen Denkmälern an der Nordseite des Museums

9 Die Hauptfassade des Römisch-Germanischen Museums am Roncalliplatz an der Südseite des Kölner Domes

10 Die Eingangshalle des Museums

◁11 Relief des Hirtengottes Pan auf der rechten Seite des Poblicius-Grabdenkmals

12 Relief des Hirtengottes Pan auf der linken Seite des Poblicius-Grabdenkmals

13 Das Grabdenkmal des Lucius Poblicius ▷

14 Das Dionysos-Mosaik, Gesamtansicht

15 Blick auf das quadratische Mittelfeld des Dionysos-Mosaiks

16 Satyr aus dem Dionysos-Mosaik

17 Tanzende Frau und tanzender Mann aus dem Gefolge des Dionysos ▷

15 △ 16 ▽

18 Blick in das Ausstellungsgeschoß »Alltag der Römer«

19 Rekonstruktion eines gemauerten römischen Bettes

20 Blick in die rekonstruierte römische Küche

21 Römische Mühlsteine und Gefäße

22 Trinkgeschirr, sog. Trierer Spruchbecher

23 Spielzeug-Trinkgeschirr

24 Spielsteine

25 Blick in den Raum »Gedeckte Tische«

22 △

25 ▽

23 △

24 ▽

zu Seite 89:

26 Giebel eines Larenaltares

27 Bruchstück eines Grabdenkmals

26 △

27 ▽

OLVPER CERGAEVRI
F EQ ALAE AFRORVM
TVR PRECI CAPT N S
ANN XXXX STIP XX
H EX T F C

28 △

29 ▽

28 Blick auf die Vitrinen mit den Themen: ›Das Kind‹, ›Die Frau‹ und ›Der Mann‹

29 Kinderspielzeug aus Ton

30 Kinderspielzeug aus Ton

31 Kinderrasseln aus Ton

33 △ 34 ▽

32 Rückseite eines Spiegels

33 Terrakottaköpfchen mit verschiedenen Frisuren

34 Marmorporträt einer Römerin

zu Seite 93:
35 Spiegel, Venus, Parfumfläschchen, Lockenschere, Pinzetten

36 Schminkkästchen und Parfumflakons

35 △

36 ▽

37 Porträt eines Römers

38 Terrakottabüste: Karikatur eines »Gelehrten«

39 Tintenfaß aus Terra sigillata und Schreibzeug

38 △ 39 ▽

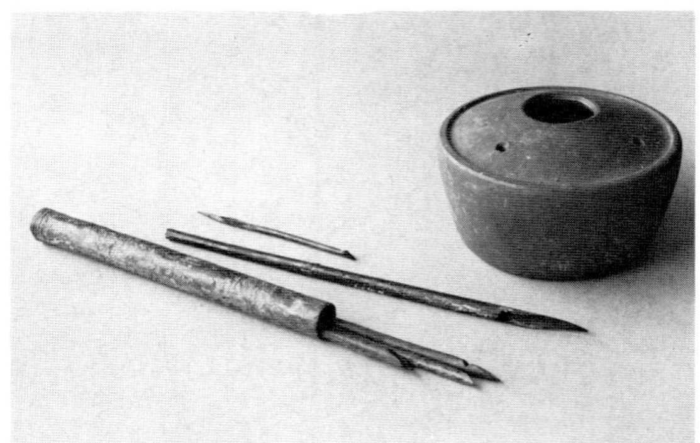

zu Seite 95:

40 Gläsernes Tintenfaß und Schreibzeug

41 Bronzenes Tintenfaß mit drei Köpfen

42 Bronzener Truhengriff

43 Schreibtafel und Schreibzeug

44 Laufgewicht aus Bronze in Form eines männlichen Kopfes

45 Bronzene Truhenbeschläge

46 Strigiles und bronzene Ölfläschchen

47 Römische Goldmünzen

46 △ 47 ▽

48 Eimerbeschlag, Schlüssel, Rohrbruchstück und Absperrhahn von einer Wasserleitung ▷

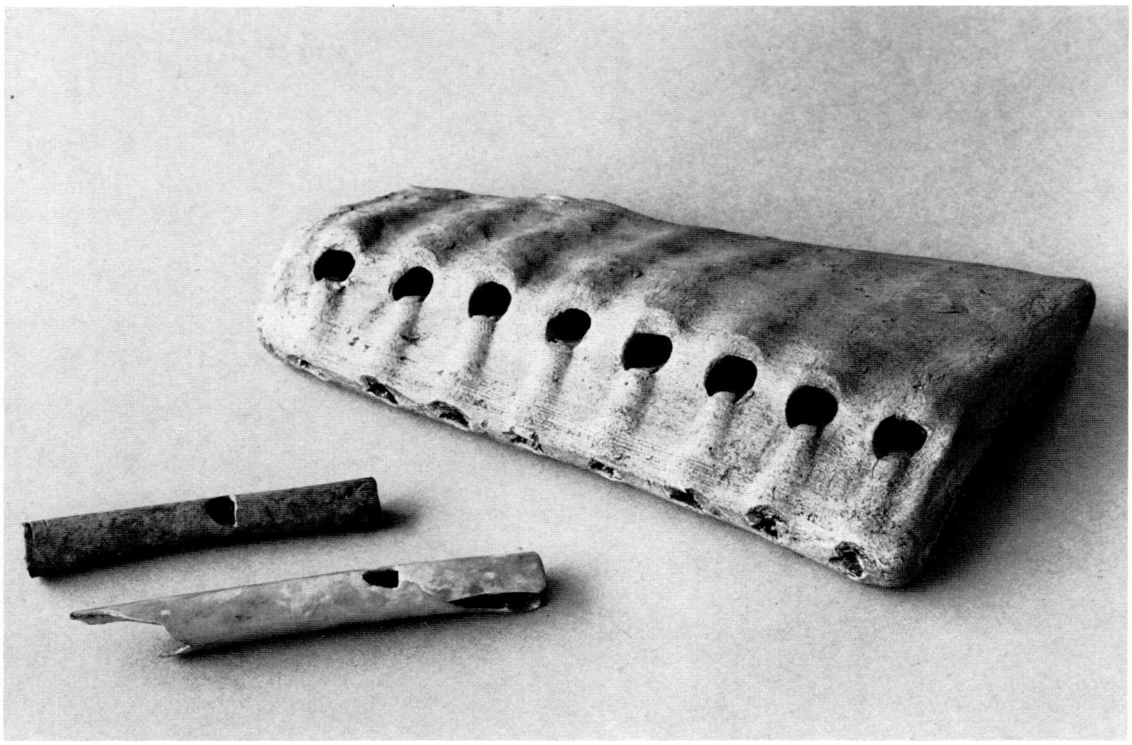

49 △

49 Flöten

50 Bronzefigur eines Triton vom Gefäßrand eines Kessels, bronzener Truhengriff in Form eines Pan

51 Römischer Ziegel mit Ritzlinien für ein Mühlespiel

50 △

51 ▽

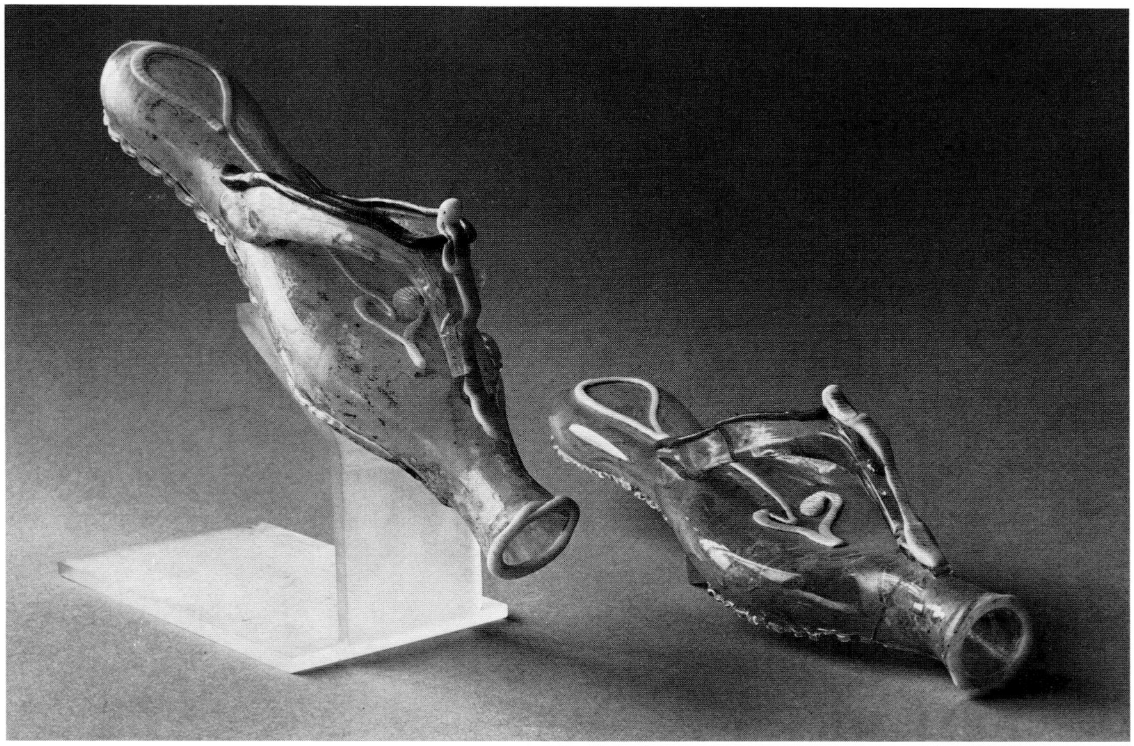

52 Gläserne Schuhe, Beigaben aus einem Frauengrab

53 Blick in den Raum Totenkult

54 △

55 ▽

56 △

57 Blick aus dem Hauptausstellungsgeschoß in Eingangshalle und Treppenhaus

zu Seite 100:

54 Beigaben aus dem Grab der Bella

55 Beigaben aus einem reichen Grab

56 Aschenurnen aus Glas (obere Reihe) und Ton (untere Reihe)

Agrippa vermißt das Land für die Ubier (Oppidum Ubiorum – Colonia Claudia Ara Agrippinensium)

58 Sockelinsel mit Urnen und Beigabegefäßen aus Grabhügeln der Gräberfelder in Köln-Wahn, Niederrheinische Grabhügelkultur (700/400 vor Christus)

59 Haupttorbogen des römischen Nordtores; im Hintergrund Abguß eines Stadtmauerturmes

60 Porträt des Marcus Vipsanius Agrippa

59 △

60 ▽

zu Seite 103:
61 Sockelinsel ›Agrippa vermißt das Land für die Ubier‹

62 Giebel eines Grabtempels

Das Oppidum Ubiorum
QVADRIVI
TRIVIS VIIS
SEMITIS EX
VOTO M
COCCEIVS
DASIVS VET
V S L M

61 △

62 ▽

63 Sockelinsel ›Menschen und Verwaltung in der Stadt‹

64 Blick in den südlichen Teil des Ausstellungsgeschosses mit den Sockelinseln ›Oppidum Ubiorum‹ – ›Militär erschließt das Land‹ – ›Gewerbe und Handel‹ – ›Einheimische Gottheiten‹

65 Sockelinsel ›Militär erschließt das Land‹: Standbild der Heilgöttin Hygieia, davor Weihesteinbruchstück für den Heilgott Asklepios, die Figur links ist ein Abguß der rechten mit Ergänzung ▷

66 Mosaik mit Schilden (peltae)

67 Mosaik aus geschnittenen Steinen, sog. Lithostroton

68 Porträt einer verheirateten Ubierin, daneben Jugendbildnis des Augustus oder seines Enkels C. Caesar

69 Terrakotta-Büste einer Frau, Bildnis der Germania (?)

70 Porträt des Augustus als Oberpriester, vermutlich Kopf von einer Toga-Statue ▷

71 Zwei Keramikgefäße aus ubischen Werkstätten

72 Sog. ubische Distelfibeln

73 Grabdenkmal des Sklavenhändlers Caius Aiacius ▷

C·AIACIVS·P·
STEL·MANGO
HIC SITVS EST
VALE·AIACI

Menschen in der Stadt

74 Grabdenkmal des Legionärs Julius Tuttius

75 Kopfleiste vom Grabdenkmal für Bienus

76 Bruchstück eines Grabsteines für den Zimmermann Quintus Vetinius

75 △

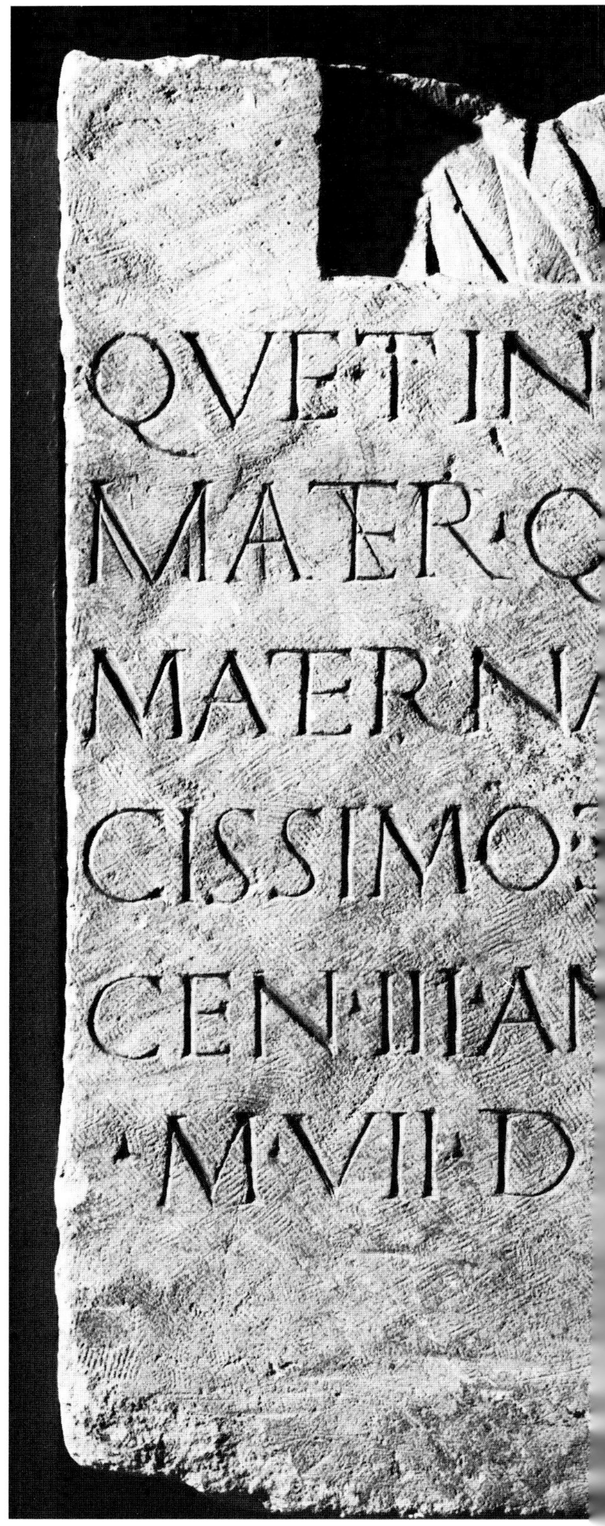

77 Grabdenkmal für Caius Julius Maternus und Maria Marcellina

76 ▽

78 Vier Grabdenkmäler von dem Grabplatz einer Familie, und zwar für Ocellius, für Bienus, unbeschriftet und für Gatus

79 Kopfleiste vom Grabdenkmal für Gatus

Herrschaft – Politik im Handformat

80 Sockelinsel ›Herrschaft, Straßen, Plätze, Stadtplanung‹

81 Bauinschrift aus der Zeit des Kaisers Nero

82 Bruchstück vom Standbild eines Mars, auch als Imperator bezeichnet

83 Rückseite vom Standbild eines Mars

84 Glasporträt des Augustus, entschieden vergrößert, aus Italien, Fundort unbekannt ▷

85 Bruchstück einer Marmorplastik, Augustus (?)

86 Hand von einer überlebensgroßen Bronzeplastik

87, 88 Blick in die Vitrine ›Politik im Handformat‹

85 △

87 △

86 ▽

88 ▽

89 Kleine Bronzebüste einer Ubierin

90 Sog. Marlborough-Cameo mit dem Bildnis des Augustus

91 Bronzeköpfchen

92 Kleiner Kopf aus schwarzem Marmor

93 Glasbüste eines Prinzen, Constantius II (?)

◁94 Goldkopf einer Ceres (?)

zu Seite 119:
95 Porträt des Prinzen Germanicus und der Agrippina

96 Vitrine ›Das Militär bringt Glas und Keramik‹

97 Sockelinsel ›Militär erschließt das Land‹

95 △

96 △

97 ▽

98 Bruchstück vom Grabdenkmal für einen Reitersoldaten

99 Grabdenkmal für den Reiter Longinus Biarta

100 Bruchstück eines Standbildes der Heilgöttin Hygieia

101 Bruchstück eines Theatermodells aus Kalkstein

102 Blick in die Vitrine ›Bauhandwerk‹ mit Loten, Zirkeln, Maßstäben, gestempelten Ziegeln und Architekturbruchstücken ▷

Gewerbe und Handel

103 Sockelinsel ›Gewerbe und Handel‹, im Vordergrund der Sarkophag für Verecundinia Placida und ihren Sohn Desiderius

104 Amphoren auf der Sockelinsel ›Gewerbe und Handel‹

105 Blick auf die Südseite der Sockelinsel ›Gewerbe und Handel‹ mit dem Grabstein für den Metzger Mainonius Victor, der Weiheinschrift des Mehlhändlers (?) Servandus und dem Grabstein des Parfumhändlers Sextus Haparonius Justinus

106 Grünglasierter Becher mit Jagdszenen ▷

107, 108 Blick in die Vitrine ›Kölner Erzeugnisse‹

109 Grünglasierte Bekrönung eines Kultgefäßes

110 Grünglasiertes Trinkhorn (Rhyton)

111 Kölner Serienprodukte – Keramik und Glas

Muttergottheiten

113 Altar für die Göttin Virtus, gesetzt von dem Händler Fatalis

114 Sockelinsel ›Einheimische Gottheiten‹ mit Matronenaltären ▷

◁112 Die Kölner Orpheus-Schale

115 Altar für die axsinginehischen Matronen und daneben Altar für die aflischen Matronen

116 Altar für die boudunnehischen Matronen

117 Weiherelief für den Gott Merkur, gesetzt von Julius Tertius und Julia Nativa

118 Seitenrelief des Altares für die Göttin Vagdavercustis

119 Altar für die Göttin Vagdavercustis mit Opferdarstellung

121 △ 122 ▽

120 Terrakotta, Muttergöttin

121 Terrakotta, Halbfigur einer Muttergöttin

122 Terrakotta, Muttergöttin

Reise und Verkehr

123 Bronzebeschlag (Panther) von einem römischen Reisewagen

124 Rekonstruktion eines römischen Reisewagens mit originalen Beschlägen

125 Bronzebeschlag (Bacchus mit Satyrn) von einem römischen Reisewagen

126, 127 Bronzebeschlag (Victorien) von einem römischen Reisewagen

128 Grabdenkmal für den Veteranen M. Valerius Celerinus ▷

M VAL CELERINVS
PA PIRIA ASTIGI
CIVES AGRIPPINAE
VETER LEG X G P F
VIVOS FECIT SIBI
ET MARCIAE PRO
CVLI VXORI

Güterumschlag im Rheinhafen

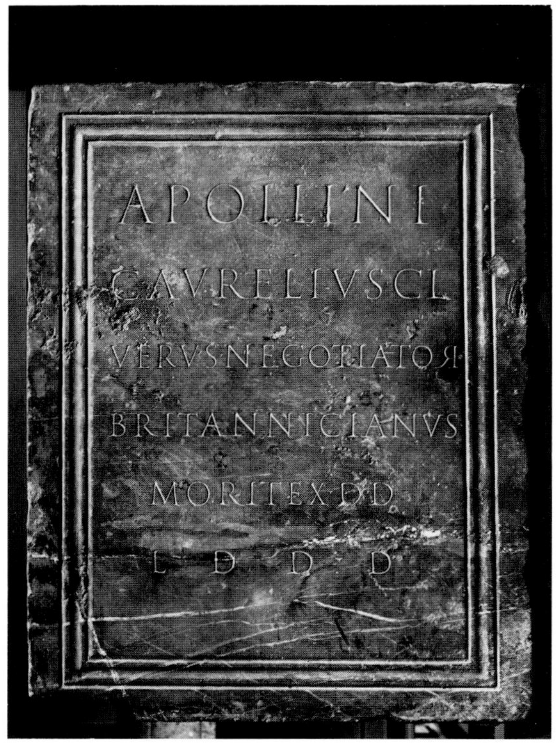

◁ 129 Ausschnitt aus der Sockelinsel ›Güterumschlag im Rheinhafen‹: Holzpfähle mit Eisenschuhen von der Hafenbefestigung, daran und davor Gewichte

130 Weiheinschrift für den Gott Apoll, errichtet von dem im Britannien-Handel tätigen Gaius Aurelius Verus

131 Sockelinsel ›Güterumschlag im Rheinhafen‹

132 Schiff aus Bernstein

133 △ 134 ▽ 135 △ 136 ▽

133 Weihestein für eine Matrone, vielleicht für die Göttin Nehalennia (?)

134 Weiherelief für drei Quellnymphen

135 Flußgottmaske, Rhenus (?)

136 Flußgottmaske, Rhenus (?)

zu Seite 139:
137 Bronzene Flußgottmaske, Rhenus (?)

138 Henkelkrug mit weißer Barbotine-Verzierung

zu Seite 141:
139 Topf mit Ornamenten und Früchten

140 Weißtoniger Henkelkrug mit roten Ringen und rottoniger Henkelkrug mit Weinblattranken

141 Schwarztonige Gefäße

139 △

140 △

141 ▽

142 Zwei Tabletts, das vordere aus Silber, das hintere aus Terra sigillata

143 Doppelhenkeliger Krug

144 Germanische Gefäße aus Leverkusen-Rheindorf

142 △

143 ▽

145 Zwei Kasserollen, Bronze

146 Zwei Maskengefäße; rechts eine »trunkene Alte«; Nordafrika

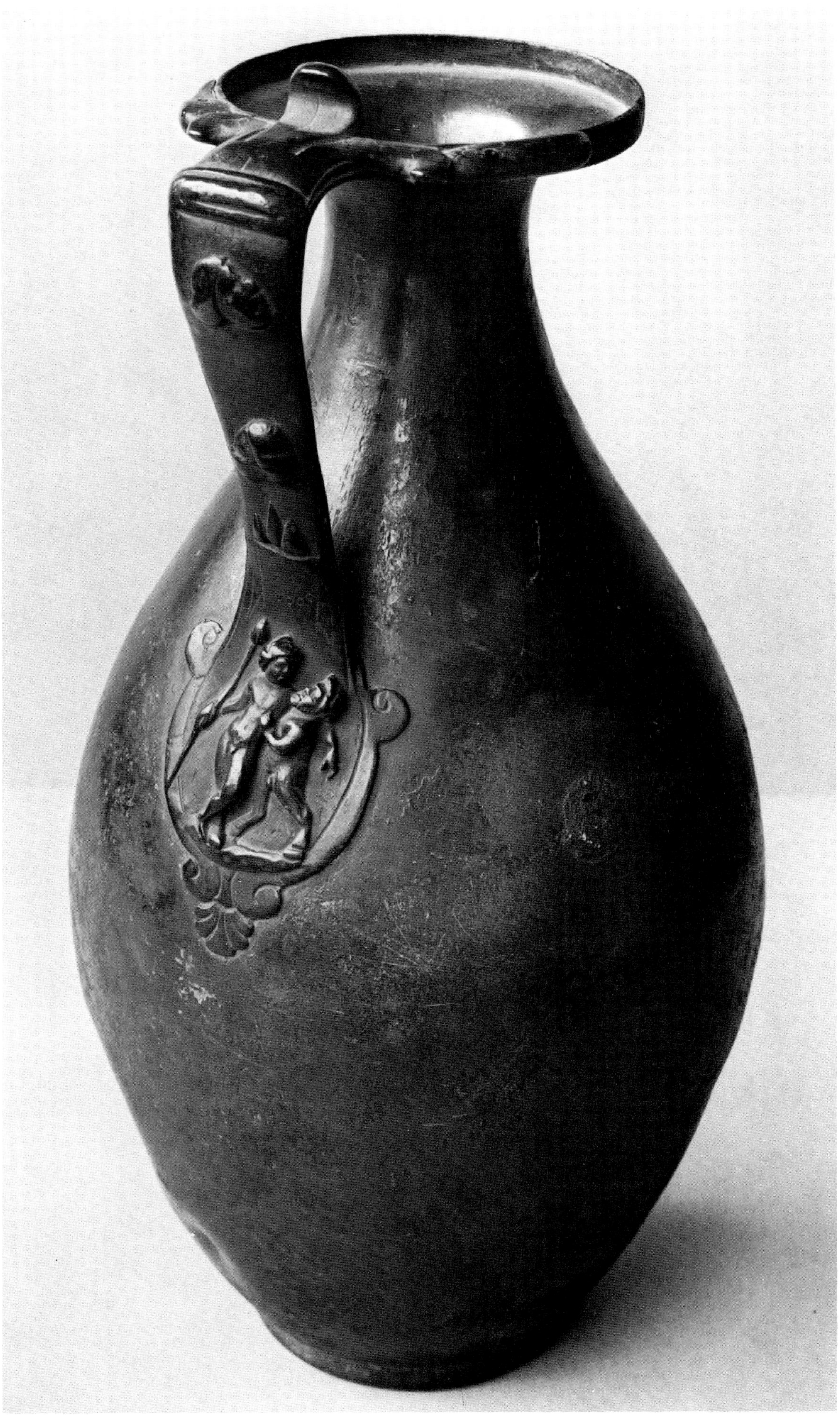

147 Bronzene Weinkanne, wahrscheinlich Import aus unteritalischen Werkstätten

148, 149 Schalen aus Terra sigillata

148 △ 149 ▽

zu Seite 145:
150 Schalen aus Terra sigillata

151 Tonkanne, Nachahmung einer Bronzekanne

152 Trinkgefäße, sog. Trierer Spruchbecher

153 Terra sigillata-Schale

154 Formschüssel einer Terra sigillata-Schale, rechts daneben moderne Ausformung

Bauten und Kunst in der Stadt

155 Bruchstück eines Säulenschaftes, daran Schilde mit Gesichtsmasken

156 Zwei korinthische Kapitelle, dazwischen Wandpilaster mit Akanthusblättern

zu Seite 148/149:
157, 158 Marmorkopf der Athena Parthenos

159 Bruchstück der Skulptur eines griechischen Philosophen (Sokrates?)

160 Relief mit Eber und Hund

161 Bekrönung eines Grabbaues, Kampf des Herkules mit dem Löwen

157 △

158 △

159 △

160 ▽

161

Die Agrippinenser

162 Sockelinsel ›Die Agrippinenser‹

163 Porträt einer Frau aus dem römischen Köln

164 Porträt eines Mannes, römisch (?)

165–167 Porträts von Männern aus dem römischen Köln

168 Blick auf das Philosophenmosaik und die Reste rekonstruierter römischer Fresken aus den Ausgrabungen vom Dom Südplatz

169 Ausschnitt aus den Fresken von den Ausgrabungen auf dem Dom Südplatz

170 Blick auf einen Teil des Philosophenmosaiks

171, 172 Ausschnitte aus den Fresken von den Ausgrabungen vom Dom Südplatz ▷

Das römische Prunkglas

173 Blick auf die »Prunkglasvitrinen« mit den Spitzengläsern römischen Glases

174 Henkelkanne aus dunkelolivgrünem, durchsichtigem Glas mit opakweißen Fäden

175 Weißgeädertes Fläschchen aus braunem Glas

176 Konischer Nuppenbecher

177 Trinkhorn aus beinahe farblosem Glas mit farblosen und blauen Nabelnuppen und zwei Ösen

178 Adam- und Evaschale aus entfärbtem Glas

179 Trichterförmiger Becher aus entfärbtem Glas mit eingeschliffenen Figuren

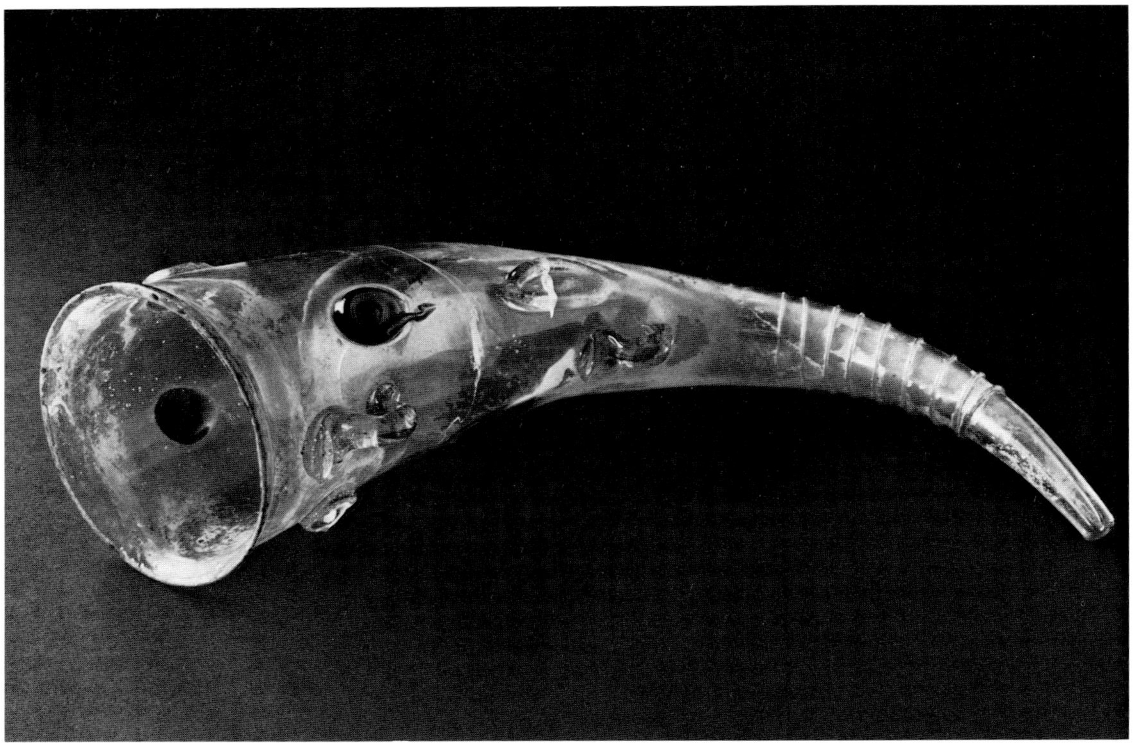

177 △

178 ▽

180 Die Kölner »Zirkus-Schale« aus entfärbtem Glas ▷

181 △

182 ▽

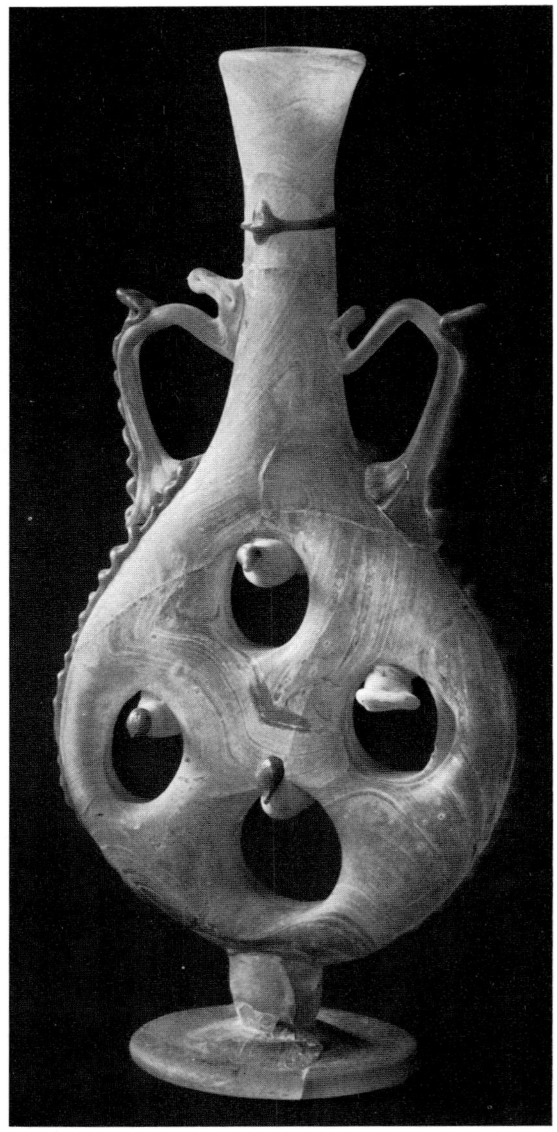

181 Flaschen in Form eines Doppelkopfes aus schwach grünlichem Glas

182 Kantharos aus blauem Glas mit weißen Brocken und Skyphos aus goldbraunem Glas

183 »Taubenflasche« aus entfärbtem Glas, durch vier Öffnungen fliegen opakweiße Tauben

184 Fußvase aus farblosem Glas mit Schlangenfäden

185 Zwei Netzbecher aus entfärbtem Glas; das Netz ist aus »Wellenbändern« aufgelegt

186 Zwei Nuppenbecher mit blauem Zick-Zack-Band

187 △ 188 ▽ 189 △ 190 ▽

191 ▽ 192 △ 193 ▽

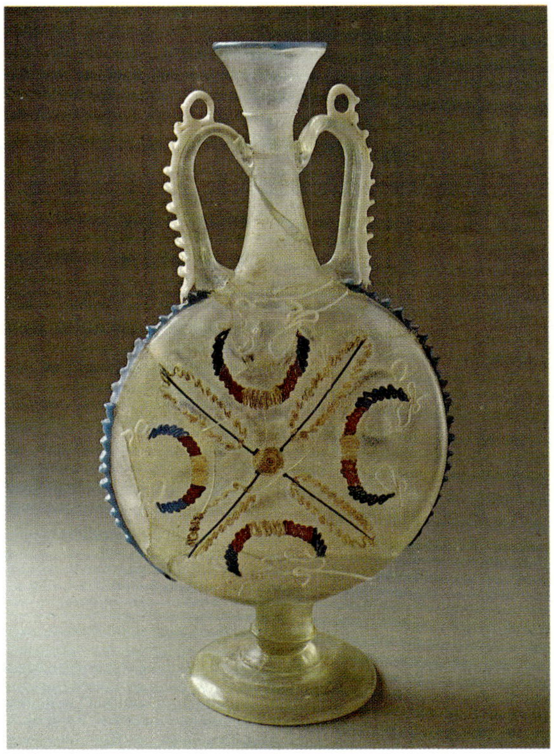

zu Seite 162/163:
187 »Delphin-Rüssel-Becher« aus entfärbtem Glas mit blauen Aufsätzen

188 Zwei Millefiori-Schälchen mit eingeschnürter Wandung von einer niederrheinischen Fundstelle

189 Birnenförmige Vase und Henkelkännchen aus farblosem Glas mit gelben, weißen und blauen Schlangenfäden

190 Kantharos aus blauem Glas mit weißen Brocken

191 Sog. »Meisterstück der Schlangenfadenwerkstatt«

192 Diatretglas von Köln-Braunsfeld mit glasklarem Becher, roter Schrift, gelbem Kragen und grünem Netz

193 Zwei Pokale aus smaragdgrünem Glas mit weißen »Geschoßfäden«; zwischen Spiralfäden aus Gold in Form eines Hakenkreuzes liegt jeweils ein Schnörkel aus opakweißen Schlangenfäden

194 △

195 ▽

194 Doppelhenkelige Amphore aus farblosem Glas mit fischblasenartigen Mustern; daneben flache Schale mit Kugelschliff

195 Schale aus farblosem Glas mit eingeschliffenen Mustern und Figurenaufsätzen

196 Gefäß in Form eines Gladiatorenhelmes und daneben Becher mit aufgelegten Fäden

197 Henkelkanne mit Porträtmedaillon

198 Konchylienbecher

199 Halbkugelige Schale mit Reigen, farblos matt geschliffen

200 Rippenschale aus braunem Glas

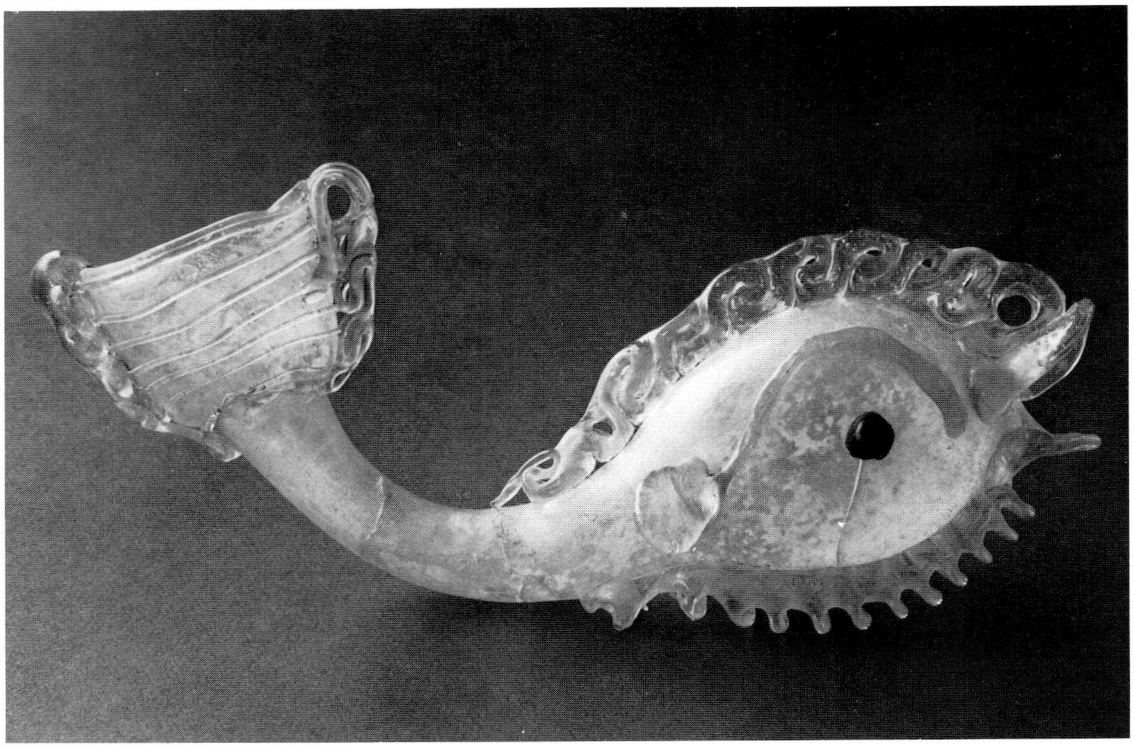

201 △

203 △

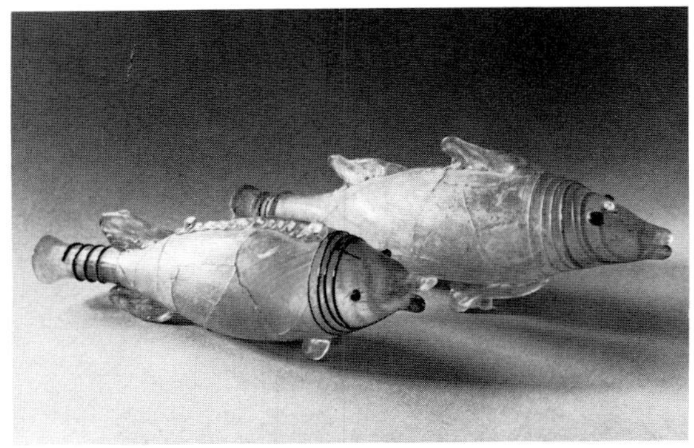

204 △

202 ▽

205 ▽

201 Parfumbehälter in Form eines Delphins aus entfärbtem Glas mit schwarzen und blauen Details
202 Zwei doppelhenkelige Traubenflaschen aus gelblich grünem Glas
203 Parfumbehälter in Form von Fabeltieren, Schweinchen (?)
204 Zwei Parfumbehälter in Form von Fischen, farbloses Glas mit olivgrünen Details
205 Zwei Kannen, in der linken ein Parfumflakon, die rechte mit dünnen weißen Mustern

206 Zwei Muschelpokale, links mit Schlangenfadenauflagen, rechts aus völlig entfärbtem Glas ▷

207 △

208 △

209 △

210 ▽

211 ▽

207, 208 Zwei Faßkannen aus schwach grüngelbem Glas

209 Salbfläschchen in Goldbandtechnik

210 Konchylienbecher aus leicht grünlichem Glas mit bunten Seetieren

211 Drei schlanke Kannen aus bläulichem Glas

212 Drei große Viereckflaschen mit Bandhenkeln

213 Flasche mit reich geschwungenem Henkel

212 △

213 ▷

214 Kugelige Flasche mit Inhalt, Salbe (?)

215 Drei »Merkurflaschen«

216 Aschenurne mit sog. »Omega-Henkeln« aus grünlichem Glas

216 ▽

217 Aschenurne aus blau-grünem Glas

218 Große Viereckflasche mit Bandhenkel

217 ▽

220 Hesione-Sarkophag

221 Links: Grabdenkmal für den Ruphus; rechts: Grabdenkmal für den Flötenspieler Sidonius und den Stenografen Xantias; dazwischen der Minotaurus vom Hesione-Sarkophag

219 Hesione-Sarkophag mit den Bildszenen: Herakles streitet mit dem Gott Apoll um den Dreifuß aus dem Heiligtum von Delphi, und rechts: Theseus tötet den Minotaurus

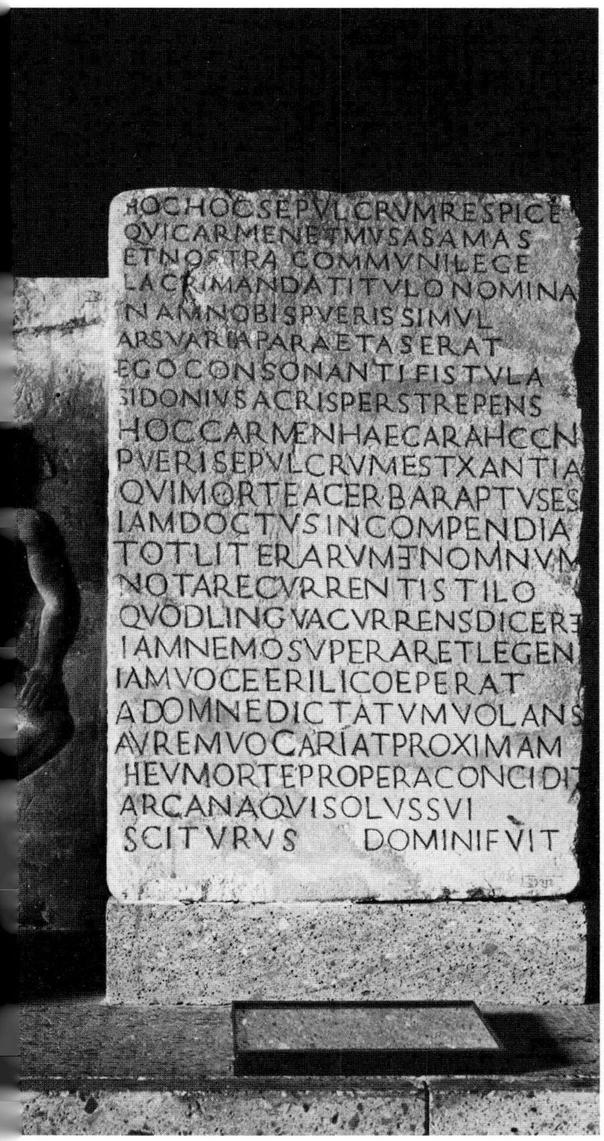

222 Linke Schmalseite des Hesione-Sarkophags: Bacchantinnen aus dem Gefolge des Gottes Bacchus

223 Marmorkopf der Göttin Aphrodite

224 Porträtbüste des Kaisers Hadrian (?)

225 Marmor-Torso des Meleager ▷

226 Sockelstück mit einer Opferdarstellung

227 △

228 △

229 ▽

zu Seite 176:
227 Zwei Messergriffe aus Elfenbein in Form von Gladiatoren

228 Öllampe mit Gladiatorenkampf

229 Bildfeld aus einem Grabstein für zwei Gladiatoren

230 Sockelinsel ›Kulturbetrieb‹, dahinter an der Wand Teil eines Mosaiks mit dem Bild eines Philosophen, Epicur (?)

231 »Pilgerflasche« mit Gladiatorenkampf

232 Öllampe mit Fischern und Stadtansicht

233 Spielmarke aus Knochen

234 Öllampe mit Siegesgöttin

231 △

232 ▽

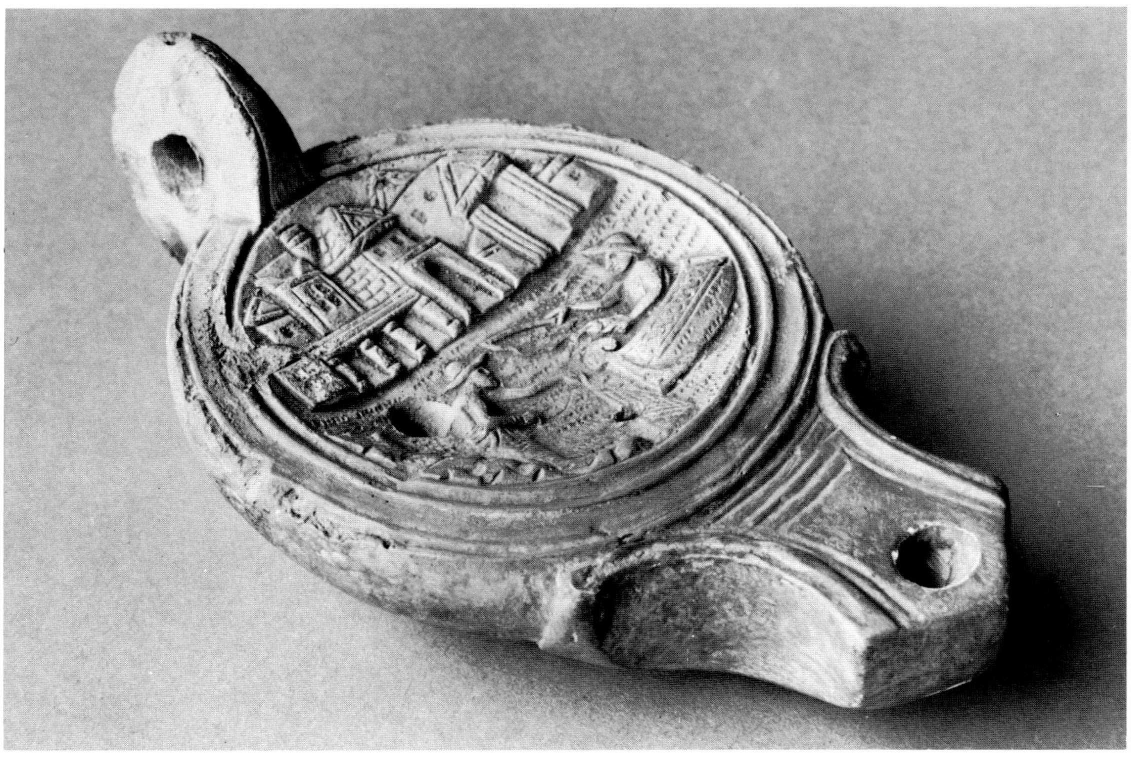

238 Bronzestatuette des Jupiter Dolichenus

239 Bronzestatuetten von Opfernden

240 Bronzestatuette zweier Pankratiasten

241 Bronzestatuette eines jugendlichen Asklepiers ▷

242 Marmorkopf einer »trunkenen Alten«

243 Kopf eines bärtigen Mannes, Philosoph (?)

244 Marmorkopf eines jugendlichen Mannes

245 Laufgewicht, Bronzefigürchen eines bärtigen Mannes

246 Bronzefigürchen eines Genius

247 Bildnis eines Mischwesens, vielleicht Personifikation des Rhenus ▷

Neue Erlöser

248 Sockelinsel ›Neue Erlöser‹

zu Seite 185:

249, 250 Die Seitenbilder eines Grabdenkmals mit der Darstellung der Amme Severina, die ein Kind nährt und umsorgt

251 Bruchstück eines Grabdenkmals mit Darstellung des »guten Hirten«

252 Altarbild des Gottes Mithras

253 Relief mit einem Fackelträger (Cautes oder Cautopates)

254 Zwei Darstellungen des Gottes Priapus

zu Seite 187:
255 Ausschnitt aus dem »Gladiatorenmosaik«

256 Marmorkopf des Gottes Bacchus

257 Bruchstück einer Bauinschrift vom Tempel des Gottes Mercurius Augustus und daneben Bruchstück einer Bauinschrift vom Ende des 4. Jh. nach Chr.

258 Sockelinsel ›Bauten und Bilder der alten Götter‹ ▷

Neue Erlöser

259 Sockelinsel ›I.O.M. – Kaiser der Götter, Gott der Kaiser‹

260 Grabdenkmal für den Reiter T. Flavius Bassus ▷

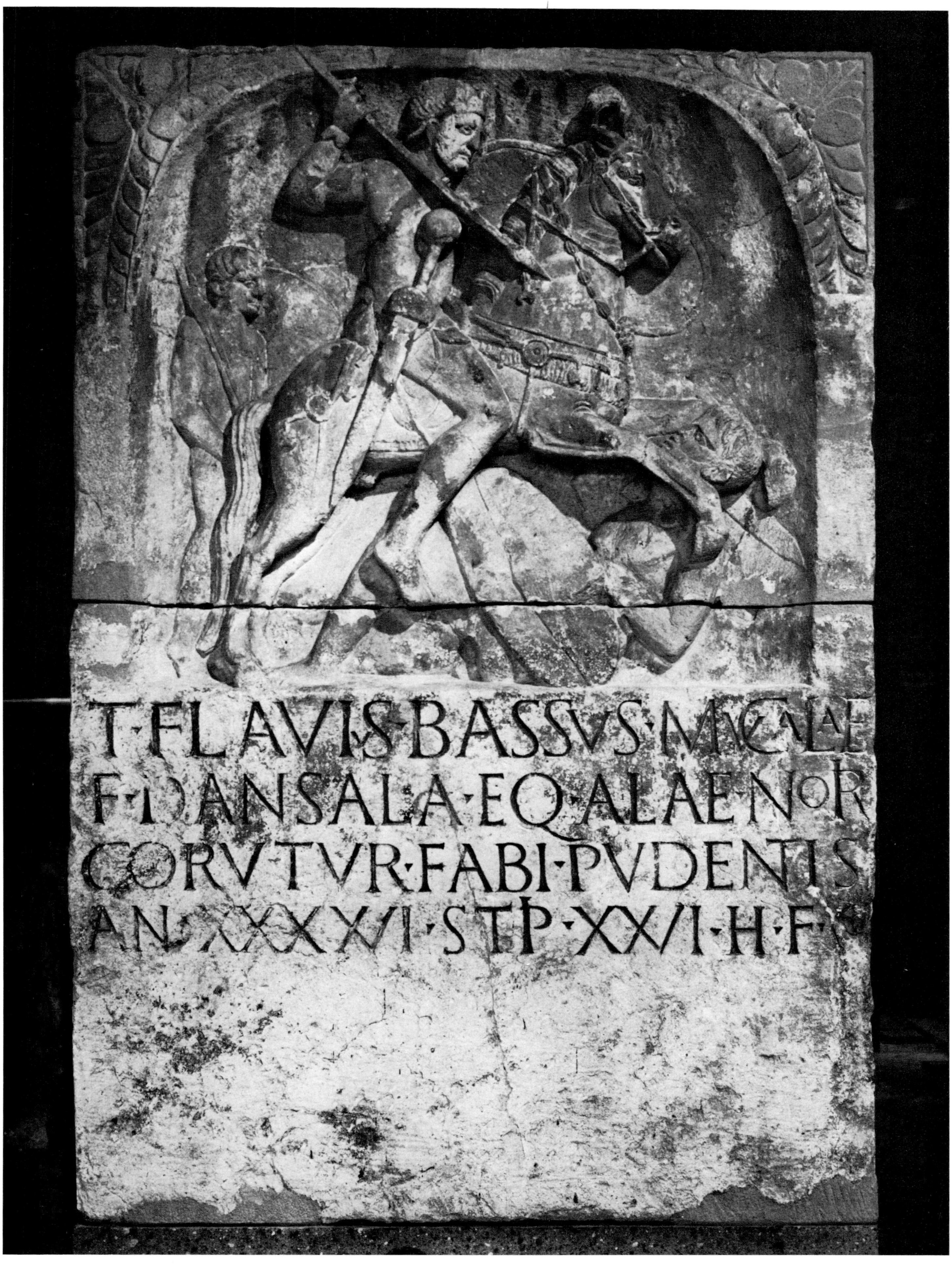
T·FLAVIS·BASSVS·MVCALAE
F·DANSALA·EQ·ALAE·NOR
CORV·TVR·FABI·PVDENTIS
AN·XXXXVI·STIP·XXVI·H·F

261 Überlebensgroße Statue des thronenden Gottes Jupiter

262 Rückseite der Statue des thronenden Gottes Jupiter

263 Statue des thronenden Gottes Jupiter von einer Jupitersäule

264 Bruchstück eines Jupiter-Pfeilers, von unten nach oben: der Gott Mars, die Göttin Victoria und die Göttin Juno

265 Bronzestatuette einer Venus

266 Bronzestatuette einer Venus

267 Bronzestatuette einer Fortuna

268 Blick auf die Vitrinen mit den Bildnissen römischer und orientalischer Gottheiten

zu Seite 195:
269 Bronzestatuette einer Venus

270 Bronzestatuette einer Venus

265 △

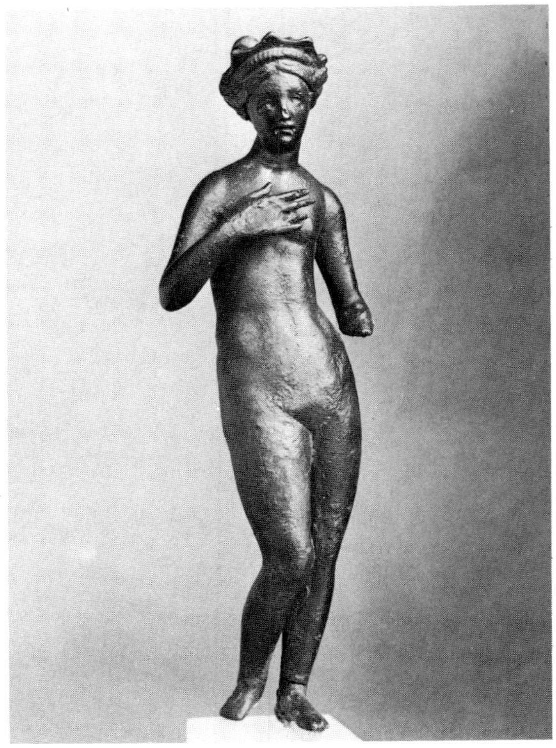

266 △

268 ▽

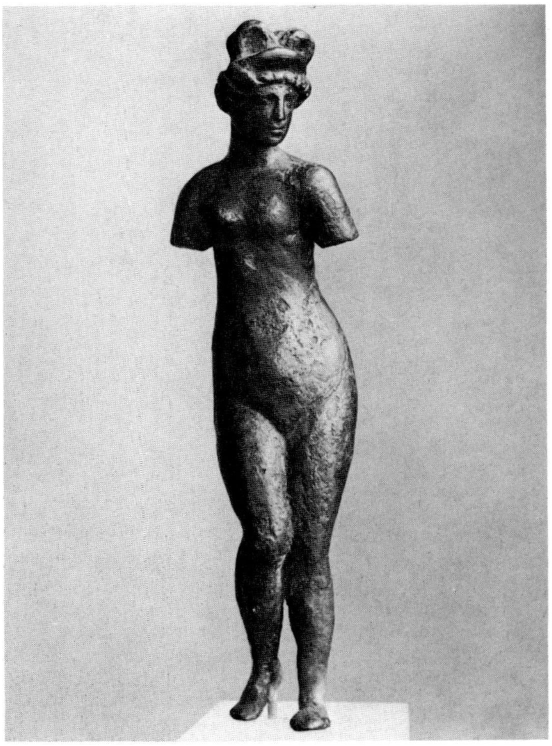

269 △

270 ▷

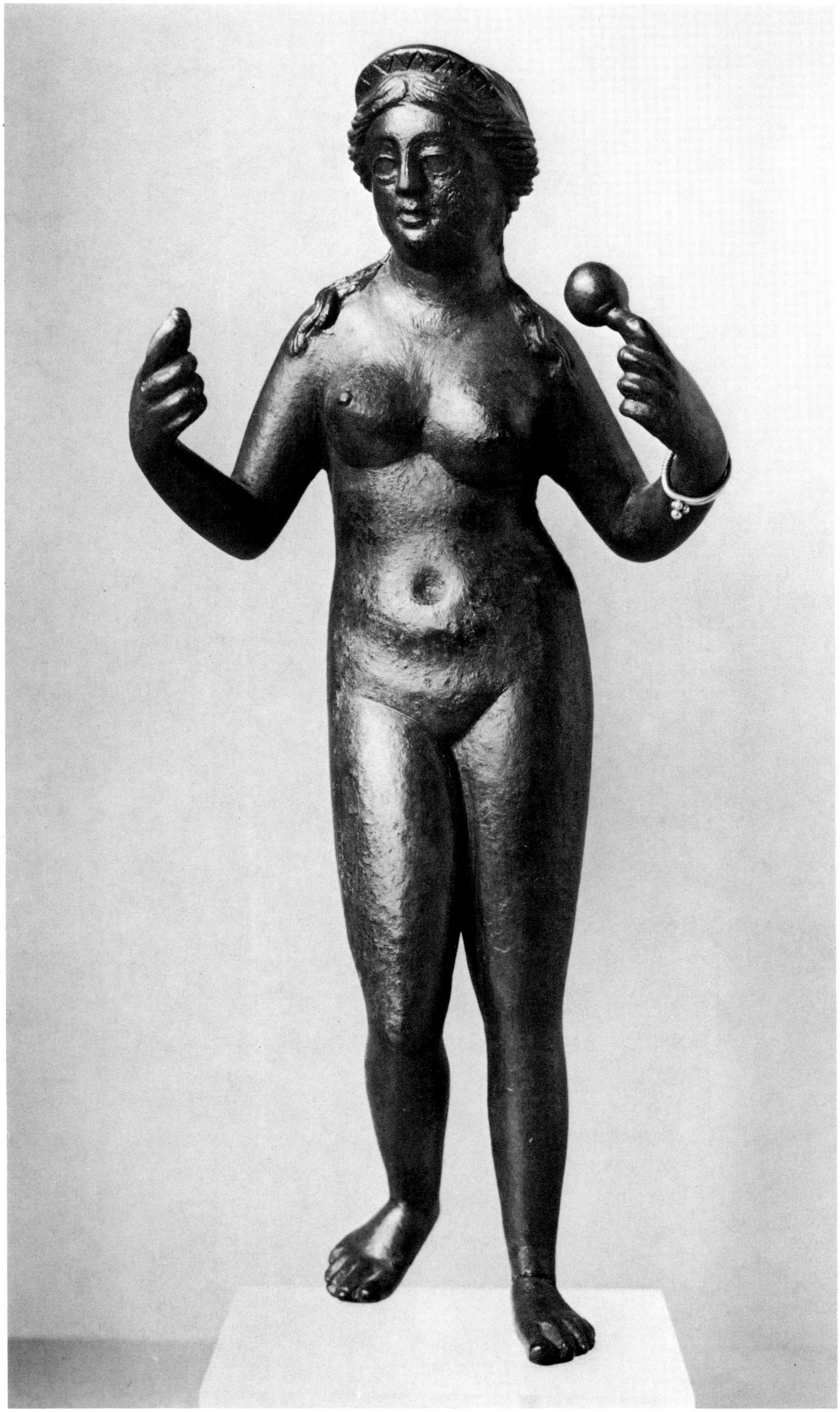

271 Bruchstück von einem Grabdenkmal »Ein Löwe schlägt einen Eber«

272 Blick in die Nordhälfte der oberen Ausstellungshalle; links die Sockelinsel ›Grabwächter‹ und in der Raummitte die Vitrinen mit Bildnissen und Zeugnissen orientalischer Gottheiten

273 Kultgefäß mit der Darstellung des Gottes Mithras und seiner Begleiter Cautes und Cautopates, stark ergänzt

274 Golddiadem mit Almandinen aus Kertsch – Südrußland ▷

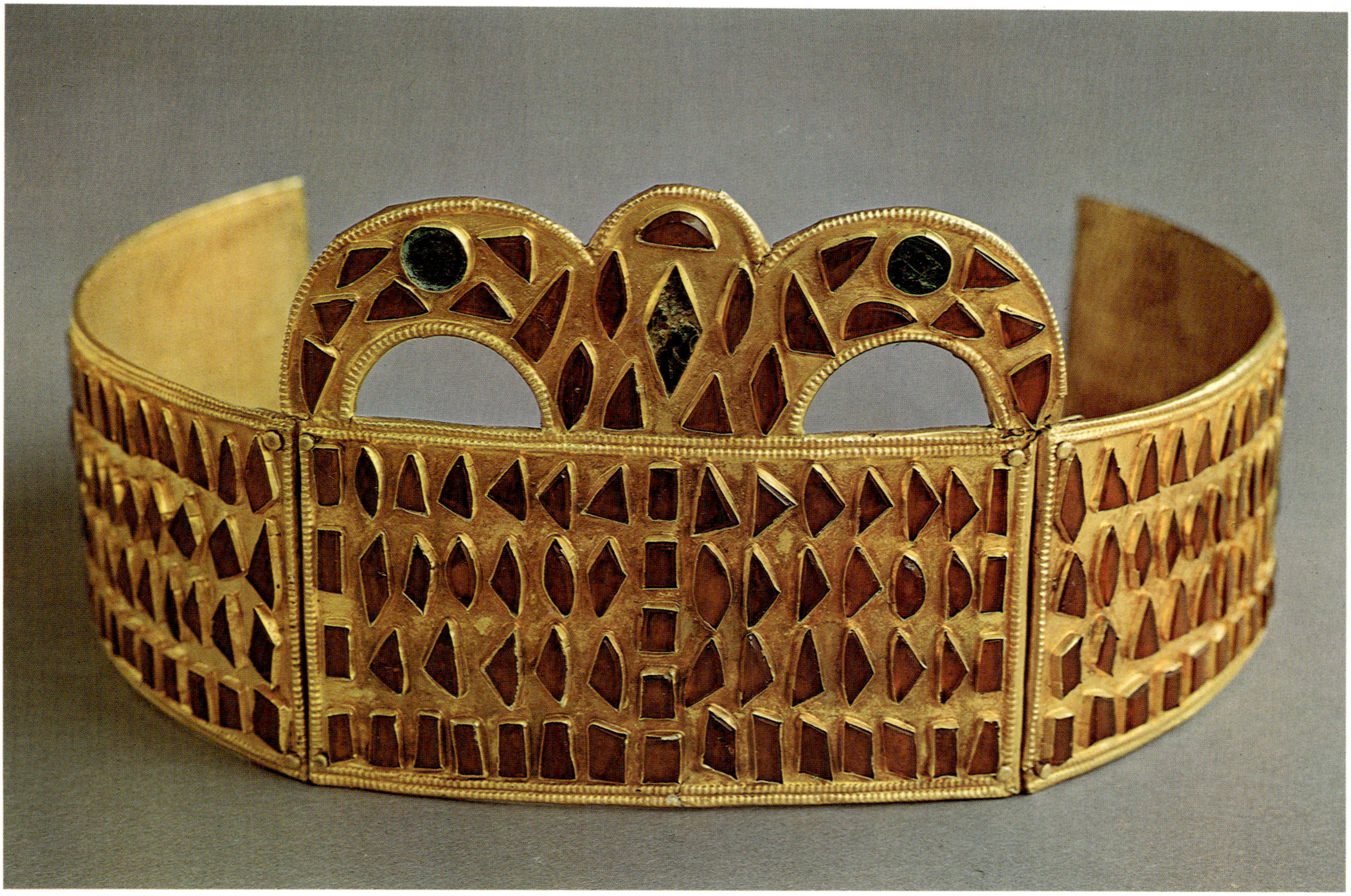

275 Mitteltteil einer Halskette und Ohrgehänge in Form von Amphoren mit Almandinen – Südrußland

276 Blick auf einige Schaufenster der Schatzkammer

277 Goldener Ohrring mit Filigran und Frauenkopf

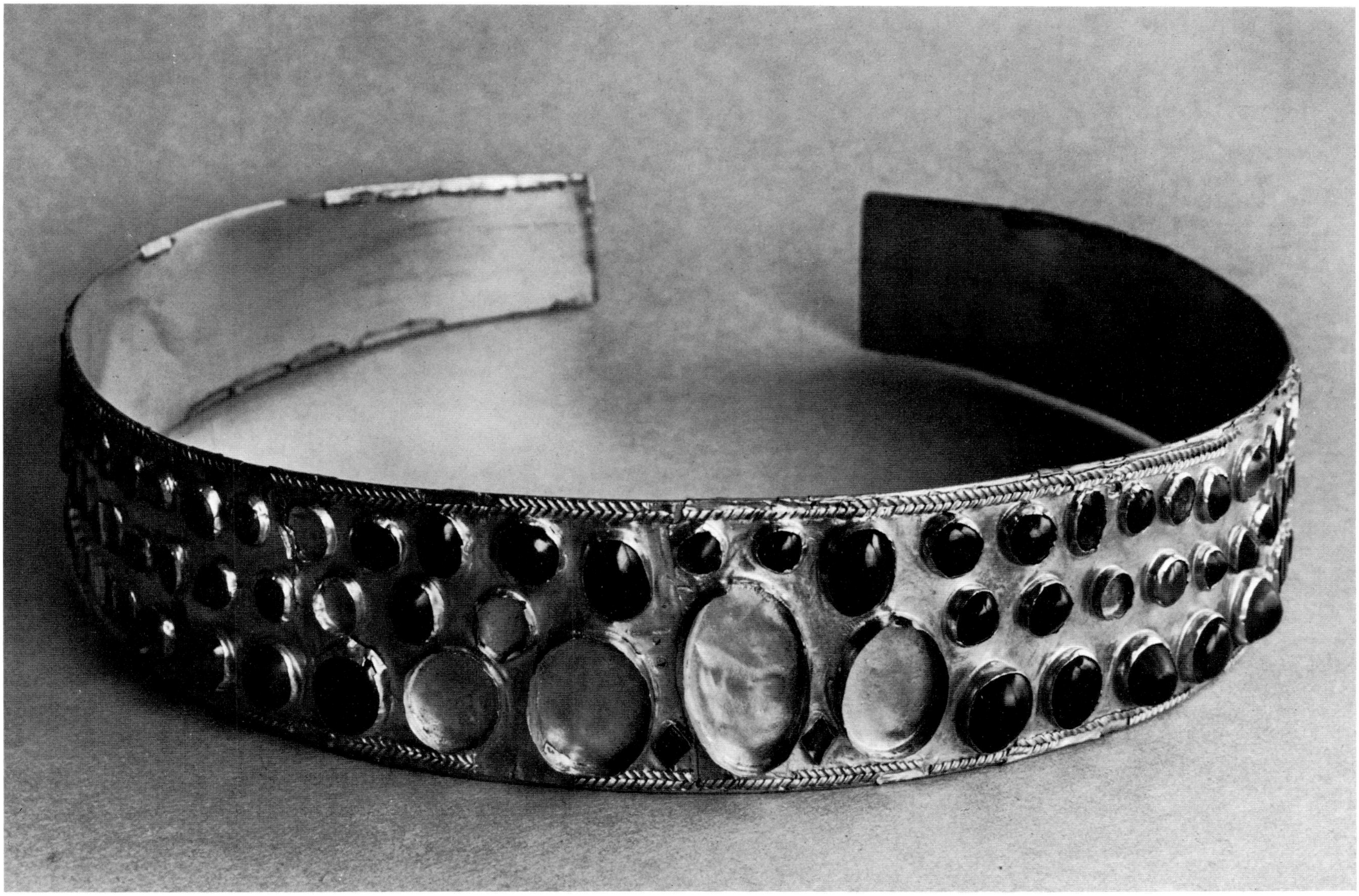

278 Golddiadem mit Karneolen und Almandinen – Tiligul/Südrußland

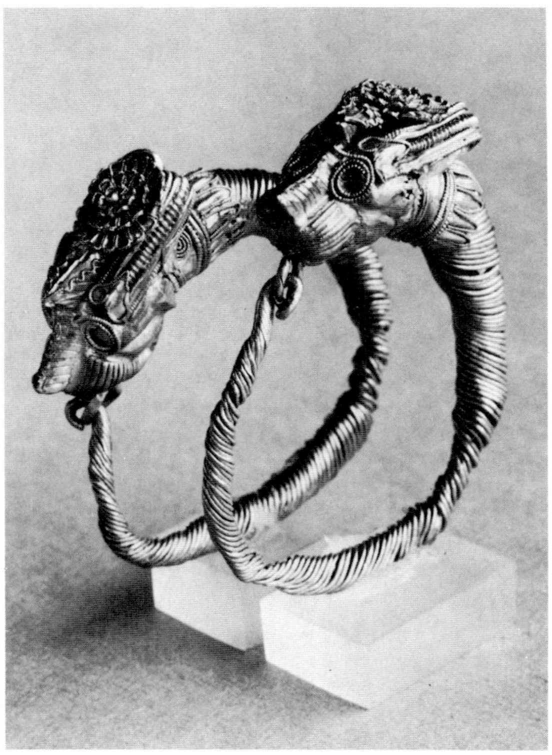

279 Ein Paar Goldohrringe

280 Ein Paar mit Granulation und Almandinen verzierte Halsschmuckstücke – Warna/Bulgarien

281 Halsschmuck mit Gold und Almandinperlen – Maikop/Südrußland

282 Zwei Paar Ohrringe

283 Zwei Bergkristallketten mit Goldperlen

284 Ein Paar Ohrgehänge mit Almandinen und Filigran – Kertsch/Südrußland

285 Goldene Halskette

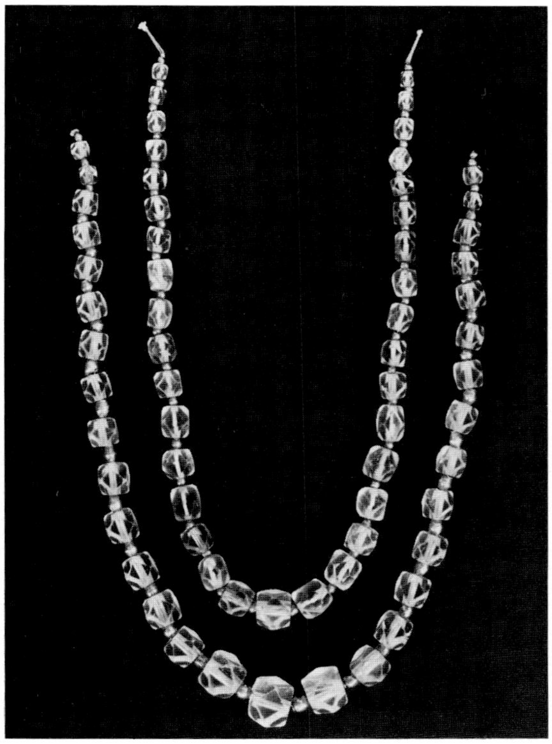

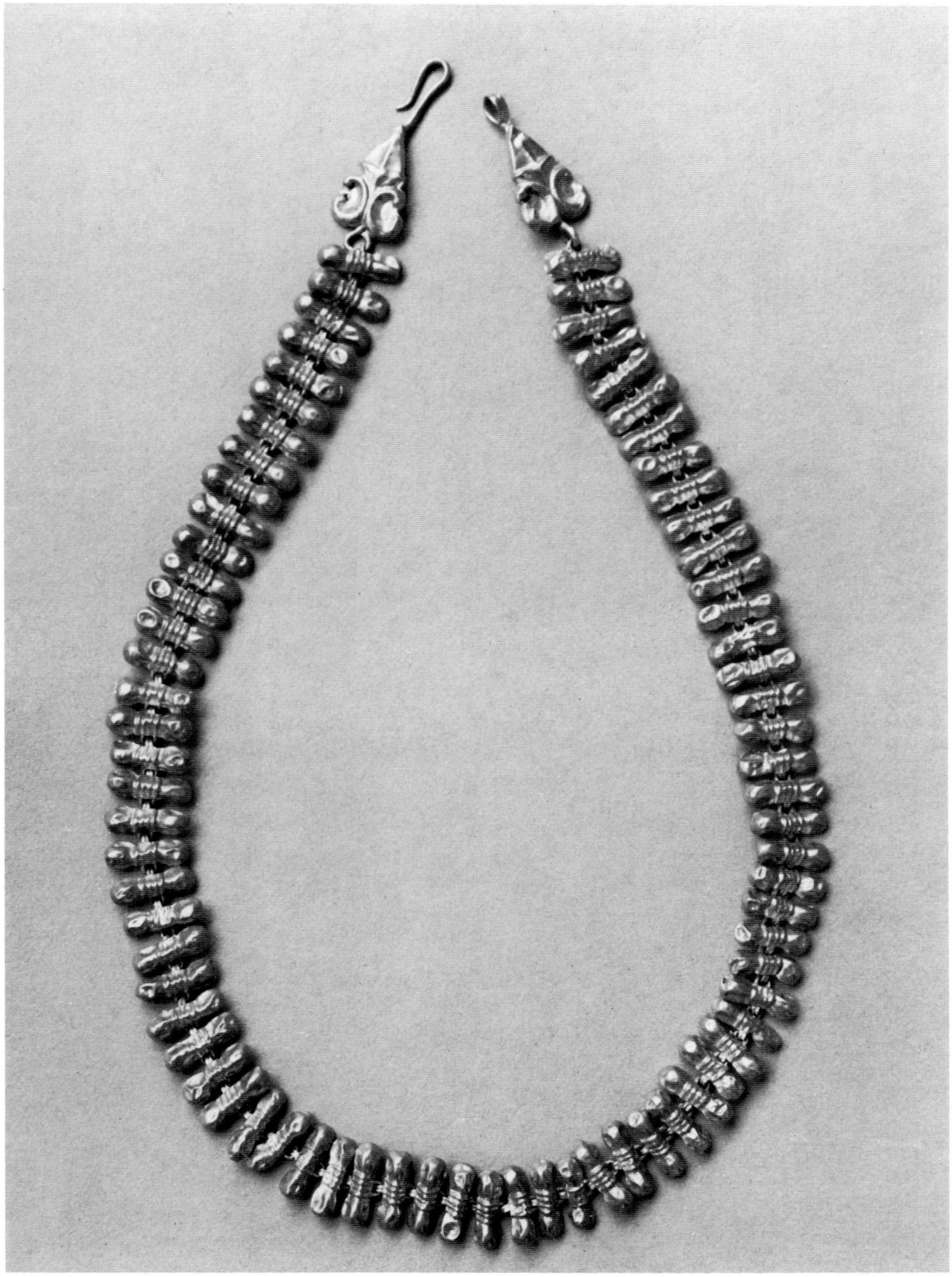

286 Goldener Halsschmuck mit Perlen und Emaille

287 Halsschmuck mit Bernstein und Goldperlen

288 Zwei goldene Halsketten

289 Goldene geflochtene Halskette mit Filigran und Almandinen

zu Seite 204:
290 Goldener Armreif mit Cabochon Almandin

291 Gagatmedaillon mit Büsten eines Ehepaares

292 Ring und Haarnadeln aus Gagat

293 Silberne Schnalle und Gürtelbeschläge

294 Silberner Schwertscheidenbeschlag in opus interrasile (Durchbruchtechnik) mit Inschrift AVSONIVIVAS

295 Gürtelschnallen aus Bronze, kaukasisch

296 Halskette mit Gold und Karneolperlen

297 Goldener Halsreif (Ausschnitt), sarmatisch

298 Zwei goldene Halsreifen

zu Seite 207:
299 Armreifen aus Gold und Gagat

300 Goldener Armreif in opus interrasile mit Smaragden

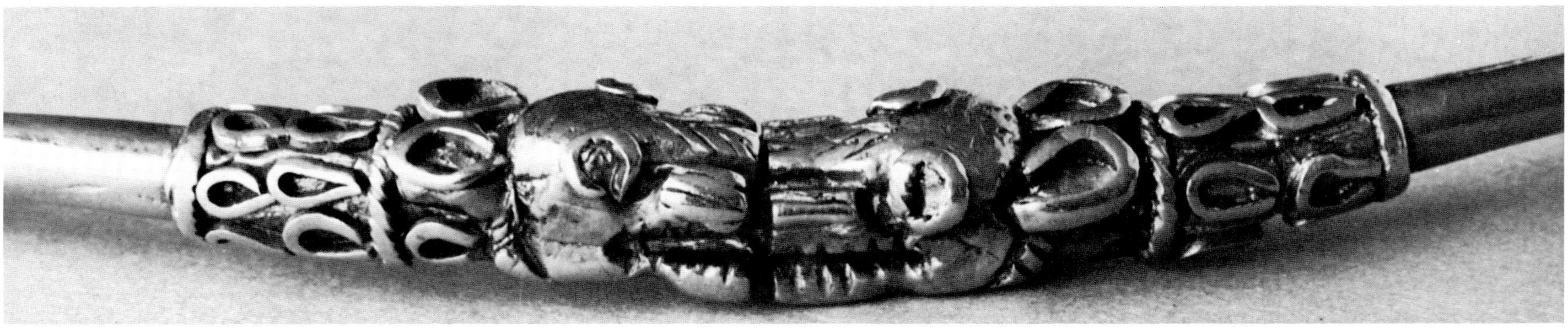

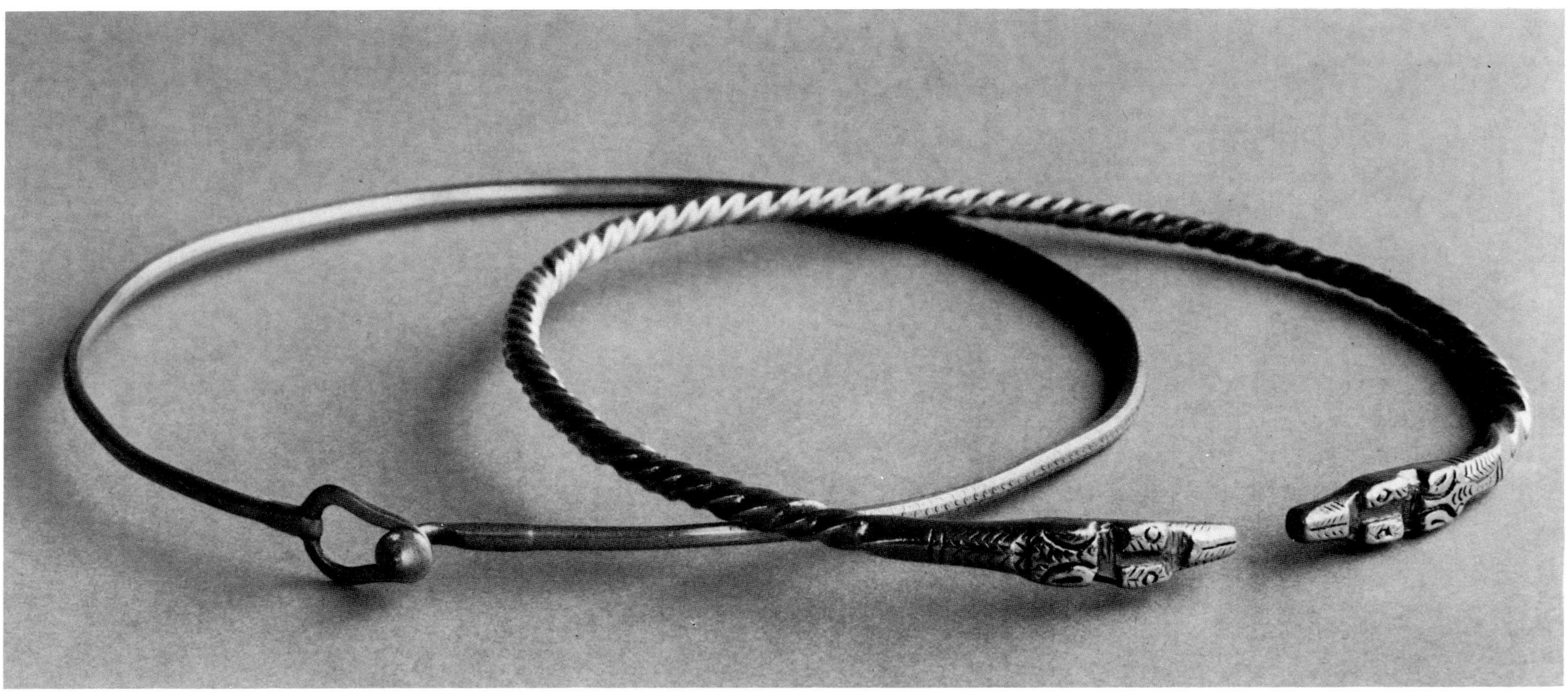

301 Silberne Gürtelschnalle mit Almandin und Glassteinen und Tierkopfenden – Nikopol/Südrußland

302 Ein Paar silberne Bügelfibeln mit Goldblech und Almandinen

303 Goldener Gürtelbeschlag mit Almandinen in Form eines Doppelvogels

304 Goldener Schwertscheidenbeschlag mit Almandinen und Granulation – Taman

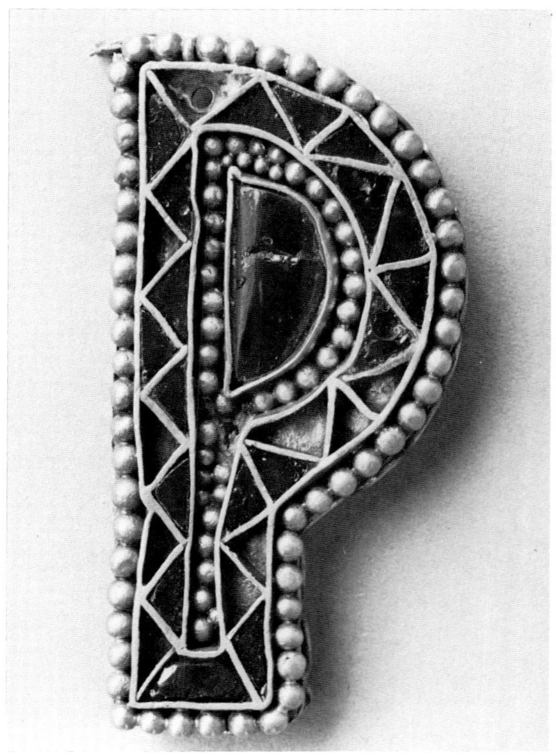

305 Goldener Gürtelbeschlag mit Almandin Cloisonné

306 Silberne Gürtelschnalle mit Almandinen – Norcia/Italien

307 Feuervergoldete Bronzeschnalle cloisonniert mit Almandinen und Glaseinlagen – Monceau-le-Neuf/Nordostfrankreich

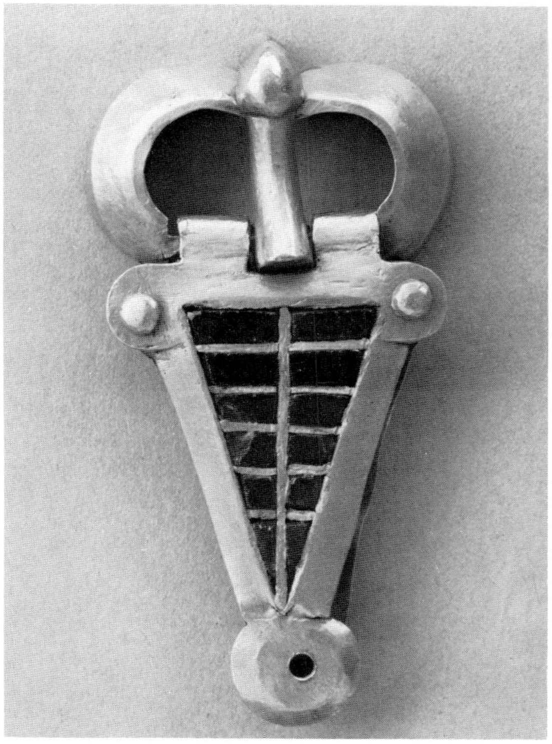

308 Vier goldene Münzanhänger

309 Drei goldene Ringe

310 Zwei Goldringe mit Gemmen aus dem Rheinland, links ein Mars, rechts ein Schiff

311 Der Kölner Zirkuskontorniat

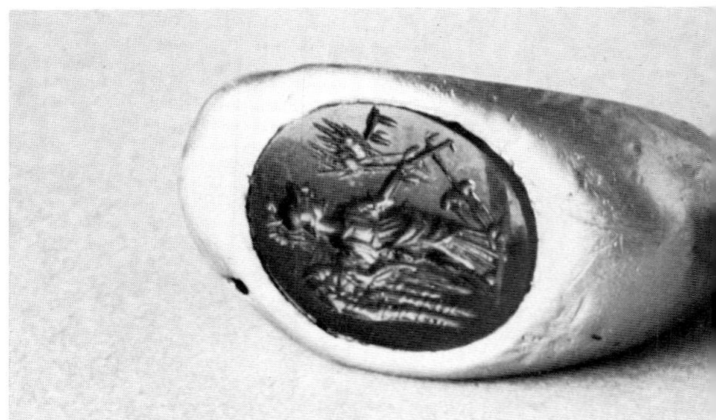

311 ▽

312 Goldener Ring in Form einer Schlange – Südrußland

313 Zwei Goldringe mit Almandineinlagen – Südrußland

314 Drei Goldringe mit Granulation und Almandinen – Südrußland

312 ▽

313 △

314 ▽

Das Studienkabinett

◁315 Blick in den nördlichen Teil des Ausstellungsgebäudes, mit Schatzkammer und Prunkvitrine, darüber die Studiengalerie mit den Öllampen

316 Blick in die Studiengalerie mit den Öllampen

zu Seite 213:
317 Vitrine Geräteteile, Löffel usw. in der Studiengalerie

318 Blick in die Studiengalerie mit Öllampen und Münzvitrinen

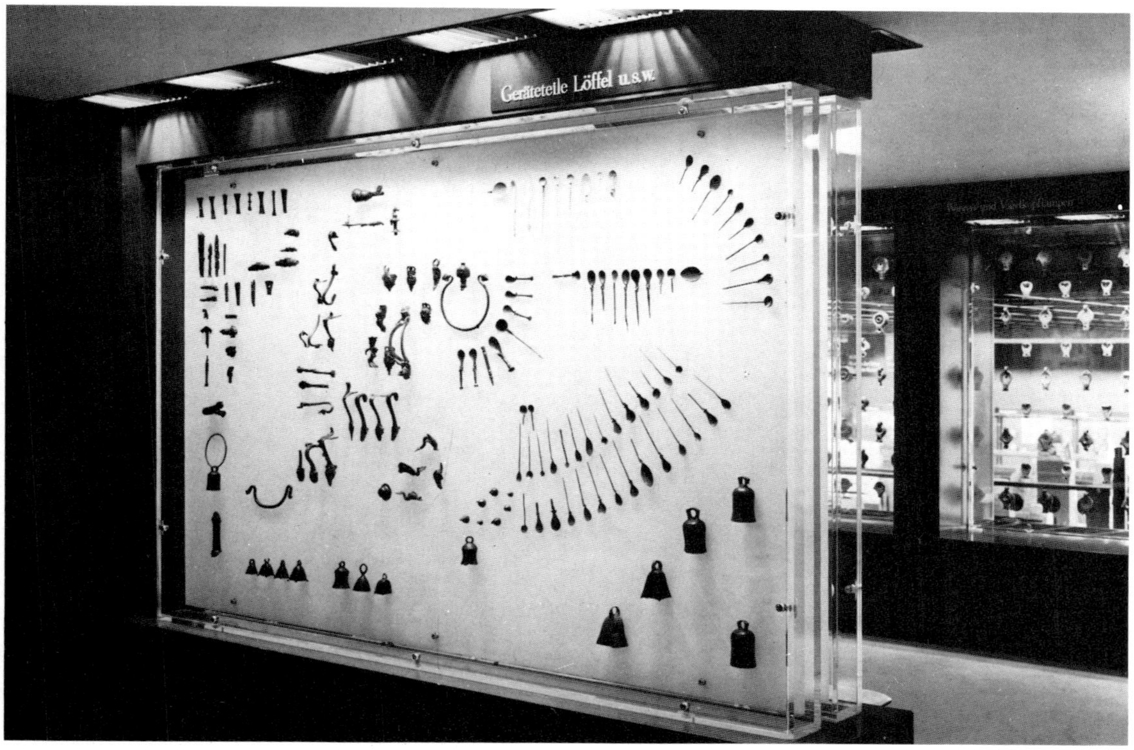
Gerätetelle Löffel u.s.w.

Spätantike Lampen

319 Vitrine »Geschliffene Felssteingeräte der jüngeren Steinzeit«

320 Vitrine »Das linienbandkeramische Dorf von Köln-Lindenthal« ▷

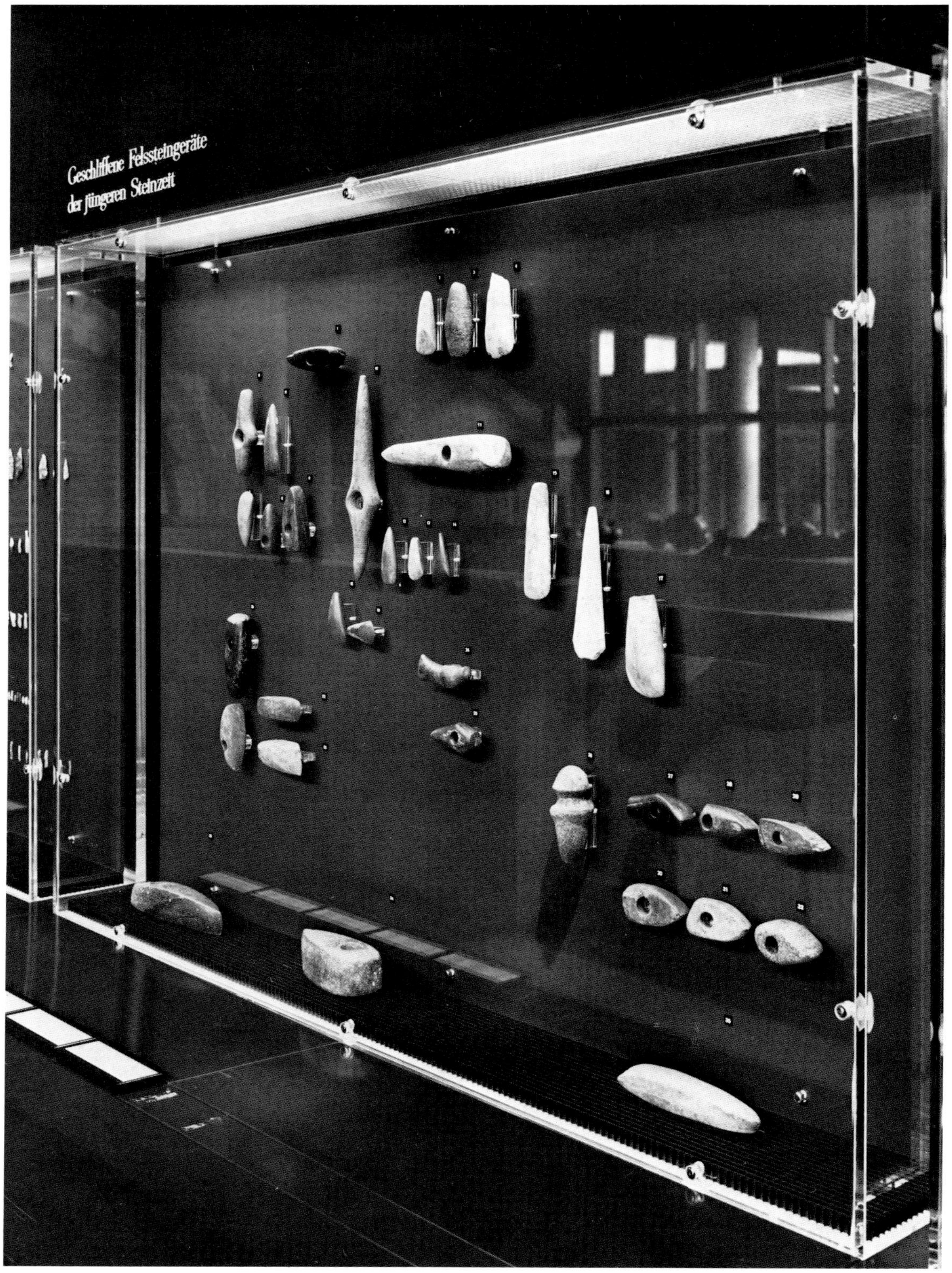

321 Spätkeltische Henkelattache, gefunden an der römischen Stadtmauer

322 Staffelvitrinen »Keramik der frühen Eisenzeit«

323 Blick auf die Vitrinen »Vorgeschichte«

324 Besucher in der Poblicius-Halle

325 Ein Besucher hört eine fremdsprachige Einführung

326 Eine Schulklasse benutzt das Audioprogramm »Städtisches Leben und Verwaltung«

327 Drei Jungen lernen freiwillig

328 Blick in die Handbibliothek

329 Alltag an der Museumskasse

330 Leseecke in der Eingangshalle